TRAITÉ

DE L'USUFRUIT, DE L'USAGE

ET DE L'HABITATION,

PAR **GENTY,**

Juge au Tribunal civil de Mostaganem (Algérie),

ancien Professeur de Droit.

———

PARIS,

CHEZ A. DURAND, LIBRAIRE-ÉDITEUR,

RUE DES GRÈS-SORBONNE, N° 7.

—

1859

TRAITÉ

DE L'USUFRUIT, DE L'USAGE,

ET DE L'HABITATION.

TROYES. — TYPOGRAPHIE BRUNARD, SUCC DE CARDON.

TRAITÉ

DE L'USUFRUIT, DE L'USAGE

ET DE L'HABITATION,

Par **GENTY**,

Juge au Tribunal civil de Mostaganem (Algérie),

ancien Professeur de Droit.

———

PARIS,

CHEZ A. DURAND, LIBRAIRE-ÉDITEUR,

RUE DES GRÈS-SORBONNE, N° 7.

—

1859

TRAITÉ

DE L'USUFRUIT, DE L'USAGE ET DE L'HABITATION.

NOTIONS PRÉLIMINAIRES.

1. Tous les droits qui composent le patrimoine d'une personne sont des droits *réels* ou des droits *personnels.*

Un droit *réel* est un droit que l'on a sur une chose. Aussi les anciens l'appelaient-ils *jus in re.* La notion de ce droit ne présente que deux éléments : 1° une personne qui a le droit ; 2° une chose sur laquelle il porte. Tel est notamment le droit de propriété. Je suis propriétaire de tel cheval. Il y a là un droit qui ne se compose que de deux éléments : 1° moi, qui ai le droit ; 2° ce cheval, sur lequel porte mon droit.

Le droit *personnel* est le droit d'exiger quelque chose d'une personne déterminée. Les anciens l'appelaient *jus ad rem*, droit pour arriver à obtenir une chose. La notion de ce droit présente trois éléments : 1° une personne qui a le droit, 2° une autre contre qui elle a le droit, 3° une chose qu'elle peut exiger de la personne contre qui elle a le droit, le mot *chose* ayant du reste ici un sens large et signifiant même les *faits.* Par exemple, si j'ai emprunté une somme, le prêteur a le droit de m'en réclamer la restitution. C'est là un droit personnel qu'il a contre moi. On ne peut en présenter une notion complète qu'à l'aide de trois éléments : 1° le prêteur qui a le droit, 2° moi, contre qui il a le droit, 3° une somme, qui en est l'objet.

Des modernes appellent les droits réels droits *absolus*, parce que pour celui à qui ils appartiennent ils existent abstraction faite de toute personne; et les droits personnels droits *relatifs*, parce qu'étant des droits contre une personne déterminée, ils n'existent que par *relation* à cette personne. Dans la pratique, on désigne d'ordinaire ces derniers par l'expression *droits de créance ;* et l'on appelle *créancier* celui qui a le droit, débiteur celui contre qui ce droit existe.

2. Le plus éminent des droits réels est *la propriété.* Régulièrement, la propriété donne au propriétaire un droit exclusif à tous les avantages que la chose peut procurer. Lors donc qu'un tiers a le droit de retirer quelqu'utilité d'une chose qui ne lui appartient pas, le droit de propriété se trouve amoindri pour le propriétaire, puisque ce n'est plus exclusivement à lui que reviennent tous les avantages que peut procurer la chose. Les anciens disaient qu'en ce cas la chose *est asservie.* En réalité, c'est plutôt le propriétaire qui est asservi, en ce qu'il n'a plus sur la chose toute la liberté que donne régulièrement le droit de propriété. Mais comme les droits qui produisent cet asservissement, ne sont pas dirigés contre la personne même du propriétaire, comme ils portent sur la chose, quel que soit celui entre les mains de qui elle se trouve, il a paru qu'en pareil cas cette chose n'est plus libre, qu'elle est *asservie,* locution qui fait assez bien saisir la règle que les servitudes frappent la chose entre les mains de tout possesseur. — Cette règle, du reste, n'est pas spéciale aux droits appelés *servitudes ;* elle régit tous les droits réels, par exemple, la propriété et l'hypothèque. Car le caractère distinctif du droit réel est précisément de porter sur la chose même, en quelques mains qu'elle se trouve, à la différence du droit personnel qui autorise simplement le créancier à s'adresser à la personne du débiteur pour en obtenir ce qui lui est dû.

Les servitudes sont dites *personnelles,* lorsqu'elles sont établies pour l'avantage d'une personne déterminée, de manière à ne pouvoir passer à ses héritiers ; *réelles,* lorsqu'elles ont pour but de faciliter l'usage ou d'augmenter l'utilité d'une chose, but qui a fait dire qu'elles sont établies en faveur de la chose même, mais qui amène simplement cette conséquence qu'elles peuvent être exercées par tout possesseur de la chose pour laquelle elles sont établies. — L'usufruit, l'usage et l'habitation étaient autrefois et sont encore aujourd'hui en doctrine qualifiés *servitudes personnelles* (1). Cette locution pouvant rappeler des institutions réprouvées de nos jours, le Code désigne ces droits par l'expression

______

(1) *ff.* 1, *de servit.* Proudhon, n. 3.

droits de jouissance (543), réservant l'expression *servitudes* à celles qu'on a toujours appelées servitudes réelles. — Du reste, la théorie ancienne sur les servitudes est évidemment incomplète. Tout droit sur la chose d'autrui, conférant à la personne qui en est investie le pouvoir de retirer de cette chose une certaine utilité, eût mérité la qualification de *servitude*, que la doctrine n'a pourtant appliquée qu'à quelques-uns de ces droits, qu'elle n'a jamais donnée, par exemple, au gage, à l'hypothèque, à l'emphytéose. On pourrait donc, comme le Code, laisser de côté l'expression *servitudes*, s'il s'agit de désigner l'usufruit, l'usage et l'habitation, et qualifier simplement ces droits de droits réels intransmissibles, qui confèrent à une personne le pouvoir de jouir d'une chose appartenant à autrui.

3. On considère encore l'usufruit, l'usage et l'habitation comme des démembrements temporaires de la propriété. En effet, la propriété est un droit complexe, qui comprend plusieurs éléments, notamment le droit de jouir. Or, lorsque le droit de jouir appartient à un autre qu'au propriétaire, la propriété est démembrée; car l'un de ses éléments s'en trouve détaché. Et comme en ce cas elle est pour le moment dépouillée de sa principale utilité, on l'appelle *nue* propriété, tandis qu'on appelle *pleine* celle à laquelle le droit de jouir reste attaché.

4. Le droit de jouir pouvant ainsi appartenir soit au propriétaire même de la chose, soit à un tiers, les anciens distinguaient deux sortes d'usufruit : l'usufruit *causal* ou droit de jouir non séparé de la propriété et appartenant au propriétaire en vertu de son droit de propriété, qui, dans ce cas, en est la *cause;* l'usufruit *formel* ou droit de jouir non séparé de la propriété et ayant en conséquence une existence, une *forme* propre. Cette distinction, admise encore par des modernes, est d'une mauvaise théorie. Aussi le Code n'en a-t-il point parlé (1). Le mot *usufruit* ne désigne le droit de jouir qu'autant qu'il est séparé de la propriété. Ce n'est qu'à cette condition qu'il constitue un droit distinct. Le propriétaire trouve sans doute parmi les droits que donne la propriété, celui de jouir de sa chose; mais ce droit n'est nullement soumis entre ses mains aux règles de l'usufruit. Ainsi, il est perpétuel; il ne s'éteint pas par la mort du propriétaire ni par non usage; il n'impose pas au propriétaire les charges qu'impose l'usufruit, etc. Ce n'est donc pas un usufruit.

---

(1) *Fenet*, XI, p. 215.

PREMIÈRE PARTIE.

DE L'USUFRUIT.

Nota. — La plupart des règles du Code sur l'usufruit viennent du droit romain. L'étude de ce droit présente donc encore beaucoup de fruit (1).

SOMMAIRE.

5. Définition de l'usufruit.
6. C'est le *droit* de jouir. Sens du mot *jouir*.
7. Il est distinct du *fait* de la jouissance.
8. Sens des mots *choses*,
9. *Comme le propriétaire lui-même*,
10. *A charge d'en conserver la substance.*
11. L'usufruit est un droit réel. Conséquences.
12. A partir de quand l'usufruitier a un droit réel.
13. L'usufruit est divisible.
14. Il peut être l'objet d'une possession.
15. Effets de cette possession.
16. Règles auxquelles elle est soumise.
17. Division de la matière de l'usufruit.

5. « L'usufruit est le droit de jouir des choses dont un autre a la propriété, comme le propriétaire lui-même, à la charge d'en conserver la substance. » V. 587 (2) — Pour être complète, cette définition devrait indiquer que l'usufruit n'est établi qu'en faveur d'une personne déterminée, c'est-à-dire, qu'il est intransmissible ; car c'est là un de ses caractères distinctifs (n. 261).

6. « L'usufruit est le droit de jouir », ou mieux, dit-on, le droit d'user et de jouir, suivant la définition de la loi romaine et comme le veut d'ailleurs l'expression même, qui est un mot composé (*usus fructus*, *uti frui*). Mais le mot français jouir a une signifi-

___

(1) V. mon *Traité d'usufruit*, d'après le droit romain.
(2) Inst. pr. *de usuf.* ff. 1, *de usuf.*

cation plus étendue que ne l'avait le mot latin *frui*. Il renferme à lui seul le sens des deux mots latins *uti* et *frui*. Jouir d'une chose, c'est s'en servir et en recueillir les fruits. On dit tous les jours jouir d'un mobilier, alors qu'il s'agit de meubles dont toute l'utilité consiste dans l'usage. La définition du Code signifie donc, sans qu'il soit besoin d'y rien ajouter, que l'usufruit est en droit français, comme il l'était en droit romain, le droit de se servir de la chose d'autrui et d'en percevoir les fruits. Et telle est si bien la portée du mot *jouir* dans la bouche du législateur comme dans le langage usuel, qu'au lieu de définir la propriété « le droit d'user, jouir et disposer », ainsi que le faisaient les anciens et que le font encore des modernes, il la définit simplement « le droit de jouir et de disposer » (544), définition qui en dit tout autant que la définition ancienne et ne mérite pas plus d'être critiquée que celle de l'article 578.

7. L'usufruit est le droit de jouir. C'est un droit. Il ne faut donc pas confondre l'usufruit avec le fait de la jouissance. Des auteurs avancent pourtant que l'usufruit consiste dans le fait de percevoir les fruits. C'est là une proposition fausse, tirée d'un texte de droit romain faux lui-même ou mal compris (1). L'usufruit peut si bien exister sans que l'usufruitier jouisse, qu'il ne s'éteint par non-usage qu'autant que le non-usage a duré 30 ans (617). Il se peut qu'en fait quelqu'un jouisse de la chose d'autrui sans en avoir le droit, et partant sans en être usufruitier; et qu'à l'inverse, celui qui en est usufruitier et a par conséquent le droit d'en jouir, n'en jouisse pas.

L'usufruit d'ailleurs n'est point un droit successif; il forme un tout complet dès l'instant de son établissement. Si donc il a été constitué pour un prix, alors même que la chose qui y est soumise périrait presque aussitôt après la constitution, l'usufruitier n'en devrait pas moins le prix total, ce prix consistât-il en une redevance viagère. Par cela seul en effet que l'usufruit a été acquis à l'usufruitier, il lui a été acquis d'une manière complète. L'obligation de payer le prix de l'acquisition est donc née aussi d'une manière complète. Il en est de même si un usufruit déjà constitué a été cédé à titre onéreux. — Dans un louage, au contraire, les obligations et les droits sont successifs. Les loyers ne courent contre le preneur que tant qu'on le fait jouir. (1722.)

---

(1) ff. *unic.* pr. *quand. dies ususf.*

8. « Des choses dont un autre, etc., » des choses ou des droits, dit Zachariæ, puisque l'usufruit peut être établi sur toute espèce de biens (581), même par conséquent sur des droits. — Mais dans le langage juridique, les droits sont des choses, autrement dit des biens. Ils sont donc compris dans les termes de l'art. 578.

« Dont un autre a la propriété. » (V. n. 4.)

9. « Comme le propriétaire lui-même. » Ces mots ne se trouvent pas dans la définition du droit romain, et ils forment la seule différence qu'il y ait entre cette définition et celle de l'art. 578. Le projet de Code portait : « avec le même avantage que le propriétaire. » On fit observer qu'il est des cas, ceux des carrières et tourbières, par exemple, où l'usufruitier ne jouit pas avec le même avantage que le propriétaire ; celui encore où l'usufruit n'est établi que sur un bâtiment qui vient à périr, cas où l'usufruitier ne jouit ni du sol ni des matériaux (598, 624). Pour faire droit à cette observation, les mots « comme le propriétaire lui-même » furent substitués à ceux du projet (1). — Telle étant dans la pensée de la loi la portée de ces expressions, on aurait aussi bien fait, à l'exemple de la loi romaine, de ne pas les insérer dans la définition ; car elles sont inutiles. En effet, dès qu'on a dit (578 et 617) que l'usufruitier a le droit de jouir des choses à la charge d'en conserver la substance, et d'ailleurs tant qu'elles ne périssent pas, on a par là même limité ses droits dans le sens de l'observation présentée.

10. « A la charge d'en conserver la substance. » En droit, la substance d'une chose, ce n'est pas seulement, comme dans les sciences physiques, la matière même dont la chose se compose ; c'est encore la forme qui la rend propre à remplir telle destination pour la satisfaction des besoins ou des plaisirs de l'homme. Chaque chose, en effet, a sa forme propre qui la rend apte, à l'exclusion des autres choses différemment conformées, à procurer telle espèce de service, tel genre d'utilité. C'est cette forme qui constitue ce qu'en matière d'usufruit l'on appelle substance. Et tel est effectivement le sens qu'exigent les principes de la matière. Il est de règle en effet qu'à l'extinction de l'usufruit, l'usufruitier doit restituer la chose dans l'état où il l'a prise. Il est donc tenu d'en conserver la forme extérieure, la manière d'être distinctive, qui la rend propre à tel usage. Changer cette forme,

---

(1) Fenet, p. 196.

cette manière d'être, ce serait réellement dénaturer la chose même, au point de vue juridique ; car ce serait en faire une chose différente, puisqu'après le changement, elle ne serait plus propre au même usage. — Ainsi, une vigne procure un genre d'utilité autre qu'un bois. Elle a donc une substance différente : d'où il suit qu'un usufruitier ne peut convertir une vigne en un bois, ou réciproquement. Les bâtiments tantôt servent à l'habitation, tantôt forment magasin, entrepôt, établissement de bains, usine, etc. La substance est différente dans chacun de ces cas. L'usufruitier ne pourrait donc, par exemple, transformer une maison d'habitation en un magasin, ni même changer d'une manière grave la distribution intérieure d'une maison d'habitation. — Cette règle toutefois doit se concilier avec le principe que l'usufruitier peut améliorer. (V. n. 149.)

11. « L'usufruit est le droit de jouir d'une chose. » C'est donc un droit réel ; car il porte sur la chose même. De là il résulte notamment que :

1° L'usufruitier a action contre toute personne qui, sans droit, posséderait ou détiendrait la chose à son préjudice, ou qui sans posséder ou détenir elle-même, le troublerait dans sa jouissance ;

2° Une fois un usufruit établi, un autre droit réel ne peut du chef du nu-propriétaire être établi sur la même chose au détriment de l'usufruitier. Entre deux droits réels établis sur une chose du chef de la même personne, c'est le premier établi qui l'emporte. Ce principe, qui n'a été formulé qu'à propos de l'hypothèque (*prior tempore, potior jure*), est également vrai de tout autre droit réel. De là, l'art. 621 : « la vente de la chose sujette à usufruit ne fait aucun changement dans le droit de l'usufruitier » (1). Il suit du même principe qu'une fois l'usufruit établi, le nu-propriétaire n'a qualité pour plaider que sur la nue-propriété ; de sorte que la chose jugée contre lui ne saurait être opposée à l'usufruitier, alors même que les actes de procédure auraient mentionné la pleine propriété. Il est de règle en effet que les seuls droits que l'on puisse perdre ou aliéner en plaidant, sont ceux qu'on pourrait perdre par tout autre acte. Autrement, les actions judiciaires donneraient le moyen de disposer indirectement des droits dont on ne peut disposer directement (2).

---

(1) Zachariæ, édit. Massé, II, p. 124.
(2) Proudhon, n. 1343 et s., 1382 et s.

Suivant Proudhon (n. 1390 et s.), si l'usufruit résulte d'un testament contenant une institution d'héritier, le jugement qui , sur
la demande de l'héritier légitime contre l'héritier institué, décla-
rerait le testament nul, serait opposable au légataire en usufruit,
lequel en ce cas serait de droit représenté par l'héritier institué.
— Cette solution est contraire aux principes. Lorsqu'un même
acte ou titre donne des droits à plusieurs , chaque ayant-droit
séparément est fondé à défendre la validité du titre, et l'un ne peut
compromettre la cause des autres par une mauvaise défense, pas
plus que de toute autre manière. — Mais par application du même
principe (*prior tempore, etc.*), l'usufruit ne peut porter atteinte
aux droits antérieurement acquis à des tiers. Seulement, si ces
droits sont des hypothèques, l'acquéreur d'usufruit pourra purger comme le pourrait un acquéreur de la propriété. L'usufruit
d'un immeuble, en effet, peut être vendu par expropriation forcée.
Donc les créanciers à qui on notifiera la purge pourront surenchérir (1). — Toujours d'après le même principe et un acquéreur
d'usufruit devant d'ailleurs, en ce qui concerne le droit de jouir,
être assimilé à un acquéreur de la pleine propriété, les articles
1743 et s. lui sont applicables.

12. Du reste, le droit réel n'est maintenant acquis sur les immeubles que par la transcription du titre constitutif au bureau des
hypothèques de la situation des biens (L. 23 mars 1855.) — Si
l'usufruit est établi sur des créances , l'usufruitier n'est saisi à
l'égard des tiers, c'est-à-dire n'a un droit réel sur la créance qu'au
moyen d'une notification faite au débiteur ou d'une acceptation
consentie par lui dans un acte authentique. (1690.)

13. On peut jouir d'une chose pour partie seulement, c'est-à-
dire ne percevoir qu'une partie des fruits ou de l'utilité de la
chose. L'usufruit est donc divisible. De là il suit, comme prin-
cipales conséquences , qu'il peut s'établir, s'éteindre, être délivré
et subir réduction pour partie (2). — Ainsi, le co-propriétaire
d'une chose peut conférer l'usufruit de sa part. Seulement, cet
usufruit, de même que tout autre droit réel consenti par un co-
propriétaire indivis, s'évanouit lors du partage ou de l'adjudication
si la chose est attribuée ou adjugée à l'un des autres co-propriétaires
(883 n° 296). — Ainsi encore, l'obligation du constituant est

____

(1) Pont, sur 2181, 2182.
(2) ff. 5, *de usuf.* Proudhon, n. 335.

divisible. Si donc il vient à mourir, chacun de ses héritiers n'est tenu de la délivrance que pour sa part héréditaire (1).

14. L'usufruit peut chez nous faire l'objet d'une possession, puisque toute jouissance d'un droit que nous exerçons par nous-mêmes ou par un autre qui l'exerce en notre nom, constitue une possession (2228). Si l'article 2236 qualifie l'usufruitier détenteur précaire, ce n'est qu'au point de vue du droit de propriété, et en ce sens que celui qui possède à titre d'usufruitier ne peut prescrire la chose même, c'est-à-dire, la propriété. En effet, posséder précairement, c'est reconnaître et confesser que le droit exercé appartient à un autre. Or l'usufruitier reconnaît bien que le droit de propriété ne lui appartient pas. Quant au droit de jouir, il l'exerce comme l'ayant en propre, et par conséquent pour lui-même. Il ne le possède donc pas à titre précaire (2). — Mais s'il afferme, son fermier ne détient l'usufruit que précairement, parce qu'il reconnaît le bailleur pour usufruitier.

15. La possession à titre d'usufruitier produit des effets semblables ou du moins analogues à ceux d'une possession à titre de propriétaire. Ainsi, 1° elle peut conduire à la prescription (n° 22).

2° Elle donne qualité pour agir au possessoire (n° 152).

3° Elle fait acquérir les fruits dans les mêmes circonstances que le ferait une possession à titre de propriétaire. Tel est d'abord le cas où, fondée sur un titre vicieux, elle est de bonne foi (549). Sans doute, l'article 549 suppose un possesseur à titre de propriétaire « titre translatif de propriété » (550) ; mais cela tient à ce que c'est le cas le plus fréquent. Le motif qui a dicté cet article, demande qu'on l'applique à celui qui possède comme usufruitier. En effet, il n'a trait qu'à l'exercice du droit de jouir ; il ne s'occupe pas de l'exercice des autres éléments du droit de propriété. Ce qu'il veut, c'est que celui qui, sans avoir le droit de jouir, l'a pourtant exercé de bonne foi, en conserve les résultats, parce qu'autrement il pourrait être ruiné par des restitutions auxquelles il ne s'attendait pas et auxquelles dès-lors il n'est pas préparé. Or celui qui possède comme usufruitier, exerce le droit de jouir ni plus ni moins que celui qui possède comme propriétaire. Il doit donc être traité de même (3). — De même, l'usufruitier dont le titre vient à être révoqué, annulé ou rescindé, n'est tenu de restituer

---

(1) Dict. ff. 5. — (2) Dumoulin, sur Paris, tit. 1, § 1, gl. 1.
(3) Proudhon, n. 753. Demolombe, p. 623.

les fruits que d'après les règles applicables aux dispositions en
propriété. Ainsi, lorsqu'un testament contenant un legs d'usufruit
est déclaré nul pour vice de forme, le légataire n'a pas à tenir
compte des fruits pour le temps où l'existence du vice de forme
lui est restée ignorée (1). — Un légataire d'usufruit ayant encouru
déchéance de son legs par application d'une clause pénale, ses
héritiers, après son décès, furent condamnés à restituer tous les
fruits par lui perçus. Cette restitution, a-t-on dit, n'était que celle
de la chose léguée elle-même. Leur laisser les fruits, c'eût été main-
nir le legs d'usufruit dont le légataire avait été déchu, alors qu'un
légataire ne peut bénéficier de son legs qu'en se conformant aux
conditions qui lui sont imposées, conditions au nombre desquelles
figure une clause pénale (2). — Ces motifs pèchent. C'est l'usufruit qui formait l'objet du legs. Or l'usufruit est distinct des
fruits de la chose qui en est grevée. D'un autre côté, la révocation
d'une libéralité pour inexécution des conditions n'oblige à restituer les fruits que du jour de la demande. Peu importe que par
là, en fait, le donataire bénéficie de la libéralité comme si elle
n'était pas révoquée. Ce résultat est possible même dans une
disposition en propriété, lorsque, par exemple, la chose donnée
périt avant la demande en révocation. Qu'une libéralité ait pour
objet la propriété ou bien l'usufruit, le donataire en cas de révocation ne doit compte des fruits ou produits du droit, que du jour
de la demande. Le demandeur ne doit s'en prendre qu'à sa négligence s'il n'a pas agi à temps pour recueillir le bénéfice de
son action à partir du jour où elle est née.

Lors même que celui qui a joui comme usufruitier doit compte
des fruits comme ayant possédé de mauvaise foi, il n'est tenu des
intérêts de ces fruits que du jour de la demande, telle étant la
règle pour les restitutions de fruits (1155). Le soumettre aux intérêts de chaque perception à partir du jour où elle a eu lieu, ce
serait considérer les fruits comme étant les objets mêmes de la
possession à titre d'usufruitier; ce serait, en d'autres termes,
confondre le droit d'usufruit avec les produits ou revenus de la
chose qui en est grevée (3).

---

(1) Lyon, 29 nov. 1828.

(2) Cass. 10 juillet 1849. On avait décidé en première instance et avec
raison (Genty, Traité des *Partages d'ascendants*, n° 19), que dans l'espèce
la clause pénale était nulle, comme sanctionnant une disposition nulle.

(3) Contr. Même arrêt.

16. À défaut de dispositions spéciales, la possession à titre d'usufruitier est soumise aux mêmes règles que la possession à titre de propriétaire, ou à des règles analogues. — Ainsi, elle ne peut être intervertie que de la même manière (2238). — Ainsi encore, celui qui a commencé à posséder comme usufruitier, est présumé posséder toujours au même titre, s'il n'y a preuve du contraire (2231). Si, par exemple, l'usufruitier de tous les biens composant une succession, est lui-même appelé à cette succession, mais non en premier ordre, il ne peut, au cas où l'héritier le plus proche renoncerait, être présumé accepter par cela seul qu'il continue de posséder les biens et d'en jouir. Il sera présumé posséder à titre d'usufruitier tant qu'il n'aura pas fait acte d'héritier. Jusque-là donc, le renonçant peut revenir sur sa renonciation. (1)

17. J'examinerai successivement,

1° Comment se constitue l'usufruit et sous quelles modalités ;

2° Quelles choses en sont susceptibles ;

3° Quels sont les effets de l'usufruit, c'est-à-dire, 1° Quels droits il donne à l'usufruitier ; 2° Quelle position il crée au nu-propriétaire ; 3° Quelles obligations ou charges il entraîne ;

4° Comment il s'éteint ;

5° Les règles du quasi-usufruit ;

6° L'usufruit légal des père et mère.

---

(1) Bordeaux, 15 janv. 1848.

CHAPITRE Ier.

COMMENT SE CONSTITUE L'USUFRUIT, ET SOUS QUELLES MODALITÉS. — RÈGLES GÉNÉRALES DES ACTES CONSTITUTIFS D'USUFRUIT.

SOMMAIRE.

18. L'usufruit est établi par la loi ou par le propriétaire, non par le juge.
19. Cas où la loi établit l'usufruit.
20. L'usufruit du mari ou de la communauté dérive d'une convention. — Le constituant peut l'exclure.
21. L'usufruit s'établit par convention, testament ;
22. Et par prescription.
23. On peut le *conférer* et le *réserver*.
24. Le don de l'usufruit à l'un et de la nue-propriété à l'autre n'est pas une substitution.
25. La caducité d'un legs d'usufruit profite au légataire de la nue-propriété.
26. Conditions requises pour conférer l'usufruit. Règle.
27. Pour conférer l'usufruit d'un bien, il faut 1° être propriétaire de ce bien ;
28. 2° capable de l'aliéner. Une prohibition ôte le pouvoir de conférer l'usufruit.
29. Celui à qui on le confère doit être capable d'acquérir. Il faut appliquer les nullités pour interposition de personnes.
30. Le propriétaire seul peut réserver l'usufruit.
31. On peut établir un usufruit sur une chose qui en est déjà grevée.
32. La forme d'un acte constitutif d'usufruit est la même que celle d'un acte translatif de propriété.
33. L'erreur dans la personne entraînerait nullité.
34. Sort d'une disposition en usufruit entamant la réserve.
35. L'abandon de la quotité disponible ne change pas le titre du légataire.
36. Le droit des héritiers est divisible.
37. Cas où l'usufruit doit être évalué, et, s'il y a lieu, réduit.
38. L'article 917 régit-il les quotités disponibles exceptionnelles ?
39. Il ne régit pas les dispositions en nue-propriété.

40. L'usufruit peut s'établir sous toute espèce de modalité ;

41. Par exemple, purement, à terme, sous condition.

42. La condition suspensive ne peut s'accomplir au profit des héritiers.

43. Le terme *ex quo* forme condition.

44. L'usufruit peut s'établir au profit de plusieurs.

45. Cas où l'acte établit plusieurs usufruits successifs.

46. Cas d'un usufruit commun et indivis.

47. L'accroissement entre co-légataires d'usufruit a lieu même
pour les parts recueillies,

48. Et pour l'usufruitier qui a perdu sa part ;

49. Non entre ceux appelés alternativement.

18. « L'usufruit est établi par la loi ou par la volonté de
l'homme. » (579.)

Il pouvait encore en droit romain être établi par le juge dans
les actions en partage, actions dans lesquelles il était permis
d'adjuger la nue-propriété à l'un des copartageants et l'usufruit à
l'autre (1). Ce mode de partage ne fut pas admis dans notre ancienne pratique et l'article 579 le rejette implicitement, puisqu'il
ne reconnaît qu'à la loi et au propriétaire le pouvoir d'établir
l'usufruit. Je dis « au propriétaire », parce que les mots « par la
volonté de l'homme » se réfèrent exclusivement dans la pensée
du législateur à l'usufruit constitué par le propriétaire. Tel est,
en effet, le sens qui leur a été donné devant le Corps législatif et
devant le Tribunat (2). Jamais d'ailleurs, dans le languge de la loi,
ils ne désignent les tribunaux. Ajoutons que, d'après les règles du
partage, règles commandées par l'égalité qui doit régner entre
co-partageants, les lots doivent être faits en nature et se com-
poser, autant que possible, de biens de même sorte. Or, ce serait
violer ces dispositions que d'attribuer la nue-propriété à l'une des
parties et l'usufruit à une autre (3).

19. De l'usufruit établi par la loi. Les père et mère ont la
jouissance des biens de leurs enfants mineurs non émancipés
(384 et s.). Suivant des auteurs, ce droit n'est pas un usufruit.
Il est vrai que les articles 384-386 et 453 le désignent sous le nom

(1) ff. 6, § 1, *de usuf.* — (2) Fenet, p. 219. — (3) Duranton, IV,
n. 489. Proudhon, n. 304. Marcadé. Demolombe, n. 232. Contr. Zachariæ, II, p. 123. Maleville, art. 579. Salviat. 1, p. 17.

de jouissance. Mais les articles 389, 601 et 730 le qualifient usufruit. Cette qualification se trouve également dans l'article 579, puisque d'après les divers exposés de motifs, c'est à ce cas surtout que le législateur s'est référé quand il a dit que l'usufruit est quelquefois établi par la loi (1). Si le Code se sert tantôt du mot *jouissance*, tantôt du mot *usufruit*, c'est que pour lui ces deux expressions sont synonymes. Cela est si vrai que dans l'article 389, pour éviter la répétition du même mot, il appelle successivement jouissance et usufruit le droit des père et mère. Au fond, d'ailleurs, le droit de jouir de la chose d'autrui à la charge d'en conserver la substance, et tel est bien le droit des père et mère, est nécessairement un usufruit, faute de pouvoir être rangé dans aucune autre catégorie de droits (578, 543). C'est un usufruit dès qu'il présente les caractères essentiels et distinctifs de l'usufruit. Qu'importe après cela que sur des points secondaires et de détail, il ne soit pas soumis à toutes les règles de l'usufruit (2).

Lorsqu'une succession est dévolue moitié au père ou à la mère et moitié à des collatéraux autres que frères et sœurs ou descendants d'eux, le père ou la mère recueille, outre la moitié en pleine propriété, l'usufruit du tiers de la moitié dévolue aux collatéraux (754). C'est encore là un usufruit établi par la loi.

Des lois spéciales établissent encore l'usufruit au profit 1° du Souverain sur le domaine de la couronne ; 2° des titulaires de bénéfices ecclésiastiques sur les biens composant ces bénéfices.

20. Un mari a le droit de percevoir les fruits de tous les biens de sa femme sous le régime exclusif de communauté et de ses biens dotaux sous le régime dotal (1530, 1549). Ce droit constitue un usufruit d'après les raisons de fond données n. 19 à propos du droit des père et mère. En effet, l'expression percevoir les fruits est ici synonyme du mot jouir. Donc le mari dans l'espèce a le droit de jouir de choses appartenant à autrui. Il a donc le droit d'un usufruitier. La loi dit d'ailleurs en termes exprès qu'il en a les charges et les obligations (1533, 1562). Comment soutenir dèslors que son droit n'est pas un usufruit ? (3) — La communauté

____

(1) Fenet, p. 213, 230. — Ceux qui ne voient d'usufruit légal que dans le cas de l'art. 754, n'ont pas remarqué que, dans la discussion du projet, on ne paraît pas même avoir songé à cet usufruit encore inconnu et qui ne fut établi que plus tard, lorsqu'on discuta le titre des successions. — (2) Contr. Duranton, n. 483, 486. Demolombe, n. 232. — (3) Proudhon, n. 280.

entre époux a le droit de jouir pendant le mariage des biens propres de chaque époux (1401 2°). C'est encore un usufruit (1).

Du reste, dans ces deux cas, l'usufruit dérive de la volonté de l'homme plutôt que de la loi, parce qu'il est l'effet des conventions matrimoniales expresses ou tacites.

Il est permis de donner à un époux commun en biens sous la condition que les biens donnés lui resteront propres, alors que sans cette clause ils tomberaient en communauté (1401 1°, 1405). — Or, ce que l'on peut faire pour l'attribution de la propriété même, on doit pouvoir le faire également pour l'attribution de la jouissance, c'est-à-dire, pouvoir donner à un époux sous la condition que la jouissance lui restera propre. Et cette clause devrait recevoir son effet même à l'égard des biens réservés, d'après les raisons développées n. 327.

21. De l'usufruit établi par la volonté de l'homme. — La convention et le testament sont, au point de vue juridique, les deux actes par lesquels se manifeste principalement la volonté de l'homme. Ils peuvent donc établir l'usufruit.

Toute convention pouvant transférer la propriété, peut également transférer l'usufruit, soit une convention à titre gratuit (donation entre-vifs ou par contrat de mariage), soit une convention à titre onéreux (vente, échange, partage, etc.). Le plus ordinairement, l'usufruit s'établit à titre gratuit.

22. En droit romain, ni l'usufruit ni les servitudes ne s'acquéraient par prescription. La raison en est que dans la prescription c'est la possession qui est l'élément nécessaire pour l'acquisition. Or les choses dites incorporelles, telles que l'usufruit et les servitudes, ne paraissaient pas pouvoir être possédées. Mais ce principe est rejeté chez nous, puisque l'exercice d'un droit constitue une possession (n. 14). Sous le Code, tous les biens susceptibles d'une possession pouvant réunir les caractères requis pour la prescription sont par-là même, en principe, susceptibles de ce mode d'acquisition. Telles sont, sans parler de la propriété, les servitudes continues et apparentes (690), une succession (137). Or l'usufruit est aussi susceptible que la propriété, les servitudes ou une succession, d'être possédé avec les caractères voulus pour la prescription (2229). Il doit donc pouvoir également s'acquérir de cette manière. Sans doute la

____

(1) Proudhon, n. 279

loi ne s'est pas spécialement expliquée au sujet de l'usufruit. Mais si elle l'a fait pour les servitudes, c'est qu'elle voulait d'abord abroger le droit coutumier sur ce point, ensuite distinguer entre les servitudes, admettre la prescription pour les unes et la rejeter pour les autres. Quant à la prescription d'une succession, ce n'est qu'incidemment que le Code la mentionne. Il en suppose l'existence, quoique nulle part il ne l'admette expressément. C'est nous apprendre qu'elle résulte des seuls principes généraux sur la prescription. Or, c'est précisément ce qu'il faut dire de l'usufruit. Il suffit pour l'admettre que la loi ne l'ait pas rejetée (1).

Ce point admis, il faut dans le silence de la loi, suivre pour la prescription de l'usufruit, les mêmes règles que pour la prescription de la propriété. En conséquence, l'usufruit d'un immeuble s'acquiert par une possession de 10 ou 20 ans, s'il y a juste titre et bonne foi, de 30 ans dans le cas contraire. Si donc, par exemple, un héritier laisse un légataire d'usufruit jouir pendant 30 ans, il n'est plus recevable à lui opposer la nullité du testament. — L'usufruit des meubles corporels s'acquiert par le seul fait de la mise en possession, si l'on est de bonne foi, conformément à la règle « *en fait de meubles possession vaut titre* », règle qui équivaut à une sorte de prescription instantanée, et qu'on doit d'autant plus hardiment appliquer à l'acquisition de l'usufruit que la loi elle-même l'applique à l'acquisition d'un simple droit de gage (2102, 4°, 5e al.).

23. L'établissement de l'usufruit par la volonté de l'homme offre une particularité dont l'acquisition de la propriété ne peut fournir l'occasion. On peut établir l'usufruit (et il en est de même des servitudes) sous deux faces distinctes : 1° en le conférant ; 2° en le réservant. On le confère lorsqu'on le donne à quelqu'un, en retenant la nue-propriété pour soi ou pour son héritier, ou en la transmettant à une autre personne ; on le réserve, on le déduit, lorsqu'on aliéne la nue-propriété, en retenant l'usufruit pour soi ou pour son héritier. — Ainsi, l'usufruit s'établit :

Par testament : 1° lorsqu'un testateur lègue l'usufruit seulement, auquel cas la nue-propriété reste à l'héritier ; 2° lorsqu'il lègue la nue-propriété seulement, auquel cas l'usufruit reste à l'héritier ; 3° lorsqu'il lègue la nue-propriété à une personne et

____

(1) Cass. 17 juillet 1816. Proudhon, n. 750 et s. Zachariæ, II, p. 213. Duranton, IV, n. 502. Troplong, *prescription*, n. 855. — Contr. Themis, VI, p. 232, Salviat, I, p. 54.

l'usufruit à une autre, auquel cas les légataires acquièrent, l'un la nue-propriété , l'autre l'usufruit (1).

Par convention : 1° lorsqu'un propriétaire confère l'usufruit de sa chose, auquel cas il en conserve la nue-propriété ; 2° lorsqu'il aliène la nue-propriété seulement, auquel cas il en conserve l'usufruit ; 3° lorsqu'il confère la nue-propriété à une personne et l'usufruit à une autre, auquel cas les deux acquéreurs acquièrent, l'un la nue-propriété et l'autre l'usufruit.

24. « La disposition par laquelle l'usufruit est donné à l'un et la nue-propriété à l'autre, ne constitue pas une substitution fidéicommissaire. » (899). — En effet, les deux donataires ou légataires reçoivent chacun une chose distincte, tandis que dans la substitution fidéicommissaire , l'objet donné au grevé et à l'appelé est le même, et cet objet est d'ailleurs la propriété. Le grevé n'a donc pas simplement l'usufruit. Il a la propriété, propriété actuelle, mais résoluble, tandis que l'appelé a la propriété conditionnellement et pour l'avenir.

Les termes équivoques des actes laissent souvent du doute sur le point de savoir ce qu'a voulu un disposant. Ainsi, on donne quelquefois à un véritable grevé le nom d'usufruitier ; on déclare lui donner la jouissance, parce que quand le droit des appelés s'ouvre, c'est, en fait et économiquement, comme s'il n'avait eu que le droit de *jouir*. A l'inverse, souvent une disposition en usufruit est rédigée en termes qui semblent indiquer une disposition en propriété.

Il n'y a là qu'une question d'interprétation d'acte à résoudre par les principes généraux. Dans le doute, il vaut mieux entendre l'acte dans le sens d'une double disposition , l'une en usufruit, l'autre en nue-propriété, lorsqu'entendue dans le sens d'une substitution fidéicommissaire, elle serait nulle (1157). Ce serait marcher dans une fausse voie que d'appliquer aujourd'hui toutes les lois romaines concernant les fidéicommis. En droit romain, voir un fidéicommis dans une disposition, c'était, à l'inverse de ce que ce serait aujourd'hui, le moyen de lui donner effet, puisque la règle en cette matière, c'est que les dispositions auxquelles par dérogation au droit strict on donnait effet sous le nom de fidéicommis, ne pouvaient valoir à un autre titre (2).

Une disposition qui donne la jouissance d'un capital en argent

---

(1) Inst. § 1, *de usuf.* — (2) Inst. § 1, *de fideic. hered.*

à plusieurs personnes successivement et attribue le capital à un tiers pour après leur mort, constitue, non une substitution prohibée, car le capital n'est pas attribué en propriété aux personnes appelées à en jouir successivement, mais bien la disposition indiquée par l'article 899, c'est-à-dire, une disposition conférant la nue-propriété à une personne et l'usufruit (quasi-usufruit) à plusieurs autres appelées à jouir successivement, ce qui donne naissance à plusieurs usufruits. V. n. 45 (1).

25. Lorsqu'on a légué la nue-propriété à une persónne et l'usufruit à une autre, si le legs d'usufruit devient caduc, ce n'est pas l'héritier qui recueille le droit de jouir ; car le défunt n'a pas entendu le lui laisser à lui. Il a entendu, par le double legs qu'il a fait, le laisser à l'un ou l'autre des légataires (2).

Et si l'usufruit a été légué sous condition, ce n'est pas l'héritier qui aura le droit de jouir en attendant l'événement de la condition ; c'est le légataire de la nue-propriété. Sans doute, la nue-propriété seulement lui ayant été léguée, il semble que l'usufruit reste dans l'hérédité. Mais comme il a été légué à un tiers, ce n'est point en faveur de l'héritier qu'il a été déduit du legs de propriété ; c'est en faveur du légataire d'usufruit. Donc, tant que ce dernier ne jouit pas, la propriété est pleine entre les mains de celui à qui on l'a léguée, à moins que le testateur n'ait manifesté une intention contraire et laissé voir qu'il n'entendait pas que le legs de la nue-propriété fût délivré avant un certain temps (3). — De même et à plus forte raison, si l'usufruit ayant été légué pour un certain temps, le légataire recueille, puis décède avant l'expiration du temps fixé, l'usufruit se réunit à la propriété dès l'instant de son décès, sans que l'héritier ait le droit de jouir jusqu'à l'arrivée du terme (4).

26. La loi n'établit aucune règle particulière en ce qui concerne les conditions requises pour la validité d'une constitution d'usufruit. Ces conditions ne sont donc que la conséquence des principes généraux, et se trouvent dès-lors être les mêmes que s'il s'agissait d'un acte translatif de propriété (5).

27. Voyons d'abord les conditions requises en la personne des

---

(1) Cass., 8 décembre 1832. — (2) ff. 33, pr. *de usuf.* Duranton, n. 493. — (3) ff. 33, *de usuf. leg.* ff. 4, *si ususf.* Ricard, Don. n. 528. Duranton, n. 494. — (4) Lacombe, V° *Usufruit,* sect. 5. — (5) Duranton, n. 487. Toullier, III, n. 394 et 395.

parties, s'il s'agit de conférer l'usufruit. — Conférer l'usufruit
d'une chose, c'est transférer à un tiers l'un des droits compris
dans la propriété (n. 3). C'est donc aliéner pour partie. Or, une
aliénation partielle est toujours une aliénation. Elle ne peut dès-
lors être faite que par ceux qui ont qualité et capacité pour aliéner. Donc, pour pouvoir conférer l'usufruit d'une chose comme
pour pouvoir en transférer la propriété, il faut être 1° propriétaire
de la chose , 2° capable de l'aliéner.

Le propriétaire seul a qualité pour conférer l'usufruit. Si donc
une personne qui n'aurait pas la propriété, ni par conséquent le
droit de jouir, déclare dans un acte vous conférer l'usufruit, cet
acte est insuffisant pour vous le transférer effectivement, de même
qu'il serait insuffisant pour vous transférer la propriété. C'est le
cas de dire que cette personne n'a pu vous transférer un droit
qu'elle n'avait pas, sauf à vous à prescrire, s'il y a lieu.

C'est le propriétaire d'un bien et lui seul qui a qualité pour en
conférer l'usufruit. Du reste, il faut prendre l'expression propriétaire d'un bien dans un sens large et comme comprenant non-
seulement celui qui a le droit de propriété, mais encore celui qui
a tout autre droit susceptible d'usufruit, par exemple : un droit
d'usufruit, d'emphytéose, de créance (n. 54-55). En effet, celui à
qui appartient un bien ou droit quelconque a et lui seul a qualité
pour l'aliéner en tout ou en partie, par conséquent, pour conférer
à un tiers le droit de jouir et constituer ainsi ce tiers usufruitier.
Donc, de même que le propriétaire d'une maison, d'un domaine,
peut et que lui seul peut conférer l'usufruit de la maison, du domaine, de même un usufruitier peut et lui seul peut conférer
l'usufruit de son usufruit, un emphytéote de son droit d'emphytéose, etc.

Si le propriétaire d'un bien n'a qu'un droit conditionnel, résoluble, révocable, rescindable, il ne peut conférer qu'un usufruit
également conditionnel, résoluble, etc. (arg. 2125).

28. Les personnes incapables d'aliéner la propriété d'une chose,
sont par là même incapables d'en conférer l'usufruit. V. n. 27 (1).

Une femme mariée n'a donc pas capacité pour conférer l'usufruit de ses immeubles sans autorisation du mari ou de justice (2).
— Si elle est séparée de biens, elle peut conférer l'usufruit de son
mobilier, du moins à titre onéreux (1149). — Le mineur éman-

---

(1) L. 7 C. *de reb. alien.* Proudhon , n. 5 — (2) Cass. 22 nov. 1841.
Proudhon, n. 301.

cipé a également capacité pour établir un usufruit à titre onéreux sur ses biens meubles, mais non sur ses immeubles. — Pour établir un usufruit sur des immeubles appartenant à un mineur ou interdit, il faut employer les formalités prescrites pour l'aliénation même de ses immeubles (1).

Du reste, les actes d'un incapable étant, non pas nuls, mais simplement annulables au profit de l'incapable, l'usufruit conféré par un incapable serait effectivement établi, sauf le droit pour l'incapable de faire annuler l'acte constitutif.

Une prohibition met, plus encore que l'incapacité, obstacle à la validité des actes. La prohibition d'aliéner une chose emporte donc prohibition d'en conférer l'usufruit, puisque conférer l'usufruit, c'est aliéner pour partie, et par conséquent faire une chose qui n'est pas permise, s'il existe une prohibition d'aliéner. Peu importe que la prohibition dérive de la loi, d'une convention ou d'un testament ; il suffit qu'elle existe (2). — On a jugé que la prohibition imposée dans un partage d'ascendant d'aliéner les biens partagés, lesquels devaient rester affectés par hypothèque au service d'une rente viagère stipulée au profit de l'ascendant, ne s'opposait pas à ce que les descendants concédassent un usufruit. L'hypothèque, a-t-on dit, continuant de subsister, rien n'est changé dans les garanties et le service de la rente (3). Erreur, puisque l'usufruitier pourrait, en purgeant, changer la position du rentier. Ce qu'on doit dire, c'est que si l'usufruitier s'abstient de purger et sert la rente à défaut des descendants, l'ascendant est sans intérêt et partant sans qualité pour critiquer la constitution d'usufruit.

29. La seule condition requise en la personne de celui à qui l'on confère l'usufruit, c'est qu'il soit capable de l'acquérir. Du reste, la capacité pour acquérir l'usufruit est la même que pour acquérir la propriété. On avait même exprimé cette règle dans le projet de Code par un article ainsi conçu : « l'usufruit peut être accordé à tous ceux qui peuvent posséder des biens, même à des communes. » Cet article fut retranché comme inutile (4).

Ici encore, il faut assimiler une prohibition à une incapacité. S'il est des personnes à qui il soit interdit d'acquérir la propriété, il leur est également interdit d'acquérir l'usufruit. Telles sont celles que mentionne l'article 1596.

---

(1) Proudhon, n. 301. - · (2) Dict. L. 7. — (3) Angers, 13 août 1853. ·— (4) Fenet, p. 167, 197.

Proudhon admettant avec d'autres auteurs que l'usufruit une fois établi est incessible, incommunicable, opinion qui sera combattue n. 98 et s., part de là pour décider qu'une libéralité en usufruit ne devrait point être déclarée nulle, par cela seul que le donataire serait du nombre des personnes qui, dans les cas ordinaires, sont réputées personnes interposées pour faire parvenir le don à un incapable ; car, dit-il, il ne peut y avoir lieu à une véritable interposition de personne concertée dans la vue de transporter l'objet de la donation entre les mains et sur la tête d'un autre que quand la chose donnée est transmissible, ce qui ne se trouve pas dans l'usufruit. — Si l'on suivait cette décision, erronée comme le principe qui lui sert de base, rien ne serait plus facile que de se jouer des prohibitions portées par la loi ; il suffirait pour cela de disposer en usufruit. L'interposition de personne a évidemment le même résultat dans une libéralité en usufruit que dans toute autre. Proudhon convient qu'il y aurait nullité si les émoluments de l'usufruit étaient tels qu'il fût possible que l'usufruitier eût dans son superflu de quoi enrichir l'incapable. Cette distinction entre l'émolument entier de la disposition et le superflu qui en resterait au donataire est inconséquente. Car si le donataire ne pouvait transmettre à l'incapable l'émolument entier, il ne pourrait pas davantage lui transmettre son superflu. Si au contraire, il peut, comme cela n'est pas douteux, lui transmettre son superflu, il peut également lui transmettre l'émolument entier.

30. Passons aux conditions requises en la personne des parties pour une réserve d'usufruit. — La constitution d'usufruit résultant en ce cas de l'aliénation de la propriété faite avec réserve d'usufruit, elle ne peut, comme dans le cas précédent, émaner que du propriétaire du bien, ayant d'ailleurs capacité pour aliéner. En effet, celui qui n'est pas propriétaire n'ayant pas le droit de jouir, ne peut se le réserver pour soi ou pour son héritier. Pour pouvoir retenir un droit, il faut l'avoir déjà. Si le propriétaire est incapable d'aliéner la propriété, l'aliénation qu'il ferait en se réservant l'usufruit, sans être nulle, serait du moins annulable, et son annulation entraînerait nécessairement celle de la réserve d'usufruit ; car l'incapable recouvrant alors la nue-propriété, ne serait plus usufruitier.

En principe, quiconque peut aliéner la propriété peut aussi en l'aliénant retenir l'usufruit. Par exception toutefois, le mari, quoique pouvant aliéner à titre gratuit et particulier les effets mobiliers de la communauté , ne peut s'en réserver l'usufruit (1442). Cette restriction a pour but de rendre le mari moins facile à dépouiller la communauté, puisqu'il ne peut le faire qu'en diminuant en même temps son propre revenu.

31. Si le propriétaire peut établir un usufruit sur sa chose, c'est que le droit de jouir lui appartient comme étant compris dans la propriété (n. 27). Si donc pour le moment il s'en trouve détaché et appartient à un tiers, c'est-à-dire si sa chose est déjà grevée d'un usufruit, il est par là même sans pouvoir pour en constituer un second qui s'ouvre immédiatement ; car la cause qui donne ce pouvoir n'existe pas pour lui. Or *cessante causa, cessat effectus*. Est-ce à dire qu'une constitution d'usufruit émanée d'un nu-propriétaire serait sans effet ? Non. La nue-propriété contient le droit de jouir pour l'époque où s'éteindra l'usufruit actuellement existant. Le nu-propriétaire peut donc l'établir pour cette époque. Ainsi, l'usufruit de tous les biens porte sur ceux mêmes dont le constituant n'a que la nue-propriété, sauf à ne s'ouvrir pour ces biens que lors de l'extinction de l'usufruit actuellement existant (1).

Une chose pourrait n'être grevée d'usufruit que sous condition. Le propriétaire conservant en ce cas le droit de jouir tant que la condition n'est pas accomplie, peut bien conférer ce droit à un tiers ou le réserver en aliénant la propriété, de manière à ce qu'il s'ouvre immédiatement. Seulement, comme à raison de l'usufruit établi sous condition , le droit de jouir est résoluble en sa personne, il ne peut le conférer ou le réserver qu'avec ce caractère ; de sorte que le même événement qui forme une condition suspensive pour l'usufruit établi le premier, forme une condition résolutoire pour le second. Si donc cet événement se réalise, il fera naître le premier et éteindra le second.

32. J'ai dit n. 26 que dans le silence de la loi, un acte constitutif d'usufruit est soumis aux mêmes règles qu'un acte translatif de propriété. Ce principe s'applique à la forme de l'acte, puisque la loi ne contient aucune disposition à cet égard. En conséquence, une constitution d'usufruit à titre gratuit doit être faite suivant les formalités prescrites par la loi pour la donation entre-vifs ou pour les testaments, suivant que l'usufruit est constitué

---

(1) Proudhon, n. 302. Duranton , n. 255. Rouen, 20 décembre 1852. En droit romain, pareille constitution n'était valable que par acte de dernière volonté. V. mon Traité, n. 20, 75, 76. Le ff. 46, *de evict.* fondé sur ce principe ne doit donc pas être appliqué chez nous.

entre-vifs ou par testament. Une constitution à titre onéreux au contraire n'est soumise à aucune forme. Il suffit pour sa validité du simple consentement (1).

33. Par suite du même principe, le consentement n'est valable dans une constitution d'usufruit qu'autant qu'il le serait s'il s'agissait d'une translation de propriété. — Toutefois une constitution d'usufruit même à titre onéreux, serait annulable pour erreur dans la personne de celui au profit de qui elle serait faite. En effet, l'erreur dans la personne devient par exception une cause de nullité lorsque la considération de la personne avec laquelle on a intention de contracter est une cause déterminante du consentement (1110). Or, comme un usufruit a son existence essentiellement liée à celle de la personne de l'usufruitier, il tire de cette personne, au point de vue de sa durée, son existence propre ; de sorte que, sous ce rapport, établi au profit de telle personne, il ne constitue pas le même droit que s'il était établi au profit de telle autre. D'où la conséquence que l'erreur dans la personne de l'usufruitier empêche le constituant d'établir l'usufruit même qu'il a en vue et vicie dès lors son consentement (2).

34. Un cas prévu par le Code et soumis par l'article 917 à une règle particulière est celui où une disposition en usufruit dépasse la quotité disponible. La loi donne alors aux héritiers réservataires l'option ou d'exécuter la disposition ou d'abandonner la quotité disponible en propriété. — Pour opérer la réduction, ainsi que cela a lieu d'ordinaire, il faut estimer la valeur des dispositions excédant la quotité disponible. Or, il est impossible d'évaluer un usufruit avec quelque certitude, à cause de l'incertitude de sa durée. De là la décision de l'article 917 qui dispense de toute estimation. Aucune partie ne peut se plaindre. L'usufruitier en effet reçoit ou ce qu'on lui a réellement donné ou tout ce qu'on pouvait lui donner. Quant aux héritiers, ils ont l'option : c'est à eux à consulter leur intérêt.

L'article est fait pour le cas où « la valeur de la disposition en usufruit excède la quotité disponible ». C'est plutôt pour le cas où les héritiers le pensent ainsi ; car on ignore précisément quelle est la valeur réelle de la disposition. Il n'y a pas à rechercher au moyen d'une expertise et d'une évaluation, si la valeur de la disposition excède la quotité disponible, puisque le but même

____

(1) Duranton, n. 487. — (2) Proudhon, n. 13.

de la loi est de prévenir une évaluation (1). Seulement, il faut que l'usufruit porte sur des biens dont la valeur en pleine propriété dépasse la quotité disponible ; car si la propriété même ne dépasse pas la quotité disponible, il est certain que l'usufruit ne la dépasse pas non plus. Si donc il y avait contestation sur ce point entre les héritiers et l'usufruitier, chose peu vraisemblable, puisqu'en cas de doute l'intérêt manifeste des héritiers est d'exécuter la disposition, il y aurait lieu à estimer, non l'usufruit, mais la valeur des biens qui en sont grevés.

35. Si les héritiers abandonnent la quotité disponible en propriété, le légataire ou donataire cesse d'être usufruitier. Toutefois cet abandon ne change pas son titre et ne fait pas de lui un légataire à titre universel ; de sorte qu'il n'a toujours point à contribuer aux dettes. Cela tient à ce que la quotité disponible qu'on lui abandonne n'a dû être calculée sur la masse des biens que déduction préalablement faite des dettes (922). Elle lui est donc délivrée franche, l'héritier prélevant sur la masse les valeurs nécessaires pour payer les créanciers (2). — Du reste, l'abandon de la quotité disponible laisse au légataire son titre de légataire ; elle ne fait pas qu'il détienne comme en vertu d'une transaction. Si donc, par exemple, le legs a été fait par un époux à son conjoint sous condition de garder viduité, cette condition continue de subsister (3).

36. La charge d'exécuter la disposition ou d'abandonner la quotité disponible est divisible. Si donc il y a plusieurs héritiers, comme l'article 917 ne leur enjoint pas de se concerter, chacun d'eux a le droit d'opter en raison de sa part héréditaire pour le parti que bon lui semble. Le donataire ou légataire pourra donc recevoir des uns l'usufruit, des autres la propriété. Ce n'est pas le cas d'appliquer par analogie les articles 1670 et 1685 ; car ces articles introduits en faveur des acheteurs étant exceptionnels, ne sauraient être étendus (4).

Si certains héritiers seulement sont réservataires, comme la vocation des divers héritiers est divisée, les réservataires qui ne voudraient pas exécuter la disposition n'ont à abandonner

---

(1) Proudhon, n. 338. Merlin, Rep. v° Réserve. Duranton, 8, n. 345. Grenier, n. 638. — Contr. Coin-Delisle et Marcadé, sur 917. — (2) Proudhon, n. 341. — (3) Cass. 8 janv. 1849. — (4) Proudhon, n. 342. Grenier, n. 638. Toullier, 5, n. 143. Coin-Delisle et Marcadé, sur 917. — Contr. Duranton, 8, n. 346.

que la portion de quotité disponible qu'ils ont pu recueillir. Et si leur part héréditaire consiste en entier dans leur réserve, ils n'ont à faire aucun abandon en propriété ; car la quotité disponible, qui seule est sujette à abandon , ne leur appartient pas. Ils n'ont pas non plus à exécuter la disposition en usufruit sur leur réserve, puisque dans le système adopté par l'article 917, les réservataires peuvent conserver leur réserve franche d'usufruit. Quant aux héritiers non réservataires, Proudhon n. 351 prétend qu'ils sont tenus envers l'usufruitier de lui abandonner la propriété de leur part héréditaire ou de leur fournir en supplément un revenu annuel équivalent à ce que la réserve des autres héritiers a retranché de son usufruit. Mais c'est appliquer à ces héritiers, avec un mélange d'arbitraire, l'article 917 qui ne les concerne pas. Sans doute la charge des legs pèse exclusivement sur les héritiers non réservataires ; mais l'article 917 ne leur étant pas opposable, une disposition en usufruit ne les oblige qu'à délivrer un usufruit et ne les y oblige d'ailleurs que sur ce qu'ils recueillent. Donc, dans l'espèce, comme dans tout autre cas , ils ne sont tenus d'exécuter la disposition qu'autant que le permet la consistance des biens qui leur sont dévolus, c'est-à-dire qu'ils ont simplement à délivrer l'usufruit de leur part héréditaire.

37. Si la pleine propriété de la quotité disponible a été d'abord donnée entre-vifs, tout don postérieur ou legs d'usufruit serait sans effet (925). — Il en est de même si un testateur fait un legs en toute propriété qui absorbe la quotité disponible et en outre un legs en usufruit, avec déclaration que le premier s'exécutera de préférence. Si la disposition qui a le pas sur celle en usufruit n'absorbe pas la quotité disponible , les héritiers pourront abandonner ce qui en restera (1). — Mais si un testateur fait un legs d'usufruit et un legs de propriété sans donner la préférence à l'un, comme les divers legs réunis ne peuvent dépasser la quotité disponible, il faudra bien les évaluer comparativement pour déterminer la réduction que chacun d'eux devra subir. La loi s'est donc trompée si elle a cru prévenir pour tous les cas l'estimation d'un droit d'usufruit (2). Pour la fixation des droits d'enregistrement, la loi du 22 frimaire an VII , art. 14, § 11, évalue l'usufruit à la moitié de la propriété. Mais cette évaluation ne doit pas faire

____

(1) Proudhon, n. 344. — (2) Proudhon , ibid. Duranton, 4, n. 632. Delvincourt, sur 917.

règle pour les autres cas, tant parce qu'elle est contenue dans une loi fiscale établie pour un objet spécial, que parce qu'au fond elle n'est point conforme à la réalité des choses. En effet, la valeur de l'usufruit dépend de la durée de la vie de l'usufruitier. L'évaluation doit donc en être basée et sur le montant du revenu de la chose et sur la durée probable de la vie de l'usufruitier. Ce dernier point, du reste, peut tout aussi bien être apprécié par les juges que par des experts. Le mieux sera sans doute de s'attacher aux calculs de probabilité établis à cet effet, et que suivent les compagnies d'assurances sur la vie. Une expertise n'est nécessaire que pour estimer le revenu de la chose (1). Au surplus, l'héritier, en pareil cas, peut abandonner la quotité disponible aux légataires, sauf à ceux-ci à s'arranger entr'eux.

38. Les règles établies pour la quotité disponible ordinaire, sont généralement applicables aux quotités disponibles exceptionnelles, à moins que les dispositions spéciales établies pour ces dernières ne s'y opposent. L'article 917 doit donc être généralisé, au moins en principe, et étendu à tous les cas où la loi limite le pouvoir de disposer, sauf ceux où des principes particuliers en repousseraient l'application. — Ainsi, des collatéraux mêmes pourraient invoquer l'article 917 contre un enfant naturel auquel a été donné ou légué un usufruit excédant les limites posées par les articles 957, 958 et 908 ; car ils sont réservataires contre un enfant naturel (2). Ainsi encore, l'usufruit donné à un époux par son conjoint est régi par l'art. 917, lorsque l'époux qui a disposé laisse des enfants d'un lit précédent. V. 1098 (3). — Il en est autrement lorsqu'il laisse des enfants communs. Il n'a pu donner, en ce cas, que le quart des biens en propriété et le quart en usufruit, ou la moitié en usufruit seulement (1094). La disposition en usufruit serait donc, en cas d'excès, réductible à cette quotité ; et l'excès est facile à constater, puisqu'il ne s'agit pour cela que d'évaluer

---

(1) Proudhon, n. 364. Demolombe, 10, n. 227. Duranton, 4, n. 632. Cass. 7 janvier 1824. Douai, 14 juin 1852. — (2) Proudhon, n. 343 et s. Contr. Troplong, n. 844. Saintespès Lescot, 2, n. 381. — (3) Proudhon, n. 349. Rolland de Vill. Rep. not. v° Portion disp., n. 279. Douai, 14 juin 1852. Bordeaux, 3 juillet 1855. N'est pas contraire Poitiers, 27 mai 1851, puisqu'alors l'époux avait simplement donné l'usufruit de la portion de biens dont la loi lui permettait de disposer, ce qui n'est plus l'hypothèse de l'art. 917.

les biens en propriété (1). — Quant à l'époux qui ne laisse pour réservataires que des ascendants, il peut donner à son conjoint l'usufruit même de leur réserve (1094) ; ce qui écarte encore l'application de l'art. 917, et déroge au principe que la réserve doit arriver intacte aux héritiers.

39. L'article 917 est exceptionnel. Il ne saurait donc être étendu à des dispositions autres que celles qu'il prévoit, par exemple, à une disposition qui, au lieu de porter sur l'usufruit, porterait à l'inverse sur la nue-propriété, l'usufruit restant d'ailleurs à l'héritier. En principe, l'héritier réservataire a droit à la pleine propriété de sa réserve. Si donc une disposition en nue-propriété porte sur des biens dont la valeur excède la quotité disponible, l'héritier à qui le défunt a simplement laissé l'usufruit de ses biens, est fondé à en retenir la nue-propriété jusqu'à concurrence de ce qui est nécessaire pour compléter sa réserve en pleine propriété. On ne peut, en invoquant l'article 917 par analogie, exiger qu'en retour et comme par compensation, il renonce à son usufruit sur la portion disponible, ou du moins impute cet usufruit sur sa réserve (2).

40. L'usufruit peut, en principe, comme tous les droits en général, être établi sous toute espèce de modalité, et cela parce qu'un propriétaire est libre de disposer de ses biens comme bon lui semble. Les seules modalités qu'on ne puisse insérer dans une constitution d'usufruit sont celles qui porteraient atteinte aux conditions essentielles de ce droit (3).

41. Ainsi, « l'usufruit peut être établi ou purement, ou à certain jour, ou à condition. V. 580 (4).

Purement, c'est-à-dire ici, sans terme ni condition ; et alors il existe, il s'ouvre immédiatement si l'acte constitutif est une convention à titre onéreux ou une donation entre-vifs, et au décès du constituant si c'est une disposition à cause de mort.

A certain jour, c'est-à-dire, pour commencer à partir d'une certaine époque (terme *ex quo*), ou ne durer que jusqu'à une certaine époque (terme *ad quem*). Toutefois, on ne peut l'établir pour ne commencer qu'à la mort de celui au profit de qui on l'établit. Ce serait le faire commencer à l'époque où il doit nécessairement

---

(1) Proudhon, n. 345 Coin-Delisle, sur 1094, n. 8. Orléans, 12 janv. 1855. Contr. Vazeilles, Donat. et Test., art. 917. Coulon, Quest. de Droit, t. II, p. 554. Poitiers, 20 mars 1823. — (2) Cass., 7 juill. 1857. — (3) Orléans, 11 mai 1822. — (4) ff. 4, *de usuf.*

finir. Un pareil terme étant incompatible avec la nature même du droit, toute constitution d'usufruit où on l'aurait insérée, resterait sans effet (1).

A condition, c'est-à-dire, pour n'avoir lieu que dans le cas et à partir d'un évènement futur et incertain (condition suspensive), ou s'éteindre au contraire si cet évènement se réalise (condition résolutoire).

L'usufruit étant essentiellement limité à la vie de l'usufruitier et en outre soumis à plusieurs causes accidentelles d'extinction, renferme déjà virtuellement et par suite des seuls principes du droit, un terme où il doit cesser et des conditions résolutoires. Mais ce n'est point de ce terme ni de ces conditions qu'il s'agit ici. Le terme *ad quem* dont veut parler l'article 580, désigne une époque qui n'est pas d'ailleurs le terme ordinaire assigné par la loi à la durée de l'usufruit. De même, les conditions résolutoires sous lesquelles il est permis d'établir l'usufruit, restent distinctes de ces évènements qui peuvent survenir du vivant de l'usufruitier et qui d'après les règles ordinaires mettent fin à son droit.

42. Le terme *ad quem* et la condition résolutoire produisent dans une constitution d'usufruit leur effet ordinaire. Il n'en est pas entièrement de même de la condition suspensive ni du terme *ex quo*. — Parlons d'abord de la condition suspensive. Lorsqu'un droit transmissible est établi sous une condition suspensive, si celui au profit de qui il est établi meurt avant l'accomplissement de la condition, ses droits passent à son héritier (1179). La condition peut donc s'accomplir utilement après son décès, à moins qu'il ne s'agisse d'un legs ou d'une donation de biens à venir (1040, 1089). Lors au contraire que le droit est intransmissible, et tel est l'usufruit, la condition ne peut s'accomplir avec effet après le décès de celui au profit de qui il est établi, puisque le droit n'est pas de nature à passer aux héritiers.

43. Passons au terme *ex quo*. — L'usufruit est intransmissible. Si donc on l'établit avec la clause qu'il ne commencera qu'à une certaine époque, il ne pourra exister qu'autant que la personne au profit de qui on l'établit, sera vivante à l'époque indiquée. Or, c'est là une chose incertaine. Donc, dans une disposition en usufruit ou autre droit intransmissible, le terme *ex quo* vaut condition suspensive (2). Lors au contraire qu'un droit transmissi-

---

(1) ff. 51, *de usuf*. — (2) Proudhon, n. 419. Contr. Duranton, n. 506.

ble est établi avec pareil terme, il est certain qu'il sera un jour acquis, puisque si ce n'est pas à la personne même au profit de laquelle il est établi, ce sera à ses successeurs.

44. Rien ne s'oppose à ce qu'on établisse l'usufruit au profit de plusieurs personnes appelées à en jouir soit concurremment, soit alternativement, soit successivement.

45. Au dernier cas, la disposition, fût-elle à titre gratuit, ne constitue pas une substitution prohibée. La prohibition de l'article 896 ne concerne que les dispositions en propriété. Si la lettre de la loi n'est pas précise, son esprit du moins ne laisse pas de doute à cet égard (1). — La disposition en pareil cas, ne produit pas un droit unique d'usufruit transmissible de l'un des appelés à un autre ; car l'usufruit est intransmissible. Elle donne lieu à plusieurs usufruits, dont chacun reste distinct, soit en ce qui concerne les conditions de validité requises pour son établissement, soit en ce qui concerne son effet. Voir à cet égard le n. 262.

46. Lorsque les divers usufruitiers doivent jouir concurremment, ils sont dans l'indivision. Les règles concernant des communistes leur sont donc applicables. — Si un pareil usufruit appartient à des personnes dont l'une n'a pas le droit d'acheter les biens de l'autre, par exemple, à des mineurs et à leur tuteur, celui-ci, en sa qualité de co-usufruitier, a le droit, si l'usufruit est mis en licitation, de se rendre adjudicataire, quoique l'adjudication comprenne la portion appartenant aux mineurs. L'article 1596 n'est pas applicable au cas d'indivision. Autrement, un communiste se trouverait réellement exproprié de son droit, résultat que n'a pu vouloir le législateur. — Bien plus, si la nue-propriété même appartenait aux mineurs co-usufruitiers, et que, par suite d'une instance en licitation, elle fût mise en vente réunie à l'usufruit, le tuteur, quoique non co-propriétaire, pourrait encore se rendre adjudicataire ; parce que le droit qu'il a de conserver son usufruit en se rendant adjudicataire, ne saurait lui être enlevé par l'effet d'une combinaison adoptée pour rendre la vente plus avantageuse (2).

47. Si un usufruit a été légué à plusieurs pour jouir concurremment et que l'un manque de recueillir, sa part accroit aux autres, conformément aux articles 1044 et 1045. — Mais doit-on

---

(1) Proudhon, n. 441. Coin-Delisle, sur art. 899. Paris, 26 mars 1813. — (2) Paris, 12 avril 1856.

chez nous, en matière d'usufruit, admettre l'accroissement avec la même extension que le faisait le droit romain ? — En droit romain et en droit français, l'accroissement a lieu lorsque de plusieurs appelés l'un manque de recueillir. Mais c'est le seul cas où il ait lieu dans un legs de propriété. Là, une part une fois acquise à un appelé ne saurait accroître à d'autres. Dans un legs d'usufruit, au contraire, une part recueillie est encore, d'après le droit romain, susceptible d'accroissement. Lors en effet qu'un appelé, après avoir recueilli concurremment avec d'autres, vient à perdre sa part, cette part, au lieu de se réunir à la propriété, accroît aux autres. C'est là un point de doctrine sur lequel s'accordèrent tous les jurisconsultes (1). Il fut admis par tous nos anciens auteurs (2). Je n'hésite pas à l'admettre de même sous le Code, par la raison que, loin d'être en cela soumis à des principes particuliers, comme on l'a prétendu, il n'est que la conséquence logique du principe sur lequel se fonde tout accroissement.

Il y a lieu à accroissement lorsque plusieurs étant appelés concurremment à la même chose, et appelés d'ailleurs chacun à la totalité, l'un ne *concourt* pas, c'est-à-dire, ne recueille pas avec les autres. Les divers appelés ayant chacun droit à la totalité, c'est leur concours, leur présence à tous, qui les réduit à une part chacun. Si l'un des appelés fait défaut, les autres recueillent à eux seuls la disposition entière, par conséquent même la part qui était destinée au défaillant, et c'est en cela que consiste l'accroissement. Ce qui donne lieu à l'accroissement est donc ce fait simple et unique que, de plusieurs personnes appelées en totalité à la même chose, l'une ne participe pas au bénéfice de la vocation. Or, comme le droit de propriété ne s'éteint pas au bout d'un certain temps, dès que dans un legs de propriété, un appelé a recueilli sa part, il l'a recueillie pour toujours et la conserve irrévocablement par lui-même ou par ses ayant-cause. Voilà pourquoi dans un pareil legs, une part recueillie ne peut plus, d'ordinaire du moins, revenir et accroître aux autres. Mais ce résultat tient uniquement à la perpétuité du droit de propriété. Or, l'usufruit est essentiellement temporaire. Le concours entre co-usufruitiers l'est donc également et cela par voie de conséquence. Lors en

---

(1) ff. 1, § 3, *de usuf. acc.* V. mon Traité, n. 382 et s. — (2) Ricard, Donat. part. 3, n. 4, 452. Lacombe, v° Usufruit. Furgole, chap. 9, n. 4. Pothier, Donat. test., chap. 6, art. 2, sect. 3.

effet, que deux co-légataires d'usufruit recueillent, il y a d'abord concours entre eux ; mais ce concours ne dure que tant que subsiste le droit de l'un et de l'autre. Du moment où l'un d'eux et lui seul d'ailleurs vient à perdre le sien, il cesse de concourir. L'autre se trouve donc seul ; du moins il n'a plus en présence que le nu-propriétaire. Or, à l'encontre de ce dernier, son titre, on le suppose, l'appelle à l'usufruit de la chose entière, et par conséquent même de la portion dont jouissait son co-légataire (1). Le concours qui avait eu lieu d'abord n'a pas eu pour résultat de restreindre définitivement sa vocation à une part ; elle a simplement mis obstacle pour un temps à l'ouverture de son droit sur la totalité. Chaque légataire, en pareil cas, est appelé à une part purement et à l'autre part sous condition, à savoir, pour le cas où il sera vivant à l'époque où son co-légataire perdra la sienne. Au moment donc où cette condition se réalise, son droit s'ouvre et il recueille ainsi la part que perd son co-légataire. Ce résultat est conforme à l'intention présumée du disposant, telle que l'indique la nature de la disposition. Le disposant a voulu que chacun recueillît l'usufruit entier en sa personne, moins ce que pourrait lui retrancher le concours de son co-légataire. Or, pour que cette volonté soit suivie, il faut que, si le concours n'a pas lieu du tout, aucun retranchement n'ait lieu non plus ; que s'il a lieu, mais pendant un temps seulement, le retranchement n'ait également lieu que pendant ce temps.

Ainsi, c'est toujours une seule et même cause, l'absence de concours de l'un des appelés, qui donne lieu à accroissement soit dans le legs de propriété, soit dans le legs d'usufruit. Toute la différence, c'est que dans un legs d'usufruit, cette cause se présente, non-seulement quand un appelé ne recueille pas du tout, mais encore quand, après avoir recueilli, son droit s'éteint ; tandis que dans une vocation à la propriété, elle ne paraît pouvoir se présenter que quand un appelé n'a pas recueilli du tout. — Il n'est pas impossible, toutefois, de trouver dans une vocation à la propriété des cas où un appelé, après avoir recueilli, perdrait sa part. Si, par exemple, un héritier est exclu pour indignité, sa part héréditaire, quoique recueillie, accroît à ses cohéritiers. De

---

(1) Cùm primùm non inveniet alter eum qui sibi concurrat, solus utetur in totum. ff. 1, § 3, *de usuf. acc.* — Cette loi donne encore une autre raison dont j'ai établi la fausseté dans mon Traité n. 382, et qu'adopte pourtant Coin Delisle sur 1044, 1045.

même, si dans un legs de propriété fait à plusieurs, l'un est appelé sous une condition résolutoire, et que la condition s'accomplisse, ou si son legs vient à être révoqué en vertu des articles 1046 et 1047, comme son droit s'éteint, sa part accroît à ses colégataires. Dans ces cas donc, et en général toutes les fois que la vocation d'un appelé sera censée non avenue, quoiqu'il s'agisse d'une vocation à la propriété, le concours qui, seul, faisait obstacle à l'accroissement, venant à cesser, le droit d'accroissement reprend son empire, absolument comme lorsque plusieurs ayant été appelés à un même usufruit, le droit de l'un vient à s'éteindre.

Cela étant, on arrive à cette conclusion qu'en droit, le principe de l'accroissement est entièrement le même, soit dans les vocations à la propriété, soit dans les vocations à l'usufruit; mais qu'en fait, le concours, seul obstacle à l'accroissement dans les dispositions faites à plusieurs, le concours, dis-je, une fois qu'il a eu lieu dans les dispositions en propriété, dure régulièrement toujours, tandis que dans les dispositions en usufruit, il ne dure qu'un temps.

Il ne faut donc pas dire que le Code, par cela seul qu'il ne reproduit pas expressément les règles du droit romain à cet égard, les exclut virtuellement. Il faut dire au contraire qu'il les consacre implicitement, par cela seul qu'il reproduit (1044-1045) le principe sur lequel elles sont basées, sans en limiter aucunement la portée, sans dire, par exemple, que l'accroissement est restreint au cas où l'un des appelés ne recueille pas. Le Code ne s'explique point à cet égard. Il se borne à décider quelles sont, des trois conjonctions admises en doctrine, celles où l'accroissement a lieu. Donc, il s'en réfère sous tous autres rapports à la doctrine antérieurement admise, en tant qu'elle résulte des principes (1). — Duranton admet la doctrine ancienne pour le cas de l'article 1045 (conjonction *re tantum*), parce qu'alors, dit-il, il y a non décroissement; et il la rejette pour le cas de l'article 1044 (conjonction *re et verbis*). Cette distinction est contraire au principe même de l'accroissement, puisque dans l'une et l'autre conjonction, chaque légataire est appelé au tout, et que c'est uniquement cette vocation au tout qui amène l'accroissement.

48. Le droit romain admet encore que, si de plusieurs co-léga-

---

(1) Coin-Delisle, sur art. 1044, 1045. Duport Lavillette, Quest. v° accroissement. Cass., 1er juillet 1841. Contr. Proudhon, n. 554, 675. Merlin, Rep. v° Usufruit, etc.

taires d'usufruit, l'un recueille et perd ensuite sa part, il peut
encore recueillir par accroissement la part des autres. Cette décision est conséquente avec les principes exposés ci-dessus. En
effet, le co-légataire qui perd la part qu'il a recueillie lors du concours, ne perd pas pour cela les autres ; car il ne les a pas encore.
Le seul droit qui puisse s'éteindre en sa personne est celui qu'il a
déjà, c'est-à-dire le droit à la part que lui a donnée le concours.
Son droit éventuel au surplus reste donc intact, et peut par conséquent s'ouvrir encore. De là, cet adage du droit romain : « l'usufruit accroît à la personne et non à la part, » c'est-à-dire qu'une
part d'usufruit qui est dans le cas d'accroître, accroît effectivement à un légatataire, alors même qu'il a perdu sa part. — En
matière de propriété, on formule l'adage inverse : « une part accroît à une part ».

Voici deux solutions que Papinien base sur ces adages. L'un de
deux co-légataires d'usufruit demande la délivrance de sa part et
perd son procès. Si plus tard la part de l'autre lui accroît, il est
recevable à la réclamer sans qu'on puisse lui opposer la chose
jugée, parce que l'usufruit accroît à la personne. Cette exception
lui est opposable s'il s'agit d'un legs de propriété, parce qu'en ce
cas une part accroît à une part (1). — Cette distinction, repous-
sée par Pothier (2), est contraire aux principes sur la chose
jugée. En effet, si en matière d'usufruit, le jugement ne doit faire
perdre au légataire que la part qu'il a d'abord demandée, il en
doit être de même en matière de propriété. Si au contraire, en
matière de propriété, il doit lui faire perdre son droit entier, le
résultat doit être le même en matière d'usufruit. La solution doit
être identique dans les deux cas. — Mais quelle est la plus exacte ?
Il a été jugé en définitive que le demandeur n'avait pas droit au
legs. Il ne réclamait, il est vrai, qu'une portion ; mais le jugement
a véritablement décidé la question pour l'autre, puisque le légataire ne peut la réclamer que comme comprise dans le legs qu'il
invoquait lors de la première demande. Il y aurait contradiction
évidente entre les deux jugements, si l'un lui accordait sa demande en délivrance de legs, après que l'autre l'a rejetée. La
chose demandée est bien la même au fond ; car cette chose, c'est
le legs. La demande est fondée sur la même cause ; elle est formée

---

(1) ff. 33, § 1, *de usuf.* — (2) Donat. test. chap. 6, sect. 5, § 3.
Proudhon, n. 676.

entre les mêmes parties. L'application faite en pareil cas par Papinien, de l'adage que l'usufruit accroît à la personne et non à la portion, est donc irrationnelle. L'adage admis pour les legs de propriété qu'une part accroît à une part, peut sans doute s'adapter à l'espèce; mais il n'en explique point la solution. Il est loin d'ailleurs de présenter par lui-même une notion bien nette. Un cas où il semble applicable est celui où un légataire meurt après avoir recueilli sa part. Les parts non recueillies par le co-légataire accroissent à ses héritiers. Elles semblent donc accroître à la portion et non à la personne. Toutefois, si l'accroissement a lieu au profit des héritiers du légataire, c'est qu'il constitue un effet du legs, et qu'à vrai dire, cet effet s'est déjà réalisé en la personne du légataire; car ses co-légataires ne recueillant pas, lui au contraire ayant recueilli, il a réellement recueilli le tout.

49. Si on lègue l'usufruit à plusieurs personnes pour en jouir alternativement, par exemple, l'un une année, l'autre l'année suivante et ainsi de suite, il n'y a pas lieu à accroissement, parce que les légataires ne sont pas appelés à jouir concurremment. Si donc l'un d'eux vient à décéder, son usufruit alternatif, au lieu d'accroître à l'autre légataire, fera retour à la propriété (1).

-----

(1) ff. 2. *quib. mod. ususf.*

CHAPITRE II.

QUELLES CHOSES SONT SUSCEPTIBLES D'USUFRUIT. — CARACTÈRES JURI-
DIQUES DE L'USUFRUIT SUIVANT LES CHOSES SUR LESQUELLES IL PORTE.
— SUR QUOI S'ÉTEND ACCESSOIREMENT L'USUFRUIT.

SOMMAIRE.

50. Choses susceptibles d'usufruit. Règle.
51. Choses qui se consomment par le premier usage.
52. Choses actuellement ou à jamais inutiles.
53. Choses incessibles.
54. Créances, rentes.
55. Usufruit, emphytéose, propriété littéraire, droit à un bail, établissement commercial.
56. Droits d'usage et d'habitation, servitudes.
57. Office ministériel.
58. L'usufruit est tantôt mobilier, tantôt immobilier.
59. Les objets mobiliers placés par l'usufruitier sur le fonds pour l'exploiter ne s'immobilisent pas avec son usufruit.
60. L'usufruitier d'actions susceptibles d'être immobilisées peut immobiliser son usufruit; celui d'actions immobilisées peut le mobiliser.
61. L'usufruit est universel, à titre universel ou à titre particulier.
62. A quoi s'étend accessoirement un usufruit. Règle.
63. Ce que comprend l'usufruit d'une universalité.
64. L'usufruit d'un objet particulier en comprend toutes les parties.
65. Exemples.
66. L'usufruit porte sur les résultats de l'accession.
67. L'usufruit d'un fonds comprend les immeubles par destination.
68. Une disposition en usufruit comprend ce qui est nécessaire pour exercer le droit.
69. L'article 694 s'applique en cas de constitution d'usufruit.

50. « L'usufruit peut être établi sur toute espèce de biens meubles ou immeubles » (581), pourvu, bien entendu, qu'ils

soient dans le commerce. — Ainsi, les biens meubles et les biens immeubles sont également susceptibles d'usufruit. L'usufruit en effet est le droit de jouir d'une chose appartenant à autrui. Or on peut jouir d'un bien meuble et d'un bien immeuble.

51. Toutefois, par la nature même des choses, les seuls biens susceptibles d'usufruit sont ceux dont on peut jouir sans les consommer, sans les détruire. L'usufruit en effet n'emportant droit de jouir qu'à la charge de conserver la substance (n. 10), l'exercice en est impossible à l'égard des choses qui se consomment par le premier usage. L'usufruitier, en pareil cas, ne pourrait jouir qu'en consommant ; or il n'a pas le droit de consommer. Tout usage de la chose devrait donc lui être interdit à cause des conséquences qu'il entraîne infailliblement. Mais une loi romaine, qui a passé dans le droit français, voulant donner effet aux volontés de l'homme, valida les dispositions en usufruit portant sur ces sortes de choses, et, pour appliquer cette décision, admit que celui au profit de qui pareille disposition serait faite, recevrait les choses en toute propriété à charge de restituer ou pareille quantité, ou l'estimation, à l'époque où finirait un usufruit (1). Son droit produisit donc, au point de vue économique, un résultat analogue à celui que produit l'usufruit, ce qui fait que la doctrine l'a appelé *quasi-usufruit*. Mais les lois le comprennent sous l'expression usufruit, et dans ce sens large, il est vrai de dire avec l'article 581 que l'usufruit (soit l'usufruit véritable, soit le quasi-usufruit) peut être établi sur toute espèce de biens meubles ou immeubles. Mais alors l'article 581 donne au mot usufruit un sens plus large que ne le fait l'article 578, lequel ne doit s'entendre que de l'usufruit véritable.

52. On peut, sans nul doute, établir l'usufruit sur des choses inutiles ou à charge quant à présent, mais dont on a lieu d'espérer un usage ou des services pour l'avenir, tel qu'un poulain tout jeune ou une bête malade (2). En effet, la circonstance que l'état d'une chose la met hors d'état de servir quant à présent, peut bien faire actuellement obstacle à l'exercice du droit d'usufruit, mais non à son existence. Souvent l'on a un droit acquis sans pouvoir l'exercer encore. Mais l'usufruit peut-il porter sur des choses dont il est impossible de tirer jamais aucun usage ? — Que le droit de propriété puisse exister en pareil cas, cela se conçoit ;

---

(1) Inst. § 2, *de usuf.* — (2) Paul, *Sent.* 3, 6, § 18.

car un propriétaire peut dénaturer la chose et tirer ensuite un parti quelconque de la matière. Mais un usufruitier n'a que le droit de jouir des choses dans leur état actuel. Or si une chose est et doit rester telle qu'on ne puisse jamais en jouir en la laissant dans cet état, l'usufruit est impossible à son égard faute de pouvoir jamais s'exercer. Une constitution d'usufruit sur une pareille chose n'aboutirait donc à rien et serait dès lors inutile. Mais il sera bien rare qu'un usufruitier ne puisse tirer aucun usage d'une chose. Ainsi, un jurisconsulte romain, après avoir dit que l'usufruitier d'un fonds ne peut achever un édifice commencé qui s'y trouve, ajoute qu'il n'en a pas même l'usufruit (1). Sans doute, il ne peut l'utiliser dans cet état pour son habitation. Mais, alors même qu'il ne lui serait pas permis de l'achever, et cela lui est permis chez nous (n. 149), pareil édifice pourrait toujours à l'aide d'une simple clôture mobile, servir à mettre à couvert des bestiaux, des denrées, etc., à dresser des espaliers.

53. Les choses incessibles ne sont pas susceptibles d'usufruit ; car puisqu'on ne peut en transférer la propriété entière, on ne peut pas davantage en conférer l'usufruit, lequel n'est qu'une portion de la propriété (n. 3.) ; de même qu'à l'inverse dès qu'on peut aliéner la totalité du droit, on peut régulièrement en aliéner une partie.

54. D'après cela, l'usufruit peut être établi sur une créance, une rente, fût-ce une rente viagère, comme le reconnaît l'article 588. La rente viagère sans doute peut s'éteindre avant la mort de l'usufruitier, qui en ce cas en aura, depuis la constitution d'usufruit, recueilli tout l'émolument à l'exclusion du propriétaire et aura par conséquent retiré de l'usufruit le même avantage qu'il aurait retiré de la propriété. Mais il ne résulte pas de là que l'usufruit d'une rente viagère se confonde avec la propriété ; car même résultat se produit souvent dans l'usufruit d'une foule de choses, dans celui des animaux par exemple, qui peuvent mourir avant l'usufruitier, auquel cas ce dernier a profité de tous leurs services. Pour que le droit constitué ne soit qu'un usufruit, il faut, mais il suffit qu'il y ait une autre personne qui seule ait le droit de disposer de la chose et en outre conserve l'expectative de pouvoir recouvrer un jour le droit d'en jouir, si elle subsiste

____

(1) ff. 61, *de usuf*.

encore. C'est ce droit de disposer et cette expectative de la jouissance qui forment le caractère distinctif de la nue-propriété.

55. Par suite des mêmes considérations, l'usufruit peut être établi sur un usufruit, solution consacrée d'ailleurs par l'article 1568. Cet article admet en effet qu'on peut constituer un usufruit en dot. Or pareille constitution a pour résultat de conférer au mari l'usufruit de cet usufruit (1).

A plus forte raison peut-on constituer un usufruit sur un droit d'emphytéose, droit plus étendu encore qu'un droit d'usufruit.

La propriété littéraire n'a aussi qu'une durée temporaire. Mais elle constitue un bien susceptible d'être aliéné. Rien ne s'oppose donc à ce qu'on en confère l'usufruit.

Le droit d'un preneur à bail ou à loyer est cessible, à moins de convention contraire (1717). Il est donc susceptible d'usufruit, puisqu'aucun texte de loi ne l'exclut des choses sur lesquelles ce droit peut être établi (2). Il serait même nécessairement compris dans un usufruit universel (n. 145).

Un établissement commercial étant susceptible d'être aliéné et exploité tout comme une terre, est par là même susceptible d'usufruit.

56. Les droits d'usage et d'habitation ne pouvant être ni cédés ni loués (631,634), on ne peut en conférer l'usufruit (n. 53).

Une servitude peut-elle faire l'objet d'un droit d'usufruit? — Supposons d'abord une servitude établie. Le propriétaire du fonds dominant peut-il en conférer l'usufruit, en supposant qu'elle soit de nature à pouvoir être utile même à un autre qu'à lui, comme serait un passage pouvant conduire à d'autres fonds? Une servitude est établie pour l'utilité d'un héritage déterminé. Or il ne saurait être permis de la détourner de sa destination en en faisant profiter un autre héritage, ce qui aurait lieu s'il était permis de l'aliéner séparément du fonds soit en propriété, soit en usufruit (3).

Passons aux servitudes non encore établies. Peut-on constituer une servitude en usufruit seulement? Pareille constitution ne doit pas produire un usufruit; car elle ne donne pas le droit de jouir d'une chose appartenant à autrui. Si le droit est établi pour l'utilité d'un fonds et en faveur seulement du propriétaire actuel de ce fonds tant qu'il vivra, c'est une servitude temporaire,

---

(1) Proudhon, n. 335. Duranton, n. 478. — (2) Montpellier, 13 mars 1856. — (3) Proudhon, n. 369 et s.

parce que, dans notre droit, les servitudes ne sont pas essentiellement perpétuelles comme elles l'étaient en droit romain (1). Si
le droit n'est pas établi pour l'utilité d'un fonds, c'est un droit
d'usage (n. 340).

57. On ne peut conférer l'usufruit d'une de ces fonctions dont
le titulaire a droit de présenter un successeur à l'agrément de
l'autorité. La fonction ne constitue pas une propriété privée. Ce
n'est qu'à l'autorité publique qu'il appartient d'en disposer, et
celui là seul qu'elle en a investi a qualité pour l'exercer. Il ne lui
est pas permis de la faire exercer par un autre. Il ne peut donc
pas plus en conférer l'usufruit qu'il ne peut en transférer la propriété. Mais tandis que la fonction est personnelle et incessible, le
droit de présentation au contraire constitue une propriété privée.
Ce droit ou plutôt la somme qu'il rapportera, la finance, comme
on disait autrefois, le prix de la cession, comme on dit aujour-
d'hui, est susceptible d'usufruit (quasi usufruit) comme toute
somme d'argent en général, quelle qu'en soit l'origine. Si donc,
par exemple, un titulaire meurt laissant l'usufruit de tous ses
biens ou de tous ses meubles, l'usufruitier aura le droit de jouir
du prix de la vente de l'office (2).

58. L'usufruit établi sur une chose immobilière constitue lui-
même un bien immeuble ; ainsi le porte l'article 526. D'où il
résulte qu'établi sur une chose mobilière, il constitue un bien
mobilier. L'usufruit est donc dans la même catégorie de biens
que la propriété dont il est détaché. La propriété d'un immeuble
constitue en effet pour le propriétaire un bien immeuble : de
même, l'usufruit de cet immeuble constitue pour l'usufruitier un bien immeuble. Même raisonnement en ce qui
concerne un meuble. Et cela est logique. L'usufruit est un démembrement de la propriété, c'est-à-dire une partie détachée de
son tout (n. 3). Or la partie doit être de la même nature que le
tout.

En conséquence, l'usufruit d'une chose immobilière est soumis aux règles qui régissent les biens immeubles ; l'usufruit
d'une chose mobilière, à celles qui régissent les biens meubles.
C'est par application de ce principe que, d'après l'article 2118,
l'usufruit des biens immeubles est susceptible d'hypothèque

---

(1) Contr. Proudhon, n. 369. — (2) Lacombe, v° *Usuf.*, sect. 4, n. 23.
Duranton, n. 476.

comme les immeubles eux mêmes, c'est-à-dire comme la propriété des immeubles. — De même, l'usufruit des choses mobilières tombe dans la communauté, et doit par conséquent, s'il subsiste encore à sa dissolution, être compris dans la masse à partager entre les époux ou leurs représentants, si la femme accepte la communauté ; et si elle y renonce, il doit rester au mari avec les autres biens de la communauté, alors même qu'il proviendrait de la femme. L'usufruit d'une chose immobilière au contraire reste propre à l'époux usufruitier ; ce dernier en reprend donc l'exercice à la dissolution de la communauté. — Du reste, ne confondons pas l'usufruit avec les fruits de la chose sur laquelle il porte. Les fruits perçus durant la communauté sont acquis à la communauté, alors même que l'usufruit porte sur une chose immobilière, parce que les fruits de tous les biens propres des époux tombent en communauté (1401 2°).

59. Suivant des auteurs, les objets mobiliers que l'usufruitier d'un fonds y attacherait ou y placerait pour le service et l'exploitation de ce fonds, deviennent, par la destination qu'il leur a ainsi donnée, des accessoires de son usufruit et doivent dès-lors être réputés immeubles comme l'usufruit lui-même. — Mais d'après les termes des articles 524 et 525, des objets mobiliers ne deviennent immeubles par destination qu'autant que c'est le propriétaire même du fonds qui les y a placés ou attachés. Et comme il est contraire à la nature des choses que des biens meubles puissent être ainsi considérés comme faisant partie d'un immeuble et en suivent la condition, au lieu de rester soumis aux règles des biens meubles, la disposition des articles 524 et 525 est exorbitante du droit commun, et à ce titre, ne saurait être étendue sous prétexte d'analogie (1). Autrement d'ailleurs, on se jette dans l'arbitraire et l'incertitude. En effet, tandis que tel auteur (2) admet cette extension pour l'usufruitier, l'emphytéote et le possesseur de bonne foi, tel autre (3) la rejette pour l'usufruitier, mais l'admet pour le simple possesseur, fût-il de mauvaise foi. Que feraient dans cette dernière opinion les créanciers du possesseur pour saisir les objets en question, puisqu'ils ne pourraient pratiquer ni une saisie mobilière, saisie non permise pour des immeubles par destination, ni une saisie immobilière, saisie qui

____

(1) Marcadé, art. 524 et 525. — Contra Duranton, 4, n. 59. Taulier, 2, p. 153. Dalloz, Rep. v° Biens, n. 119. — (2) Duranton. — (3) Demolombe.

ne pourrait les comprendre que si elle portait d'abord sur l'immeuble par nature, ce qui est impossible dans l'hypothèse, cet immeuble n'appartenant pas à leur débiteur?

60. Il est certains biens qui, d'après le Code, sont toujours mobiliers, mais que des décrets postérieurs ont permis de rendre immeubles. Telles sont les actions de la banque de France, des canaux d'Orléans et de Loing. Lorsqu'ils ont été une fois immobilisés, l'usufruit dont ils viendraient à être grevés, serait un usufruit de choses immobilières et constituerait dès-lors un bien immobilier.

Ces biens recouvrent leur qualité première de choses mobilières au moyen d'une déclaration faite à cet effet. (L. 17 mai 1834, art. 5). Evidemment, lorsqu'ils se trouvaient immobilisés à l'ouverture de l'usufruit, une déclaration émanée de l'usufruitier seul ne saurait leur rendre la qualité de meubles par rapport au nu-propriétaire, c'est-à-dire ne saurait faire qu'ils soient désormais pour ce dernier une propriété mobilière ; car l'usufruitier ne peut modifier la nue-propriété. Mais elle pourrait la leur rendre par rapport à lui-même. En effet, il est tout aussi permis à l'usufruitier de modifier son droit qu'il l'est au nu-propriétaire de modifier le sien. Or puisque le propriétaire dans l'espèce peut mobiliser sa propriété, l'usufruitier peut également mobiliser son usufruit. Cette mobilisation restant étrangère au nu-propriétaire, il n'y a rien en droit qui puisse s'y opposer. — Par application du même principe, l'usufruitier de biens susceptibles d'être immobilisés, mais qui ne le sont pas, peut les immobiliser par rapport à lui, c'est-à-dire immobiliser son usufruit. Mais, dira-t-on, comment l'usufruit, démembrement de la propriété, pourrait-il être immobilier, alors que la propriété serait mobilière, ou réciproquement? Cette objection n'embarrasse que si on se préoccupe d'une formule abstraite au lieu de s'attacher aux résultats pratiques, but final auquel doit aboutir toute règle de droit. Dans la main du propriétaire, le droit de jouir ne fait qu'un avec les autres éléments du droit de propriété, et alors il forme vraiment une partie de ce droit, partie qui est nécessairement de la même nature que le tout. Mais dans la main d'un tiers, le droit de jouir constitue un droit distinct de la propriété ; il peut donc ne pas avoir la même nature juridique, et, par exemple, constituer un bien meuble, tandis que la propriété constitue un bien immeuble, ou réciproquement, puisque cela revient à dire que l'usufruit est soumis dans le patrimoine de l'usufruitier aux règles des meubles, tandis que la nue-propriété est soumise dans le patrimoine du nu-propriétaire aux règles des immeubles, ou réciproquement.

61. L'usufruit peut être établi soit sur des objets particuliers, soit sur une universalité. Au premier cas, on l'appelle usufruit à titre particulier ; au deuxième cas, usufruit universel s'il porte sur tous les biens, tel que l'usufruit légal des père et mère, à titre universel s'il porte sur une quote-part de tous les biens, comme 1/2, 1/3, 1/4, tel que l'usufruit établi par l'article 754, qui porte sur 1/6 de la succession. Il est encore à titre universel s'il porte sur tous les meubles ou sur tous les immeubles ou sur une quote-part soit de tous les meubles, soit de tous les immeubles. Ces quatre dernières sortes de dispositions sont à titre universel lorsqu'elles ont pour objet la propriété (1010). Elles doivent donc l'être également lorsqu'elles ont pour objet l'usufruit. En effet, la conséquence qu'entraîne une disposition à titre universel est l'obligation de contribuer aux dettes. Or lorsque les immeubles sont dévolus à une personne et les meubles à une autre, ces deux catégories de biens sont chargées chacune d'une part proportionnelle des dettes. D'un autre côté, lorsque des biens assujettis aux dettes sont grevés d'usufruit, la charge des dettes se répartit entre l'usufruitier et le nu-propriétaire (612, n. 239 et s.). Donc, l'usufruitier soit de tous les meubles, soit de tous les immeubles, soit d'une quotité fixe des meubles ou des immeubles, est usufruitier d'une portion de biens assujettis aux dettes. Il est dèslors tenu d'y contribuer avec le nu-propriétaire tout comme l'usufruitier d'une quotité fixe de tous les biens, ce qui revient à dire qu'il est également usufruitier à titre universel. Il a été en effet déclaré dans la discussion, qu'on entendait se conformer en matière d'usufruit à la distinction des trois espèces de legs définis au titre des Donations et Testaments (1). L'art. 942 4° C. pr. prouve également que la disposition qui serait à titre universel si elle portait sur la propriété, l'est également si elle porte sur l'usufruit, puisqu'il veut que l'inventaire d'une succession soit fait en présence des « donataires et légataires universels ou à titre universel, en propriété ou en usufruit. ou eux dûment appelés. »

Du reste, un legs d'usufruit n'est jamais universel ou à titre universel dans le sens des articles 1002 et suivants. Ce n'est

______

(1) Fenet, p. 200, 238.

toujours qu'un legs particulier. Cela résulte de la définition donnée par les articles 1003 et 1010.

62. Pour déterminer l'étendue de la jouissance d'un usufruitier quant aux diverses choses que son droit peut embrasser, il paraît rationnel de poser comme principe que le droit d'un usufruitier comprend en usufruit tout ce qu'il comprendrait en propriété, si au lieu de l'usufruit, c'était la propriété qui lui fût acquise ; car ce sur quoi porte le droit d'usufruit est bien en tous points ce sur quoi porterait le droit de propriété. (1)

63. L'usufruit d'une universalité porte sur tous les objets particuliers qui la composent. Les seuls sur lesquels il ne porterait pas, sont ceux que le titre constitutif en aurait exceptés.

64. L'usufruit d'une chose particulière ne porte que sur cette chose, sans qu'on puisse l'étendre à une autre. Du reste, il porte sur la chose entière et par conséquent sur toutes ses parties. Il porte donc sur tous les objets particuliers qui font corps avec elle. Peu importe qu'ils en aient fait partie dès le moment de la constitution d'usufruit ou depuis cette époque seulement ; car puisque l'usufruit d'un tout porte sur les diverses parties, dès qu'un objet devient partie intégrante de la chose qui en est grevée, il en est lui-même grevé avec cette chose. Peu importe également que l'incorporation consiste dans une cohésion physique ; il suffit que légalement ils ne fassent qu'un avec la chose.

65. D'après ces principes, l'usufruit d'une maison porte non seulement sur les bâtiments, mais encore sur les terrains non bâtis qui en forment des dépendances, tels que cours, jardins, emplacements (2).

Par la même raison, l'usufruitier d'une usine a le droit de jouir de la maison de maître, des logements construits pour les ouvriers, des écuries, remises, magasins et autres bâtiments destinés à faciliter l'exploitation, ainsi que des enclos et jardins potagers à l'usage de ceux qui habitent l'usine (3).

L'usufruit d'un fonds de terre porte non-seulement sur le sol même, mais encore sur les bâtiments et les arbres, lesquels font partie du fonds.

Un legs d'usufruit comprend aussi les embellissements, les constructions nouvelles faites par le testateur sur le fonds dont il

---

(1) Proudhon, n. 487, 531. — (2) ff. 7, § 1, *de usuf.* — (3) Proudhon, n. 1135.

a légué l'usufruit, ainsi qu'un enclos dont il aurait augmenté l'enceinte, puisqu'il en serait ainsi d'un legs de propriété. V. 1019 (1).

D'après le même principe, et l'usufruit s'étendant d'ailleurs à tout ce qui, pendant sa durée, vient à s'unir et s'incorporer à la chose qui en est grevée, l'usufruitier d'un immeuble a le droit de jouir des reconstructions que ferait le nu-propriétaire pendant l'existence de l'usufruit, parce qu'elles deviennent une partie de l'immeuble (2).

D'après le droit romain, si un héritier construit sur un fonds dont son auteur a légué l'usufruit, il ne peut ensuite démolir la construction contre le gré de l'usufruitier, pas plus que s'il avait planté un arbre, il ne pourrait l'arracher. Si toutefois il la démolit sans que l'usufruitier s'y oppose, il est à l'abri de toute action (3). En effet, une construction nouvelle devient tout comme une reconstruction ou une plantation, partie intégrante du fonds, et à ce titre se trouve soumise à l'usufruit qui le grève. Le nu-propriétaire n'est donc pas plus en droit de l'enlever contre le gré de l'usufruitier, qu'il n'est en droit d'enlever aucune autre portion du fonds. — Mais il ne pourrait enlever impunément des constructions ou plantations antérieures à l'ouverture de l'usufruit, alors même que l'usufruitier n'y aurait pas formé opposition. Pourquoi en est-il autrement de celles qu'il a faites depuis cette époque, puisque les unes et les autres faisant également partie du fonds, sont également à ce titre soumises à l'usufruit ? On peut dire qu'il a été dans l'intention du constituant que l'usufruit portât sur tout ce qui faisait partie de la chose lors de l'ouverture du droit ; qu'ainsi l'usufruitier a eu dès le principe un droit acquis à la jouissance de toutes les parties qui composaient alors le fonds. Il n'a donc pas besoin de défendre au nu-propriétaire d'y toucher. Lors, au contraire, que le nu-propriétaire a fait une construction avant l'entrée en jouissance de l'usufruitier, ou même pendant sa jouissance, et qu'ensuite il l'enlève, rétablissant ainsi les choses dans leur premier état, sans que l'usufruitier s'y soit opposé et ait ainsi manifesté l'intention d'en profiter, comme c'est là un objet sur lequel primitivement il n'avait pas dû compter, il aurait mauvaise grâce à se plaindre, dès qu'il trouve les choses dans l'état où le testateur les a laissées.

---

(1) Duranton, 9, n. 265. Contr. Coin-Delisle. — (2) ff. 7, § 2, *de usuf.* Proudhon, n. 1697. Duranton, n. 618 et s. — (3) ff. 12, *de usuf. leg.*

Proudhon (n. 1129 et s.) soutient que si l'usufruitier s'oppose à la démolition, il doit compte au nu-propriétaire de la plus-value résultant de la construction. Telle n'a pas dû être la pensée de la loi romaine ; sans quoi, elle n'eût pas autorisé purement et simplement l'usufruitier à s'opposer à la démolition. Elle l'eût placé dans l'alternative ou de souffrir l'enlèvement de l'édifice, ou de payer une indemnité pour le conserver. Le nu-propriétaire qui a trouvé bon de construire ne doit pas plus être recevable à se faire indemniser par l'usufruitier, que l'usufruitier qui a amélioré la chose ne l'est à se faire indemniser par le propriétaire. La position de l'usufruitier semble même plus digne d'intérêt ; car enfin, la dépense qu'il a faite est perdue pour lui dès que l'usufruit s'éteint, tandis que le propriétaire retrouvera un jour sa construction. Or, puisque le législateur refuse expressément à l'usufruitier toute indemnité pour amélioration (599. V. n. 306), il entend la refuser à plus forte raison au propriétaire.

66. L'usufruit d'un fonds doit aussi, non seulement porter sur l'alluvion et les îles formées avant son ouverture (et d'ailleurs acquises au fonds d'après les règles de l'accession), mais encore s'étendre à celles qui se formeraient pendant son existence. Telle est la conséquence des principes ci-dessus énoncés. La lettre de l'article 596 a pourtant fait douter si le Code la consacre dans toute son étendue. « L'usufruitier jouit de l'augmentation survenue par alluvion à l'objet dont il a l'usufruit (596). » On s'est fondé sur ce texte pour refuser à l'usufruitier le droit de jouir, soit des îles qui se formeraient dans le lit de la rivière, soit d'une portion considérable et reconnaissable qu'une force subite des eaux enlèverait d'un fonds riverain pour la porter sur le fonds grevé d'usufruit, et qui ne serait pas réclamée par son propriétaire. On invoque en ce sens l'autorité d'Ulpien, qui admet l'usufruitier à jouir de l'accroissement imperceptible, mais non de celui qui apparaît et reste séparé du fonds, notamment des îles, une île formant comme un fonds distinct (1). L'île, dit Proudhon (n. 524), forme par elle-même un fonds tellement spécial, que quand elle se forme dans une rivière navigable ou flottable, elle n'appartient pas aux riverains. — Ce raisonnement porte à faux, car il part d'une hypothèse où le droit d'accession n'a pas lieu. Là où il a lieu, l'île est sans doute matériellement séparée du fonds. Mais

______

(1) ff. 9, § 4, *de usuf.*

grâce à l'accession, elle y est légalement unie; elle ne fait qu'un avec lui, ni plus ni moins que l'alluvion ou toute autre chose réputée accessoire. Or, dès qu'en droit elle se fond dans le sol riverain, elle en prend nécessairement la condition juridique, c'est-à-dire qu'elle est soumise à tous les droits de propriété, usufruit, hypothèques ou autres qui peuvent le grever. Si une île était vraiment un fonds distinct, comme le prétend Proudhon, renchérissant en cela sur Ulpien qui se borne à dire : comme un fonds distinct (*quasi proprium fundum*), il en résulterait cette conséquence inadmissible que l'usufruit établi à titre particulier sur un fonds ne porterait pas de plein droit et sans une clause expresse sur une île déjà formée, puisque l'usufruit d'un fonds ne saurait comprendre un autre fonds (n. 64). Mais si l'on admet que l'île formée avant l'acte constitutif est implicitement comprise comme partie accessoire dans l'usufruit établi sur le fonds, on devra, sous peine d'inconséquence, reconnaître que l'île formée postérieurement y est comprise au même titre. L'argument tiré de la lettre de l'article 596 est faible. Car, d'abord, cet article n'est point conçu en termes limitatifs. En disant que l'usufruitier jouit de l'augmentation survenue par alluvion, la loi a pu vouloir comprendre par là toute accession survenue au fonds, interprétation d'autant plus vraisemblable qu'il ne peut être question chez nous que des îles ou îlots formés dans les cours d'eau non navigables ni flottables. De plus, l'argument en question n'est qu'un argument *à contrario ;* et, on le sait, il ne faut argumenter *à contrario* que des dispositions qui dérogent au droit commun. Or, l'art. 596, loin de déroger au droit commun, en fait l'application à un cas particulier ; ce qui n'est point exclure les autres. Cet article doit donc être généralisé et appliqué non seulement à une île et à la portion reconnaissable dont parle l'art. 559, mais à toute chose accessoire, qu'il s'agisse d'ailleurs d'accession mobilière ou immobilière, parce qu'une chose accessoire quelconque reste soumise à toutes les conséquences du droit d'accession, dès que la loi ne l'y soustrait pas expressément (1). M. Demolombe, n. 333, refuse à l'usufruitier la jouissance de l'île, en lui accordant celle de la portion reconnaissable dont parle l'art. 559. Pourtant il n'y a pas plus alluvion proprement dite dans un cas

---

(1) Duranton, n. 421 et 580. Contr. Proudhon, n. 524-529. Marcadé, art. 596.

que dans l'autre. L'argument tiré de la lettre de l'art. 596, s'il était décisif, s'appliquerait aux deux hypothèses.

67. D'après le principe posé n. 64, l'usufruit établi sur un immeuble porte aussi sur tous les objets mobiliers que le nu-propriétaire y a placés ou y placerait pour le service et l'exploitation du fonds, ou qu'il y a attachés ou y attacherait à perpétuelle demeure (V. à cet égard art. 524 et 525). Ces objets mobiliers, en effet, en leur qualité d'immeubles par destination, ne font qu'un avec le fonds. Ils en suivent donc la condition et sont par conséquent soumis à l'usufruit dont il est grevé, tout aussi bien que, par exemple, les arbres mêmes du fonds. Même décision pour les objets servant à l'exploitation d'une chose mobilière, comme en cite l'art. 531; car ce sont également des choses accessoires. — Du reste, l'usufruitier ne peut jouir des choses immeubles par destination et autres choses accessoires consacrées à l'exploitation, que pour le service et l'exploitation de la chose principale; car il n'en a pas l'usufruit comme de choses distinctes. Elles sont réputées faire partie de la chose principale; c'est à ce titre seulement qu'elles peuvent servir à l'usufruitier. Ainsi, par exemple, il ne lui serait pas permis de les employer à l'exploitation de ses propriétés à lui, ni de les louer séparément du fonds.

L'usufruitier d'une usine doit aussi pouvoir employer pour le roulement de l'usine les approvisionnements qu'il y trouve à son entrée en jouissance. Cet emploi, nécessaire d'ailleurs pour empêcher un chômage plus ou moins long de l'usine, est conforme à l'intention présumée du constituant et à la destination qu'il avait lui-même donnée à ces approvisionnements. Il y a analogie entre ces objets et plusieurs de ceux que la loi déclare immeubles par destination, par exemple, les semences, les pailles et engrais (1).

D'après le droit romain, si, en dehors du fonds grevé d'usufruit, il y a un champ d'où le constituant tirait des saules, des échalas, des roseaux pour le service de ce fonds, l'usufruitier peut en tirer à cette même fin (2). Cette décision se conçoit dans une législation qui n'avait pas défini quelles choses seraient considérées comme accessoires d'un fonds et réputées immeubles avec lui, point qui était dès-lors abandonné à la doctrine. Les produits du champ en question étant employés par le propriétaire sur le fonds

---

(1) Proudhon, n. 1143. — (2) ff. 9, § ult. *de usuf.*

grevé d'usufruit pouvaient paraître destinés à l'exploitation de ce fonds et constituer dès-lors en faveur de l'usufruitier un moyen d'exploitation dont il avait le droit de se servir pour les besoins du fonds comme de tous les autres objets ayant la même destination. Mais cette manière de voir n'est pas admissible sous notre Code. Notre Code ne considère comme moyen d'exploitation d'un fonds que les objets qui y ont été placés par le propriétaire pour le service et l'exploitation du fonds (524). Or, cette définition, comme le démontrent encore les exemples donnés à la suite, ne comprend que les objets mobiliers placés sur le fonds même, condition que ne présente pas soit un champ qui se trouve en dehors du fonds, soit les produits de ce champ.

68. Une disposition en usufruit comprend aussi par voie de conséquence tout ce qui est nécessaire pour l'exercer ; car qui veut la fin veut les moyens. C'est ce que décide l'article 696 pour les servitudes, et il y a même raison pour l'usufruit (1).

Si donc, par exemple, on ne peut arriver au fonds grevé d'usufruit qu'en passant par un autre fonds appartenant aussi au nu-propriétaire, ce dernier devra laisser passer l'usufruitier. Du reste, le passage fourni en pareil cas ne constitue point une servitude, mais un simple accessoire de l'usufruit, accessoire qui disparaîtra avec le principal (2).

L'usufruitier est bien en droit d'exiger ce sans quoi il ne pourrait jouir, mais non ce qui serait simplement de nature à lui procurer une jouissance plus commode, plus agréable, des vues, par exemple. En effet il n'a le droit de jouir de la chose que dans l'état où elle est. Par conséquent, dès qu'il peut en jouir ainsi, il n'est pas fondé à rien exiger de plus (3).

D'après le droit romain, si le nu-propriétaire aliène le fonds par lequel il faut passer pour arriver à celui qui est grevé d'usufruit, l'usufruitier peut encore exiger de lui qu'il s'arrange avec l'acquéreur pour lui livrer passage (4). Chez nous, l'usufruitier aura action contre l'acquéreur même, grâce à la disposition de l'article 694. En effet, l'aliénation en ce cas donne naissance à la servitude de passage, puisque le fonds grevé d'usufruit, on le suppose, est enclavé, et que l'enclave constitue un signe apparent de servitude (682). Or l'usufruitier a le droit de jouir des servitudes (597).

____

(1) ff. 1, § 1, ff. 2, *si ususf. pet.* Proudhon, n. 551 et s. — (2) ff. 2, § 2, *si serv.* — (3) ff. 1, § ult. *eod.* — (4) ff. 15, § 1, *de usuf. leg.*

69. Le même article 694 conduit à d'autres solutions également consacrées par le droit romain et que ne justifierait pas le seul principe formulé dans l'art. 696. D'après le droit romain, les usages établis par le propriétaire pour le service de deux fonds qui lui appartiennent et dont l'un est grevé d'usufruit, doivent continuer de s'observer entre lui et l'usufruitier. Si par exemple, il passait constamment par le fonds aujourd'hui grevé d'usufruit pour arriver à l'autre, ou au contraire par ce dernier pour arriver au premier, le passage devra continuer, contre l'usufruitier dans un cas, à son profit dans l'autre; car le constituant doit être présumé avoir entendu que les fonds continueraient de s'exploiter de la même manière qu'auparavant (1). Et ce n'est pas seulement l'esprit, c'est encore la lettre même de l'article 694 qui est applicable à cette hypothèse. Car puisque le droit de jouir des deux fonds, qui se trouvait dans la même main, a été séparé par la constitution d'usufruit, et que d'ailleurs un acquéreur d'usufruit a en ce qui concerne la jouissance du fonds et l'exercice des servitudes, le même droit qu'aurait un acquéreur de la propriété, il y a réellement aliénation pour toute la durée de l'usufruit. Et l'article 694 s'applique même aux servitudes qui seraient simplement de nature à rendre la jouissance plus agréable ; car il ne distingue pas. Il a donc sous ce rapport une portée plus grande que l'article 696. Seulement, il ne statue que pour le cas où il y a signe apparent de servitude, condition que n'exige pas l'article 696.

---

(1) *Eod.*

4

CHAPITRE III.

SOMMAIRE.

70. Tout usufruit produit en principe les mêmes effets.

70. Que l'usufruit soit établi par la loi ou par la volonté de l'homme, à titre gratuit ou à titre onéreux, il produit toujours les mêmes effets, du moins en principe, parce que c'est toujours un droit d'usufruit. Il n'y a que des dispositions spéciales de loi, ou des clauses particulières insérées dans le titre constitutif, ou enfin les règles propres à ce titre, qui puissent amener et qui amènent effectivement des différences, des nuances, dans les droits ou les obligations de l'usufruitier et dans la position du nu-propriétaire.

Les différences ou modifications résultant des clauses du titre constitutif sont impossibles à prévoir. Il suffit de dire qu'elles doivent s'interpréter et s'apprécier d'après les principes généraux applicables à tous les actes.

Les effets légaux de l'usufruit véritable étant très-différents de ceux du quasi-usufruit, je les exposerai séparément, et ne traiterai ici que de ceux de l'usufruit, en commençant par les droits que donne l'usufruit et en finissant par les obligations qu'il entraîne. Il sera nécessaire, toutefois, en plus d'une occasion, d'énoncer les obligations dans la partie consacrée aux droits, parce que les obligations servent souvent à limiter les droits.

ARTICLE 1ᵉʳ. — **Droits que donne l'Usufruit.**

SOMMAIRE.

§ 1ᵉʳ. — *Droits généraux de l'usufruitier.*

71. Droits généraux de l'usufruitier.
72. Il a droit à tout l'usage et à tous les fruits.

135. Il a d'ailleurs certains droits d'usage quant aux arbres et matériaux pour le service du fonds.
136. Arbres qu'il ne peut jamais abattre.
137. Il a droit aux produits périodiques des arbres.
138. Les arbres fruitiers qui périssent sont pour lui, à charge de remplacement.
139. Jouissance d'une pépinière.
140. De mines, carrières, tourbières. La loi de 1810 modifie le Code à l'égard des mines.
141. Jouissance d'un établissement industriel, commercial.
142. L'usufruitier jouit des servitudes.
143. Du droit de chasse et de pêche.
144. L'usufruitier universel jouit des contrats passés par le propriétaire avant l'ouverture de l'usufruit.
145. Il jouit des baux où le propriétaire est preneur.
146. Si la chose est convertie en une autre, il jouit de la chose nouvelle.
147. L'usufruitier ne peut aliéner. Exception.
148. Peut-il disposer des créances, faire partie des réunions de créanciers ou d'actionnaires ?
149. Il peut améliorer.
150. Il n'est pas *procurator in rem suam*.
151. Il ne représente pas le propriétaire en justice.
152. Il a une action réelle, pétitoire ou possessoire, parfois une action en délivrance.
153. Comment peut se prouver l'usufruit.
154. Il peut agir en partage,
155. En bornage,
156. Par action confessoire ou négatoire de servitude,
157. A raison du dommage causé à la chose,
158. En reprise de biens aliénés.

71. Les droits généraux de l'usufruitier peuvent se formuler par ces deux propositions : 1° l'usufruitier a droit à tous les usages et à tous les fruits ; 2° il peut céder son droit à un tiers.

72. L'usufruitier a droit à tous les usages qu'on peut faire de la chose, à tous les services qu'on peut en retirer, à tous les avantages qu'en peut procurer la possession. C'est l'idée que le droit romain exprime par les mots *usus, jus utendi*, droit d'*user*, de se *servir* de la chose.

L'usufruitier a droit à tous les fruits (582). C'est l'idée que le droit romain exprime par les mots *jus fruendi*, le mot *frui* signifiant seulement dans la langue latine recueillir les fruits, et ayant dès-lors un sens moins large que notre mot jouir (n. 6). — L'art. 582 est du reste peu exact quand il dit que l'usufruitier a le droit de jouir des fruits. L'usufruitier a le droit de jouir de la chose, et, partant, d'en acquérir les fruits.

On entend par fruits, non pas indistinctement tous les produits d'une chose, mais seulement ceux qu'elle est destinée à donner d'après le mode d'exploitation que comporte sa nature ou qu'avait établi le propriétaire. — Les produits annuels ou périodiques sont toujours des fruits. (Arg. art. 593.)

L'usufruitier a droit à tous les usages et à tous les fruits. Seulement, comme il doit conserver aux choses leur destination, il ne peut en jouir qu'en se conformant à cette destination. Mais aussi, dès qu'il s'y conforme en effet, dès qu'il observe les usages reçus, il peut tirer des services ou des fruits d'objets que le propriétaire n'utilisait pas ou n'utilisait qu'imparfaitement. Si, par exemple, l'usufruit a été établi sur des animaux trop jeunes pour qu'on ait pu jusque-là en tirer des produits ou des services, la circonstance que le propriétaire n'en a jamais joui n'empêchera pas l'usufruitier d'en jouir dès qu'ils pourront procurer une jouissance. Ainsi le décidait le droit romain pour le cas d'un usufruit établi sur un esclave enfant (1), et c'est une règle qu'il faut généraliser.

73. L'usufruitier a droit à tous les fruits; mais il ne les acquiert pas tous d'après les mêmes règles. A cet égard, la loi reconnaît trois espèces de fruits : les fruits naturels, les fruits industriels, les fruits civils.

« Les fruits naturels sont ceux qui sont le produit spontané de la terre. — Le produit et le croît des animaux sont aussi des fruits naturels. — Les fruits industriels d'un fonds sont ceux qu'on obtient par la culture. » (583) — Cette définition a été en grande partie puisée dans Pothier. Pothier, traitant du Douaire, qui consistait en un droit d'usufruit accordé à la veuve sur les immeubles laissés par son mari, subdivisait les fruits naturels des héritages en fruits purement naturels et en fruits industriels; les premiers étant ceux que la terre produit d'elle-même sans culture; les seconds, ceux qu'elle produit par la culture. Il ne s'occupait donc que des fruits de la terre. Mais le Code, en supposant qu'il eût à reproduire cette distinction des fruits naturels

---

(1) ff. 55, *de usuf.* Proudhon, n. 1470.

et fruits industriels, eût au moins dû en donner une définition applicable à toute chose. Il ne devait pas définir les fruits naturels « ceux qui sont le produit de la terre » ; et puisqu'il ajoute lui-même que le produit et le croît des animaux sont aussi des fruits naturels, c'est que les fruits naturels sont « ceux qui sont le produit spontané des choses. » — De même, quant aux fruits industriels, ceux qu'on obtient par la culture sont loin d'être les seuls. Il fallait encore et surtout déclarer tels les produits de tout établissement industriel ou commercial, par exemple, le papier que produit une papeterie, la bière qui se fabrique dans une brasserie, etc.

74. Mais le Code devait-il distinguer des fruits naturels et des fruits industriels ? Non ; car comme ni dans l'art. 585 ni ailleurs, la loi n'établit de différence entre les fruits qu'elle appelle naturels et ceux qu'elle appelle industriels, comme les uns et les autres s'acquièrent de la même manière, peu importe que tel fruit soit naturel ou bien industriel ; peu importe par conséquent de rechercher en matière d'usufruit si le Code applique avec justesse les qualifications de fruits naturels et de fruits industriels, s'il a raison, par exemple, d'appeler fruits naturels le produit et le croît des animaux, que Vinnius qualifiait fruits industriels, par le motif que les bestiaux et les animaux domestiques, les seuls dont il puisse être question ici, réclament les soins de l'homme, un abri et la nourriture. — D'après cela et lorsque pour abréger, je ne mentionnerai que les fruits naturels, ce que j'en dirai sera applicable aux fruits industriels.

Cette distinction oiseuse a été sans réflexion copiée dans Pothier. Si Pothier l'a présentée, c'est que des auteurs, dont il combat d'ailleurs l'opinion, admettaient au commencement et à la fin de l'usufruit, le remboursement des frais de production, ce qui en effet établissait une différence entre l'acquisition des fruits dont la production entraîne et ceux dont elle n'entraîne pas de frais ou d'avances. Mais cette différence disparaît devant le rejet du remboursement en question.

75. Les fruits civils, sans être, à la différence des fruits naturels, matériellement produits par la chose, en constituent pourtant le revenu. Il serait difficile d'en donner une notion plus précise. Le Code se borne à les énumérer ; encore ne le fait-il qu'en partie.

« Les fruits civils sont les loyers des maisons, les intérêts des sommes exigibles, les arrérages des rentes. Les prix des baux à ferme sont aussi rangés dans la classe des fruits civils. » (584). — Cet article est incomplet comme l'article 583.

Il déclare fruits civils les loyers des maisons et les fermages des biens ruraux. Mais Il en est de même des loyers de toute autre chose mobilière ou immobilière. Ici encore le Code a copié Pothier (Douaire n. 203), qui ne parle que des loyers des maisons et des fermages des biens ruraux, parce que le droit d'usufruit dont il s'occupe ne portait que sur des immeubles et que les maisons et les biens ruraux sont de tous les immeubles les plus nombreux. Il faut encore considérer comme fruits civils 1° la redevance due pour concession emphytéotique, car elle forme le revenu du domaine direct; 2° celle due au propriétaire de la surface par le tiers concessionnaire d'une usine, car elle forme un revenu de la surface; 3° les dividendes des actions dans les compagnies de finance, de commerce ou d'industrie, car ils constituent le revenu de ces actions.

76. Comment se réalise pour l'usufruitier l'acquisition des fruits? Voici en quels termes peut se formuler la règle à cet égard :

Les fruits civils s'acquièrent jour par jour.

Les fruits naturels et industriels s'acquièrent au moment où ils sont séparés de la chose qui les produit, lorsqu'il y a production naturelle, au moment où ils sont fabriqués et achevés, lorsque ce sont des produits résultant du travail et de la fabrication. Il y a d'ailleurs production naturelle dans des cas où le Code voit des fruits industriels, lorsqu'il s'agit, par exemple, de récoltes provenant de labours et semailles.

Ainsi, l'acquisition des fruits civils s'opère sans interruption. Elle est de chaque jour, de sorte que le revenu total d'une année s'acquiert chaque jour pour 1/365. L'acquisition des fruits naturels ou industriels ne s'opère au contraire que par intervalles séparés, et elle s'opère en totalité à un moment donné, celui de la séparation du produit naturel et de la fabrication du produit fabriqué. Voyons le texte de la loi.

77. « Les fruits naturels et industriels pendants par branches et par racines au moment où l'usufruit est ouvert, appartiennent à l'usufruitier. — Ceux qui sont dans le même état au moment où finit l'usufruit, appartiennent au propriétaire, sans récompense de part ni d'autre des labours et des semences. » (585). — Cet article ne comprend dans son texte que les fruits de la terre; car ce sont les seuls qui pendent par branches ou par racines. Il faut appliquer aux autres fruits naturels ou industriels, non pas précisément la même règle, car l'application textuelle en serait impossible, mais une règle analogue. Or, puisque les fruits de la terre

ne sont point encore acquis, tant qu'ils restent attachés au sol , à l'arbre ou arbuste qui les a produits, la règle est, comme je l'ai posé en principe n. 76, qu'ils s'acquièrent au moment de la séparation. De même donc, le produit et le croît des animaux s'acquièrent au moment où ils sont séparés de l'animal, par conséquent les petits au moment où les mères mettent bas, la laine au moment de la tonte, le lait au moment où l'on trait la bête. De même encore et toujours par analogie, les produits fabriqués s'acquièrent au moment où la fabrication en est terminée, et où le produit peut sortir de la fabrique pour être soit livré au commerce, soit employé aux usages auxquels il est destiné. Ainsi, l'usufruitier d'une saline acquiert le sel qui se fait à partir de son entrée en jouissance. Mais celui que lors de sa prise de possession, il trouve déjà fabriqué, reste au nu-propriétaire (1).

Suivant Proudhon, n. 1143, si l'usufruitier à son entrée en jouissance, trouve des produits dont la fabrication n'est que commencée, il est tenu d'en terminer la fabrication pour les livrer au propriétaire. C'est une erreur. Les produits non entièrement fabriqués doivent revenir à l'usufruitier et ce sans indemnité pour les dépenses de production qu'a pu faire le propriétaire ; car il en est ainsi des récoltes sur pied. Or il y a analogie entre les deux cas.

Aussitôt que des fruits naturels sont séparés et des fruits industriels fabriqués, ils appartiennent à l'usufruitier. Peu importerait donc qu'ils fussent encore sur place au moment où s'éteint l'usufruit ; l'usufruitier (ou sa succession) conserverait toujours le droit de les enlever. Mais les produits non encore séparés ou fabriqués à cette époque restent au propriétaire (2).

« Les fruits pendants au moment où s'ouvre l'usufruit, appartiennent à l'usufruitier. » (585). Cette proposition n'est pas rigoureusement exacte. Les fruits pendants ne sont pas immédiatement et en cet état acquis à l'usufruitier. La preuve en est que si l'usufruit vient à s'éteindre avant qu'ils soient détachés, c'est le propriétaire qui y aura droit d'après ce qu'ajoute le Code : « ceux qui sont dans le même état au moment où finit l'usufruit, appartiennent au propriétaire ». On veut donc dire que si, à l'ouverture de l'usufruit, il se trouve des fruits pendants, l'usufruitier a le droit de les recueillir ; d'où la conséquence qu'il les acquerra effective-

---

(1) ff. 32 , § 3, *de usuf. leg.* Proudhon, n. 1143. — (2) ff. 13, *quib. mod. ususf.* Denizart, v° *Fruits.* Duranton, n. 534. Caen, 3 juin 1847.

ment s'ils viennent à être détachés avant l'extinction de son droit.

78. Bien plus, l'usufruitier ne doit percevoir les fruits qu'en leur temps. Il ne lui est pas permis de devancer les époques d'usage. Ce principe, que les art. 590 et 591 appliquent aux coupes de bois, doit être généralisé et appliqué, par exemple, aux céréales, aux fourrages, aux vendanges, à la cueillette des fruits, à la tonte des bêtes à laine. Si l'usufruitier ayant perçu des fruits prématurément, son droit vient à s'éteindre avant l'époque où la perception eût dû se faire, il devra des dommages intérêts au propriétaire. Si l'usufruit subsiste encore à cette époque, le propriétaire ne pourra prétendre à aucune indemnité, la perception ne lui ayant pas nui. Mais il est toujours recevable à s'opposer dans le principe à une perception anticipée, parce qu'ayant un droit conditionnel aux fruits encore pendants, il peut faire les actes conservatoires de ce droit.

Du reste, il suffit à l'usufruitier de percevoir les fruits à l'époque où les percevrait un bon administrateur. Ainsi, il est des fruits, comme les fourrages, les olives. etc., qu'il est avantageux de percevoir et qui se perçoivent en effet avant leur entière maturité naturelle. C'est là un mode de perception que l'usufruitier est en droit de suivre (1).

79. A l'inverse, si l'usufruitier tarde à recueillir des fruits et que son droit vienne à s'éteindre, ces fruits reviennent au propriétaire. Telle est la conséquence de l'art. 585, appliquée aux coupes de bois par l'art. 590. — Comme l'art. 585 ne distingue pas, cette règle a lieu non seulement lorsque c'est de son plein gré que l'usufruitier a retardé la perception, mais encore lorsque c'est par suite d'un cas fortuit ou d'une force majeure, inondation, guerre. etc. De droit commun, le cas fortuit et la force majeure nuisent sans recours à ceux sur lesquels le hasard les fait tomber (2). Un règlement de l'autorité qui suspendrait la perception est un fait étranger aux parties; il constitue donc pour elles un cas fortuit. — Il en est de même du fait d'un tiers, sauf alors recours de l'usufruitier contre le tiers. Parmi les faits des tiers, il faut ranger un procès concernant la pleine propriété ou l'usufruit et dans lequel le demandeur aurait obtenu au provisoire défense à l'usufruitier de percevoir les fruits. Sans doute, si le titre constitutif emporte

---

(1) ff. 48, § 1. *de usuf*. ff. 42, *de usuf. leg*. Proudhon, n. 1. — (2) Duranton, n. 1178. Marcadé, art. 585. Zachariæ, Annot. 2, p. 135.

garantie, le constituant devra garantir l'usufruitier du procès et de ses suites. Mais hors de là, un procès étant le fait d'un tiers, le constituant ne saurait en répondre (1).

Si c'est le fait du propriétaire qui a retardé la perception, comme si, l'usufruit résultant d'un legs, l'héritier du testateur conteste la validité du legs et que l'usufruit s'éteigne pendant l'instance, l'usufruitier ou son héritier a droit contre lui à une indemnité. Il peut même, s'il en est temps encore, percevoir les fruits à titre d'indemnité, sans préjudice de plus amples dommages intérêts s'il y a lieu (2).

Si c'est le représentant de l'usufruitier, son tuteur, par exemple, qui a négligé de percevoir les fruits à l'époque d'usage, il répond de sa négligence, mais sans qu'il y ait lieu à aucun recours contre le propriétaire ; car la loi, en déclarant les fruits perdus pour l'usufruitier, ne distingue pas si c'est un incapable ou non. Le propriétaire ne serait donc tenu que s'il avait colludé avec le représentant de l'usufruitier et participé ainsi à la fraude.

80. Puisque l'usufruitier n'a aucun droit aux fruits qu'il a négligé de percevoir pendant sa jouissance, il n'est pas fondé à les compenser avec ceux qu'il aurait perçus induement ; car on ne peut opposer en compensation que ce à quoi on a droit. Admettre la compensation en pareil cas, ce serait accorder indirectement à l'usufruitier les fruits que la loi lui refuse (3). — Si toutefois, en faisant une coupe qu'il n'avait pas le droit de faire, et en en laissant debout une autre à laquelle il avait droit, il peut être considéré comme ayant simplement entendu modifier l'aménagement en intervertissant les coupes, on pourrait sans doute décider, par appréciation des circonstances, qu'il ne doit d'indemnité qu'à raison du préjudice qui résulterait de la modification apportée à l'aménagement (4).

81. La règle établie par l'art. 585 concerne le propriétaire aussi bien que l'usufruitier. Si donc à l'ouverture de l'usufruit, il se trouve sur pied des fruits que le propriétaire eût pu percevoir, ces fruits lui échappent, sauf, si c'est un tiers qui en a empêché la perception, son recours contre ce tiers. — Si au contraire, avant l'ouverture de l'usufruit, il a fait une perception prématurée, l'usufruitier ne saurait se plaindre, tandis que le propriétaire peut, à

---

(1) Contr. Duranton, n. 558. — (2) Duranton. Marcadé, ibid. — (3) Marcadé, art. 585. Zachariæ, Annot. 2, p. 135. — Contr. Duranton, n. 548. — (4) Zachariæ, Annot. ibid. Demolombe, n. 402.

l'extinction de l'usufruit, se plaindre d'une perception anticipée faite par l'usufruitier. C'est qu'il est permis au propriétaire, tant que le droit de jouir n'est pas acquis à un autre, de mettre la chose en tel état que bon lui semble et par conséquent d'enlever les fruits même avant la saison. — Si toutefois l'usufruit est conditionnel ou à terme (*ex die*), comme le constituant ou son héritier est lié même avant l'arrivée du terme ou de la condition, il ne peut rien faire en attendant qui préjudicie à l'usufruitier. Il devrait donc indemnité pour une perception anticipée.

82. En droit romain, l'usufruitier ne devenait propriétaire des fruits qu'autant qu'il les avait perçus lui-même ou qu'un tiers les avait perçus pour lui et en son nom ; de sorte qu'il n'acquérait ni les fruits abattus, arrachés par l'orage ou le vent, ni ceux qui étaient tombés d'eux-mêmes, ni ceux qu'avait détachés un maraudeur (1). — Dans notre ancien droit au contraire, on tenait que les fruits une fois détachés, n'importe par qui ni comment, appartenaient à l'usufruitier, comme le décide le droit romain lui-même pour le possesseur de bonne foi (2). — C'est cette dernière règle que, dans le silence du Code sur ce point, il faut suivre aujourd'hui, parce que c'est celle que demandent les principes. En effet, l'usufruitier a en ce qui concerne les fruits, les mêmes droits qu'aurait le propriétaire lui-même, si le droit de jouir n'était pas séparé de la propriété. Il doit donc acquérir les fruits dès qu'ils existent comme choses distinctes de l'objet producteur, c'est-à-dire dès qu'ils sont détachés, parce que c'est ainsi que les acquerrait un propriétaire qui conserverait le droit de jouir de sa chose. Sous ce rapport, le droit aux fruits doit produire les mêmes résultats, en quelques mains qu'il se trouve.

83. « Sans récompense de part ni d'autre des labours et des semences » (585). Ainsi, l'usufruitier qui recueille à son entrée en jouissance l'émolument d'une production dont le nu-propriétaire a fait les frais, n'est pas tenu d'indemniser ce dernier. Et la réciproque a lieu en faveur du nu-propriétaire à l'extinction de l'usufruit. — Telle était déjà, suivant moi, la règle du droit romain (3). On en a douté à cause de la maxime que les frais de production diminuent d'autant le montant des produits (*fructus intelliguntur deductis impensis*). Mais cette maxime, comme tant

---

(1) V. mon Traité, n. 167, 168. — (2) Pothier, Douaire, n. 199. — (3) V. mon Traité, n. 183.

d'autres, n'est applicable qu'à certains cas. On en comprend l'application lors, par exemple, qu'il y a lieu à une restitution de fruits, notamment lorsqu'un possesseur est évincé par le propriétaire. En effet, la personne obligée à cette restitution, ne devant restituer que le gain qu'aurait effectivement réalisé le propriétaire, doit pouvoir déduire sur le produit brut ce qu'elle a dépensé pour la production, et se borner ainsi à restituer le produit net, parce que le propriétaire eût bien été obligé de faire lui-même la dépense, si la chose eût été en sa possession, et n'eût ainsi en fin de compte bénéficié que du produit net. Cette considération est tout-à-fait étrangère à l'usufruit. Il est tacitement entendu dans une constitution d'usufruit, que l'usufruitier prendra la chose dans l'état où elle se trouvera lors de l'ouverture de son droit, et, partant, avec les fruits qui seraient alors près d'être recueillis. Il en est à cet égard d'un acquéreur d'usufruit comme d'un acquéreur de propriété. Un acquéreur de propriété aurait certainement droit aux fruits non encore recueillis, et cela sans être tenu de rembourser les dépenses de production. Or, il en doit être de même d'un acquéreur d'usufruit. Cela étant, il est assez juste que, par réciprocité, le nu-propriétaire obtienne également sans indemnité, à l'extinction de l'usufruit, les fruits non encore recueillis. De cette sorte, les chances sont égales. De plus, on prévient tout compte, et, partant, tout débat entre les parties au commencement et à la fin de l'usufruit ; considération qui d'ordinaire est de grand poids aux yeux du législateur, et qu'il a eue précisément en vue ici (1). — Si l'usufruit est un propre de communauté, c'est la communauté qui souffrira ou profitera des chances que présente l'application de l'article 585. Il a été entendu lors de la discussion qu'il n'y aurait pas plus lieu à récompense en ce cas que dans tout autre (2).

L'art. 585 ne parle que des frais faits pour les fruits de la terre. « Labours et semences ». Mais il est évidemment dans son esprit de décider de même pour tous les cas où la production nécessite des avances. Une usine, par exemple, exige des dépenses soit en achat de matières premières, soit en combustible, soit en main-d'œuvre. Ces dépenses resteront à la charge de celui qui les aura faites, alors même que ce n'est pas lui qui en profiterait.

De ce qu'il n'y a pas lieu à récompense pour les frais de production, il suit que si un usufruitier avant son entrée en jouissance

---

(1) Fenet, p. 252. — (2) Id. p. 170.

comme tel, tenait les biens à ferme du propriétaire et avait fait les frais de culture pour des fruits qu'il recueille après l'ouverture de l'usufruit, il a droit de se faire restituer ces frais par le propriétaire ; car puisqu'il ne jouit plus comme fermier, les frais qu'il a faits en cette qualité sont en pure perte pour lui (1). — Il en est de même à la fin de l'usufruit, si le nu-propriétaire tient les biens à ferme de l'usufruitier.

84. L'article 585 ne règle que les rapports de l'usufruitier avec le nu-propriétaire. Il est étranger aux rapports de l'un ou de l'autre avec des tiers. Il suppose, en effet, que les frais de production faits avant l'ouverture de l'usufruit l'ont été par le propriétaire, et ceux faits avant son extinction, par l'usufruitier. Mais ils pourraient avoir été faits par un tiers possesseur. Ce cas serait régi, non plus par l'article 585, mais par l'article 548. Lorsqu'un propriétaire conserve le droit de jouir, il n'a droit aux fruits qu'à la charge de rembourser les frais de production faits par un tiers ; or, il en doit être de même d'un usufruitier. Le droit de jouir ne saurait produire en faveur de l'usufruitier contre les tiers, plus d'effet qu'il n'en produit en faveur du propriétaire (2). Toutefois, si à la fin de l'usufruit, les frais de production ont été faits par un tiers, le nu-propriétaire en devra bien le remboursement à ce tiers, mais sauf son recours contre l'usufruitier, si celui-ci ne lui a pas dénoncé à temps le fait du tiers (614).

De même, si un légataire d'usufruit ne demande la délivrance qu'après que l'héritier a fait des frais de culture, il en doit le remboursement. L'héritier, en effet, possède légalement, puisqu'il possède en vertu de la saisine. Il a donc droit au bénéfice de l'article 548, bénéfice applicable même au possesseur de mauvaise foi (3).

Si des semences ont été achetées ou des ouvriers employés pour les travaux de production, et qu'à l'ouverture ou à l'extinction de l'usufruit, les salaires des ouvriers ou le prix des semences soient encore dus, ce n'est plus le cas d'appliquer l'article 548 ; car en réalité les frais de culture ont été faits par celui qui a employé les ouvriers ou acheté les semences, puisqu'il en est débiteur. Suivant des auteurs, les ouvriers et le vendeur de semences peuvent néanmoins, en ce cas, exercer sur la récolte le privilége établi

---

(1) ff. 34, § 1, *de usuf.* — (2) Proudhon, n. 1150. Duranton, n. 530. Marcadé, art. 585. — (3) Proudhon, n. 1151.

par l'art. 2102 1°, sauf recours de celui à qui elle revient contre le débiteur dont il acquitterait ainsi la dette (1). Je pense autrement. Les priviléges sur les meubles, et celui de l'article 2102 1° en est un, ne donnent pas le droit de suite. Ils ne peuvent donc s'exercer contre un acquéreur. Or la récolte, dans l'espèce. étant acquise à un autre qu'au débiteur, le privilége ne saurait avoir lieu.

85. « Les fruits civils sont réputés s'acquérir jour par jour et appartiennent à l'usufruitier à proportion de la durée de sa jouissance. » (586). — Ainsi, ni l'époque de l'échéance, ni celle du paiement n'influent sur les droits respectifs de l'usufruitier et du nu-propriétaire. Entre eux, les fruits civils se répartissent sur chaque jour et leur reviennent en proportion de la durée de leur jouissance respective.

Cette répartition reste, comme de juste, étrangère au débiteur, et ne saurait changer à son préjudice les termes de paiement portés dans son titre. Ainsi, il n'est pas tenu de payer jour par jour, ni même de payer immédiatement au propriétaire lors de l'ouverture de l'usufruit, à l'usufruitier lors de son extinction, la portion de fruits civils qui leur revient. La loi ne dit pas que les fruits civils se perçoivent jour par jour. Elle ne dit même pas qu'ils s'acquièrent, mais simplement qu'ils sont réputés s'acquérir jour par jour. C'est qu'en effet l'acquisition ne se réalise pas jour par jour d'une manière complète ; l'acquisition complète ne peut se réaliser que par le paiement. Par conséquent, ce qui s'acquiert jour par jour, ce ne sont pas précisément les fruits mêmes ; c'est seulement le droit à ces fruits, en d'autres termes, la créance et par conséquent l'action personnelle pour les faire payer.

Le débiteur a donc pour créanciers tout à la fois le propriétaire et l'usufruitier, chacun en proportion de la durée de sa jouissance ; de sorte que tous deux pourront l'actionner, mais dans cette proportion seulement. Conséquemment, lorsqu'un usufruit s'établit, l'action passe du propriétaire à l'usufruitier pour la portion de fruits civils correspondante au temps pendant lequel durera l'usufruit. Et une fois acquise à l'usufruitier, elle subsiste même après l'extinction de l'usufruit, s'il ne l'a pas exercée pendant son existence. Elle passerait donc à ses héritiers. Par conséquent, de même que des fruits naturels étant acquis à l'usufruitier par cela que seul qu'ils ont été détachés pendant l'existence de l'u-

---

(1) Proudhon, n. 1450. Duranton, n. 530. Marcadé, ibid.

sufruit, ses héritiers ont le droit de les enlever, s'il est décédé sans les avoir enlevés lui-même (n. 77); ainsi, ils ont le droit d'actionner le débiteur à raison des fruits civils échus pendant l'existence de l'usufruit et non touchés par l'usufruitier (1).

Le débiteur de fruits civils ayant deux créanciers devra, pour se libérer, payer à chacun d'eux ce qui lui revient ; car un paiement, pour être valable, doit être fait au créancier. Si toutefois la constitution d'usufruit ne lui a pas été notifiée et qu'il ne l'ait pas non plus acceptée, il paiera valablement au propriétaire, parce qu'alors l'usufruitier n'est pas saisi à l'égard des tiers (1690), sauf à l'usufruitier en ce cas son recours contre le propriétaire.

Si, par suite des clauses du titre, un terme a été payé d'avance, le débiteur est libéré, puisqu'il a fait ce à quoi il était obligé. Mais celui du propriétaire ou de l'usufruitier qui a reçu la totalité du terme, doit, en vertu du principe posé par l'art. 586, tenir compte à l'autre de la portion qui lui revient. L'art. 1980 relatif à la rente viagère porte bien que s'il a été convenu qu'elle serait payée d'avance, les termes sont acquis du jour où le paiement a dû en être fait. Mais cette disposition ne règle que les rapports entre le débiteur et le rentier. Elle est étrangère aux rapports de l'usufruitier avec le propriétaire, alors même que l'usufruit porterait sur une rente viagère.

86. La règle concernant les fruits civils « s'applique aux prix des baux à ferme, comme aux loyers des maisons et aux autres fruits civils » (586, 2ᵉ al.). C'est là une innovation. On admettait autrefois que le droit aux fermages s'acquérait au moment de la récolte faite par le fermier, conséquemment par celui de l'usufruitier ou du propriétaire qui avait alors le droit de jouir. C'était une différence avec les autres fruits civils qui déjà s'acquéraient jour par jour. Il paraissait juste que quand la chose soumise à l'usufruit est louée, les produits de la location reviennent à celui de l'usufruitier ou du propriétaire qui retirerait l'utilité de la jouissance s'il n'y avait pas location, et ce, dans la mesure de l'utilité qu'il se procurerait en jouissant par lui-même. Partant de là, on avait fait la distinction suivante. — Si les fruits civils proviennent d'une chose qui ne produit pas de fruits naturels et dont toute l'utilité consiste dans l'usage qu'on peut en faire, telle qu'une maison, comme l'usage est de chaque jour et que les

____

(1) Duranton, n. 554. Caen, 3 juin 1847.

loyers en sont l'équivalent et la représentation, ils s'acquièrent eux-mêmes jour par jour. — Si au contraire les fruits civils proviennent d'une chose qui produit des fruits naturels, ils doivent s'acquérir comme s'acquerraient les fruits naturels eux-mêmes, dont ils sont la représentation, par conséquent lors de la perception faite par le fermier.

Cette distinction, que l'on croyait à tort consacrée par le droit romain (1), est rejetée par notre législateur, qui soumet tous les fruits civils à la même règle et veut que tous s'acquièrent jour par jour. C'est pour prévenir tout doute sur son intention d'appliquer cette règle même aux fermages, qu'il s'en explique dans les art. 584 et 586 (2). Du reste, l'art. 584 rend mal sa pensée. Cet article porte que les prix des baux à ferme sont aussi des fruits civils. On ne les a jamais qualifiés autrement. Seulement, on les déclarait acquis lors de la perception des fruits naturels. L'article 585 veut donc dire que désormais les fermages sont régis comme les autres fruits civils, proposition que pose nettement l'article 586, lequel rend dès-lors l'article 584 inutile en ce qui concerne les fermages.

Pour pouvoir appliquer facilement la règle ancienne, il eût fallu qu'en fait, au commencement et à la fin de l'usufruit, tous les fruits naturels fussent déjà perçus ou au contraire fussent encore à percevoir, parce qu'alors seulement les fermages eussent été acquis en totalité à l'usufruitier ou au propriétaire. Mais si une partie seulement des fruits était déjà perçue, les fermages devant se répartir entre l'usufruitier et le propriétaire proportionnellement à la valeur des fruits déjà perçus et de ceux encore sur pied, il y avait lieu à un calcul qui, ne pouvant généralement se faire que quelque temps après l'ouverture ou l'extinction de l'usufruit et partant, à une époque où la situation des choses n'était plus la même, devait présenter les plus grandes difficultés. Ces difficultés s'augmentaient encore lorsque le domaine donnait des produits de diverses natures dont il fallait faire l'évaluation pour déterminer dans quelle mesure ceux déjà perçus devaient être comptés dans le prix total des fermages. Il y avait donc là matière à procès, procès que le Code écarte en rendant tout calcul inutile (3). Le législateur a peut-être aussi cédé à cet esprit d'uniformité qui est le cachet de

---

(1) V. mon Traité, n. 173 et s. — (2) Fenet, p. 177. — (3) Fenet, p. 178, 232.

l'esprit français moderne. Pourquoi, s'est-on dit sans doute, mettre de la diversité entre les divers fruits civils ?

Les dispositions combinées des articles 585 et 586 peuvent avoir pour résultat de procurer à l'usufruitier ou au propriétaire pendant une seule et même année et les fruits naturels et une portion des fruits civils. L'usufruitier, par exemple, en entrant en jouissance, trouve la récolte sur pied et la perçoit; puis il afferme le fonds et son usufruit s'éteint avant la récolte suivante. Il aura acquis dans l'espace d'une année et peut-être moins, la récolte entière d'une année et une portion des fermages représentant la récolte de l'autre année. De même, un bail expire quelques mois ou quelques jours après l'extinction de l'usufruit. Le propriétaire a droit à une portion des fermages dus pour la dernière année du bail, et il fera encore la récolte entière de l'année suivante.

87. Le fermage consiste d'ordinaire en une somme d'argent. Il peut consister en une prestation en nature, en une quantité fixe de denrées, par exemple, tant de mesures de blé, de vin, etc. La règle de l'article 586 s'applique également à ce cas, car la loi ne distingue pas (1). — Il en est de même s'il consiste tout à la fois en une somme d'argent et en une prestation en nature.

Il en est autrement lorsque le bien est cultivé moyennant une part des fruits à prendre en nature lors de la récolte. Dans ce cas, les fruits du fonds sont partagés entre le preneur ou colon partiaire, et celui de l'usufruitier ou du propriétaire qui a le droit de jouir lors de la récolte. L'article 585, en effet, après avoir attribué à l'usufruitier les fruits naturels pendants au moment où s'ouvre l'usufruit, et au nu-propriétaire ceux qui sont dans le même état à la fin de l'usufruit, ajoute : « sans préjudice de la portion des fruits qui pourrait être acquise au colon partiaire, s'il en existait un au commencement ou à la fin de l'usufruit. » Ainsi, en cas de colonage, la portion de fruits que doit délaisser le colon reste soumise à la règle relative aux fruits naturels. La présence d'un colon partiaire n'empêche pas en effet le propriétaire ou l'usufruitier de jouir du fonds en nature.

Si le bail est fait moyennant une portion des fruits pour certains biens et une somme d'argent pour d'autres, les fruits provenant des biens loués seront, pour les premiers, des fruits naturels régis par l'art. 585, pour les derniers, des fruits civils régis par l'art. 586.

---

(1) Proudhon, n. 904. Duranton, n. 533.

Si le locateur a reçu un pot-de-vin, ce pot-de-vin doit, entre l'usufruitier et le propriétaire, être assimilé au loyer ou fermage et réparti sur toutes les années du bail, parce qu'il a eu réellement pour effet d'abaisser d'autant le prix annuel de location. Pour le pot-de-vin stipulé en fraude, v. n. 119.

88. Les loyers et fermages commencent à courir du jour où le preneur entre en jouissance. Si un domaine est divisé par assolements, de telle sorte que la jouissance du fermier ne commence que successivement pour les diverses parties, le prix entier du bail n'en forme pas moins un seul tout qui commence à courir du jour où le bail reçoit son exécution. Dès qu'un fonds est affermé, il n'y a pas à rechercher à quelle époque peuvent se percevoir les fruits naturels. Pour l'usufruitier et le propriétaire, le domaine ne produit que des fruits civils. Or, les fruits civils s'acquièrent jour par jour (1).

89. Dans l'usufruit du mari sur les biens dotaux, les fruits naturels s'acquièrent, non par la perception, mais jour par jour. « A la dissolution du mariage, les fruits des immeubles dotaux se partagent entre le mari et la femme ou leurs héritiers, à proportion du temps qu'il a duré pendant la dernière année. — L'année commence à partir du jour où le mariage a été célébré. » (1571). Si donc, par exemple, le mariage ayant commencé un 1ᵉʳ février, se dissout un 1ᵉʳ novembre, comme il aura pendant la dernière année duré les 3/4 de l'année, le mari devra avoir les 3/4 des fruits de cette année et la femme 1/4, sans qu'il y ait à distinguer s'ils ont été perçus pendant le mariage ou bien depuis sa dissolution. Cette règle a paru commandée par la destination de la dot. Les fruits de la dot sont destinés à supporter les charges du mariage. Or, le revenu de l'année entière étant destiné à subvenir aux charges de cette année, et chaque jour d'ailleurs devant absorber sa part de revenu, il est conforme à l'équité que les fruits de l'année où finit le mariage soient partagés entre le mari et la femme, de manière que le mari les obtienne en proportion de la partie de l'année où, le mariage durant encore, il en a supporté les charges, et que le surplus revienne à la femme, puisqu'une fois le mariage dissous, le mari n'est plus chargé de son entretien.

90. La même considération existe bien sous le régime de la

---

(1) Proudhon, n. 963 et s.

communauté et sous le régime exclusif de la communauté. Car la communauté dans le premier cas, et le mari dans le second, n'ont droit aux fruits qu'à la condition de supporter les charges du mariage (1409 5° et 1530). — Néanmoins, la loi applique expressément à la communauté les articles 585 et 586, puisqu'elle ne fait entrer en communauté que les fruits échus ou perçus pendant son existence, les fruits civils échus, c'est la règle de l'art. 586; les fruits naturels perçus, c'est la règle de l'art. 585. Elle ne s'est pas expliquée pour le régime exclusif de communauté. Ce silence suffit pour qu'on doive appliquer alors les art. 585 et 586, qui forment la règle, et non l'art. 1571, qui est une exception; parce que toute hypothèse qui n'est pas positivement comprise dans l'exception, reste par là même sous l'empire de la règle. — Il y a défaut d'harmonie dans la loi, puisqu'elle règle différemment des hypothèses analogues. Cela vient de ce que le législateur a simplement reproduit pour chaque régime la législation antérieure, le droit romain pour le régime dotal, le droit coutumier pour les autres régimes. Or, le droit romain répartissait entre les époux les fruits de la dernière année du mariage, tandis que le droit coutumier s'en tenait à la règle ordinaire de l'usufruit. Du reste, en droit romain, le mari était propriétaire et non simplement usufruitier des biens dotaux ; c'est ce qui fait que les rapports entre époux n'étaient pas régis par toutes les règles de l'usufruit.

91. Les fruits de la dot sont bien destinés à supporter les charges du mariage ; mais il n'y a en fin de compte que le revenu net qui puisse remplir effectivement cette destination. Ce n'est dès-lors que ce revenu qui doit se partager. Donc le mari a droit de prélever sur le revenu brut le montant de ses avances, sans quoi il resterait en perte. C'est le cas d'appliquer l'adage cité n. 83 : *fructus intelliguntur deductis impensis*. Telle était la décision du droit romain (1), décision qu'il faut encore admettre aujourd'hui, puisqu'elle n'est que la conséquence de la règle reproduite par l'article 1571. Il est dans l'esprit de cet article en effet de répartir entre époux, avec une égalité parfaite, les bénéfices et les charges. Il faut en conclure qu'il déroge à l'art. 585 tout entier, c'est-à-dire non seulement à la disposition principale portant que les fruits naturels s'acquièrent par la perception, mais

____

(1) ff. 7, *sol. mat.*

encore à la disposition secondaire portant que les parties ne se doivent aucun compte des frais de production. Cette dernière disposition en effet amène et consacre des inégalités , des chances de perte pour le propriétaire ou pour l'usufruitier, ce qui est contraire au but de l'art. 1571.

92. On a jugé que si l'acte constitutif porte que les fruits pendants lors de l'ouverture ou de l'extinction de l'usufruit se partageront entre l'usufruitier et le propriétaire, les frais de production doivent également se prélever avant partage (1). Ce prélèvement, qui constitue l'indemnité rejetée en principe par la loi, peut sans doute résulter de la volonté du constituant. C'est là une affaire d'interprétation. Mais il est douteux qu'on doive l'admettre comme règle par cela seul qu'il y aurait lieu au partage en question. Ce partage n'a pas les mêmes caractères que celui des fruits de la dot. Il peut même être précisément destiné à couvrir les frais de culture par une portion dans le produit brut. Dans le doute, il faut appliquer à la portion la règle établie pour le tout. L'usufruitier à l'ouverture de l'usufruit, le propriétaire à son extinction, prennent tous les fruits sans indemnité lorsque leur droit n'a pas été limité à une portion. Ils doivent prendre également sans indemnité la portion qui leur est attribuée dans un partage.

93. Des art. 585 et 586 il résulte formellement, du moins en principe, que l'usufruitier a droit aux fruits dès l'ouverture de l'usufruit, décision d'ailleurs confirmée par l'art. 604, qui porte que « les fruits sont dus à l'usufruitier du moment où l'usufruit a été ouvert. » Il suit de là que si postérieurement le nu-propriétaire ou un tiers les percevait, il serait tenu de les restituer à l'usufruitier, à moins qu'il ne possédât de bonne foi, auquel cas il ferait les fruits siens (549). L'usufruitier en effet doit avoir relativement aux fruits les mêmes droits et les mêmes actions qu'un propriétaire qui conserve le droit de jouir, la raison voulant que le droit de jouir produise toujours les mêmes conséquences au profit de celui à qui il appartient, que ce soit le propriétaire ou bien un usufruitier. Or l'une de ces conséquences est l'action en restitution des fruits contre quiconque les a perçus induement et de mauvaise foi.

En cette matière, la bonne foi consiste, pour le nu-propriétaire,

___

(1) Bordeaux, 27 mai 1841.

à ignorer l'existence de l'usufruit. En effet, quoiqu'en dise Duranton n. 519, le nu-propriétaire peut n'avoir pas figuré dans l'acte constitutif et, par suite, ignorer l'existence de l'usufruit. Ainsi, 1° un héritier ne connait pas toujours l'existence d'un testament contenant un legs d'usufruit fait par son auteur ; 2° un testateur, après vous avoir legué par un premier testament la pleine propriété d'une chose, en a légué l'usufruit par un testament postérieur dont vous ignorez l'existence ; 3° un usufruitier ne jouissant pas, le nu-propriétaire aliène la chose et l'acquéreur entre en possession, sans connaître l'existence de l'usufruit ; 4° la saisine légale constitue aussi une possession de bonne foi contre le légataire soit en propriété soit en usufruit (n. 94). — Pour un tiers, la bonne foi consiste à posséder comme propriétaire ou comme usufruitier en vertu d'un titre dont il ignore les vices (550). Le tiers possesseur est donc de mauvaise foi, lorsque les vices de son titre lui sont connus ou qu'il possède sans titre. Or le fait seul de sa mauvaise foi s'opposant à ce qu'il fasse les fruits siens, il est tenu de les restituer à l'usufruitier, et cela alors même qu'il ignorerait l'existence de l'usufruit. Ce n'est pas que cette ignorance soit sans effet. S'il ignore l'existence de l'usufruit, c'est au propriétaire qu'il croit avoir à restituer les fruits. C'est donc le propriétaire qu'il considère comme son créancier à cet égard. Il se libérerait donc en lui restituant à lui, et cela parce que le paiement fait de bonne foi à celui qui est en possession de la créance est valable (1240, C. N.), sauf à l'usufruitier, en ce cas, son recours contre le propriétaire, parce que celui-ci, par suite de la restitution qui lui a été faite, possède des fruits qui reviennent à l'usufruitier.

94. La règle que l'usufruitier a droit aux fruits du moment où l'usufruit est ouvert, s'applique-t-elle à l'usufruit établi par legs ? Bien qu'un legs pur s'ouvre au moment même de la mort du testateur et un legs conditionnel à l'arrivée de la condition, néanmoins le légataire particulier n'a droit aux « fruits ou intérêts de la chose leguée qu'à compter du jour de sa demande en délivrance ou du jour auquel cette délivrance lui aurait été volontairement consentie » (1014). On a soutenu que les art. 585, 586 et 604 dérogent à cette règle et attribuent les fruits au légataire en usufruit du jour même de la mort du testateur ou de l'arrivée de la condition, date de l'ouverture de son droit, et par conséquent avant même qu'il ait demandé ou qu'on lui ait consenti la délivrance. Ces articles, a-t-on dit, sont spéciaux à l'usufruit ; à ce titre, ils

doivent l'emporter sur l'article 1014, qui est général. — Ce sont au contraire les articles 585, 586 et 604 qui établissent une règle générale, à savoir que l'usufruitier a droit aux fruits du jour où s'ouvre l'usufruit, règle générale qui doit fléchir pour le cas où l'usufruit résulte d'un legs, parce que telle est la règle spéciale en matière de legs. C'est donc l'article 1014 qui contient une disposition spéciale et qui, pour cela, doit l'emporter sur les articles 585, 586 et 604. C'est ainsi que, lorsqu'au lieu d'un titre constitutif d'usufruit, il s'agit d'un titre translatif de propriété, les fruits de la chose aliénée sont régulièrement dus à l'acquéreur du jour où s'ouvre son droit, c'est-à-dire du jour où la propriété lui est acquise, mais que cette règle générale souffre exception, si c'est d'un legs à titre particulier que dérive l'acquisition. En d'autres termes, s'il s'agit d'un titre translatif de propriété, la règle générale relative à l'acquisition des fruits est la même que celle qu'établissent les articles 585, 586 et 604 pour l'usufruit, et cette règle générale fléchit certainement en cas de legs à titre particulier. Comment se pourrait-il qu'un légataire en usufruit fût, sous le rapport des fruits, mieux traité qu'un légataire en propriété ? Le droit de jouir peut-il procurer une jouissance plus pleine lorsqu'il appartient à un usufruitier que quand il reste au propriétaire ? — On a allégué, pour justifier un pareil résultat, que l'usufruit n'a en réalité pour objet que les fruits, lesquels, par suite, doivent être acquis à l'usufruitier, dès que son droit est ouvert ; sans quoi cette ouverture serait sans résultat. Mais c'est une erreur grossière que de confondre l'usufruit ou le droit de jouir, avec les fruits que peut produire la chose. Si, par exemple, l'usufruit porte sur un immeuble, ne constitue-t-il pas un droit immobilier, susceptible d'hypothèque, tandis que les fruits de l'immeuble sont toujours des objets mobiliers, non susceptibles d'hypohèque ? Quant à l'ouverture de l'usufruit, elle produit toujours son effet, qui est notamment d'autoriser le légataire à former immédiatement sa demande en délivrance et à s'assurer par là l'émolument des fruits. — L'article 604 sur lequel on s'est surtout fondé, est réellement étranger à la question. Car il n'a point pour but de déterminer l'époque où commence la jouissance de l'usufruitier, mais simplement de poser en règle que le retard de fournir caution ne recule pas cette époque. Il signifie donc simplement que l'usufruitier en retard de donner caution a néanmoins droit aux fruits dès l'instant où y a droit celui qui donne caution immédiatement. Enfin, quel est le principe qui a dicté la disposition de l'article 1014? C'est qu'un légataire particulier n'ayant pas la saisine, la saisine étant réservée à l'héritier qui possède ainsi de par la loi, ce dernier fait les fruits siens, comme possesseur légal, jusqu'à la demande en délivrance. Il a donc contre le légataire soit en propriété, soit en usufruit, les mêmes avantages que tout autre possesseur de bonne foi. Telle est en fin de compte, la décision que consacre l'article 1014, lequel au fond attribue simplement à la saisine l'effet que notre ancien droit lui a toujours reconnu. C'est ainsi que la douairière avait droit aux fruits du jour même de la mort du mari, lorsqu'elle était saisie de son douaire, et à partir seulement de sa demande dans le cas contraire (1). C'est encore en vertu du même principe que Pothier décide que si l'héritier a perçu des fruits avant la demande en délivrance d'un legs, il les a perçus comme juste possesseur, et n'a point à en rendre compte ; et il combat le sentiment de Ricard et de Lebrun qui refusaient d'appliquer cette règle au légataire d'usufruit (2).

La solution qui précède doit s'appliquer même au légataire universel ou à titre universel en usufruit. La loi sans doute a modifié en faveur du légataire universel en propriété les conséquences ordinaires de la saisine relativement aux fruits, en décidant que, si le légataire est en présence d'héritiers à réserve (lesquels conservent la saisine de toute la succession), il aura néanmoins droit aux fruits, du jour du décès du testateur, s'il forme sa demande dans l'année (1005). Mais comme c'est là une disposition exceptionnelle, on ne peut l'appliquer au légataire universel en usufruit; car ce serait l'étendre hors du cas prévu, puisque le le legs en usufruit, fût-il universel ou à titre universel, n'est toujours qu'à titre particulier dans le sens des article 1002 et s. Voir n. 61. (3).

95. Que décider si des fruits non encore perçus ont été vendus par celui du nu-propriétaire ou de l'usufruitier qui avait alors le droit de jouir, mais l'a perdu avant la perception ? Supposons d'abord la vente faite par le propriétaire avant l'ouverture de l'usufruit. On s'accorde en ce cas à reconnaître à l'acheteur le

---

(1) Pothier, Douaire, n. 159 et s. — (2) Id. Introd. à la cout. d'Orléans, tit. 16, n. 95. Proudhon, n. 382 et s. Duranton, n. 531. Zachariæ, 2, p. 132. Marcadé, sur 604. Demolombe, n. 517. Bordeaux, 23 avril 1844. Contr. Merlin, Rep. v° Legs. Coin-Delisle, sur 1014, 1015. Bastia, 3 févr. 1836. — (3) Contr. Duranton, n. 521.

droit de percevoir les fruits. Une vente de fruits en effet, qu'elle soit faite avant ou après la perception, est un acte d'administration. Or, le propriétaire avait plein pouvoir d'administrer la chose, même à l'encontre du futur usufruitier, puisque celui-ci ne peut la prendre que dans l'état où le propriétaire l'a mise. — D'après Proudhon, l'usufruitier en ce cas, ne pouvant prétendre aux fruits, lesquels sont acquis à l'acheteur, ne peut pas davantage prétendre au prix qui en représente la valeur. — Sans doute il ne peut prétendre aux fruits contre l'acheteur ; mais vis-à-vis du nu-propriétaire, c'est à lui seul que revient, du jour où s'ouvre l'usufruit, le bénéfice possible de la jouissance. C'est donc à lui que revient le prix des fruits qui seraient vendus. Il suit de là que si l'acheteur a payé le nu-propriétaire d'avance, celui-ci doit compte à l'usufruitier (1). Si une portion des fruits a été perçue par l'acheteur avant l'ouverture de l'usufruit, le prix devra se partager dans la même proportion entre l'usufruitier et le propriétaire.

96. Il a été jugé que la vente de fruits faite par l'usufruitier est également, en cas d'extinction de son droit avant la récolte, obligatoire pour le propriétaire, auquel alors, bien entendu, revient le prix, en totalité si la récolte entière est encore sur pied, et dans le cas contraire, en proportion de ce qui reste à en percevoir. Une vente de fruits, dit-on, constituant un acte d'administration, l'usufruitier en la faisant représente et oblige le propriétaire. L'usufruitier, d'ailleurs, pouvant au moyen d'une location transmettre à des tiers le droit de faire jusqu'à neuf récoltes après l'extinction de l'usufruit, doit pouvoir à plus forte raison leur transmettre au moyen d'une vente le droit d'en faire une. — L'usufruitier ne représente pas le propriétaire, même dans les actes d'administration, puisqu'il agit pour son propre compte et en vertu de son droit d'usufruit. Il n'a d'ailleurs, en principe, le droit de rien faire qui puisse porter atteinte au droit du nu-propriétaire et l'empêcher de reprendre sa chose libre lors de l'extinction de l'usufruit. Cela étant, ses actes ne sauraient obliger le propriétaire que dans le cas où la loi le décide ainsi. Or, elle ne le décide que pour les locations, et comme c'est là une décision qui déroge au droit commun, on ne peut l'étendre. La vente de fruits reste donc, dans le silence de la loi, sous l'empire des prin-

____

(1) Duranton, n. 540.

cipes. Ces principes, les voici : L'usufruitier n'a droit qu'aux fruits perçus pendant sa jouissance. Si donc il vend une récolte sur pied, il vend une chose à laquelle il n'a droit que conditionnellement, à savoir pour le cas où les fruits seront perçus avant l'extinction de son droit. Le droit de l'acheteur est donc nécessairement conditionnel aussi ; car l'usufruitier n'a pu lui transmettre un droit plus étendu que le sien. D'où il suit que si l'usufruit s'éteint avant la perception, l'acheteur se trouve avoir acheté des choses qui par le fait n'ont jamais appartenu à son vendeur, achat qui ne saurait dès-lors être opposé au véritable propriétaire pour tous les fruits non encore détachés du sol au moment où ce dernier recouvre la jouissance de sa chose. C'est ainsi que la cession faite par l'usufruitier de son droit ne vaut que pour la durée de ce droit (n. 101 et 102). L'opinion contraire n'est pas conséquente ; car en attribuant le prix au nu-propriétaire, elle reconnaît implicitement que ce prix représente des choses (les fruits) qui n'appartiennent qu'à lui. Du reste, c'est pour prévenir cette objection qu'on présente l'usufruitier comme administrateur, et qu'on assimile la vente de fruits à un bail, manière de voir refutée ci-dessus. Ajoutons que les considérations qui, en législation, demandent le maintien du bail nonobstant l'extinction de l'usufruit, n'existent pas pour une vente de fruits ni pour la cession de l'usufruit. Ceux qui étendent par analogie à la vente de fruits la disposition relative à la location, devraient, pour être conséquents, reconnaître à l'usufruitier le pouvoir de vendre jusqu'à deux ou trois des récoltes à faire après l'extinction de l'usufruit, par argument de ce que décide l'article 1430 combiné avec l'article 595, ce qui astreindrait le propriétaire à faire les frais de culture pour l'acheteur. On n'ose aller jusque-là ; mais alors on se jette dans l'arbitraire puisqu'on n'applique ni la règle relative à la location, ni celle relative à la cession, alors que la vente de fruits ne peut être régie que par l'une ou l'autre (1).

97. L'usufruitier acquiert les fruits de la chose grevée d'usufruit. Evidemment donc, il n'a point à les restituer au nu-propriétaire, lors de l'extinction de son droit. Il n'est tenu de restituer que la chose sur laquelle portait son usufruit. C'est là un prin-

---

(1) Proudhon, n. 295, 296. Marcadé, sur 585. Zachariæ, Annot. 2, p. 133. Orléans, 10 août 1815. Douai, 9 avril 1816. — Contr. Cass. 21 juillet 1818. Duranton, n. 554. Toullier, n. 401.

cipe général, que le Code, pour prévenir tout doute, applique spécialement à l'usufruit portant sur une rente viagère ou sur un usufruit (588, 1568). — Du reste, comme il s'agit là d'une question de pur intérêt privé, les parties peuvent la régler comme bon leur semble. Un constituant pourrait donc apposer à sa constitution la clause que l'usufruitier, à l'extinction de son droit, restituera les fruits. Pareille clause aurait pour effet de capitaliser les fruits ; de sorte que l'usufruitier n'aurait le droit d'en jouir que comme quasi-usufruitier et devrait, à la fin de son droit, restituer pareille quantité ou l'estimation (1).

98. « L'usufruitier peut jouir par lui-même, donner à ferme à un autre, ou même vendre ou céder son droit à titre gratuit. » (595.)

« Il peut vendre son droit ou même le céder à titre gratuit. » Plus généralement, il peut céder son droit à titre onéreux ou à titre gratuit ; car le mot *vendre* est trop restreint. L'usufruitier peut céder son droit à tout autre titre onéreux. En un mot, l'usufruit est cessible. — Peu importe à cet égard qu'il porte sur des meubles ou bien sur des immeubles, car la loi ne distingue pas, et il n'y a pas de raison au fond pour distinguer. La cession n'est interdite à l'usufruitier que si son droit porte sur des choses qui, par leur destination, devraient rester affectées à son usage personnel, comme des vêtements ou du linge de corps (2).

Le pouvoir que l'on a de disposer de ses droits ne saurait dépendre de la volonté d'un tiers. L'usufruitier peut donc céder son usufruit même contre le gré du propriétaire, si le titre constitutif ne contient pas de clause prohibitive (3).

L'usufruit peut être vendu. Il suit de là 1° qu'il doit pouvoir et qu'il peut effectivement être hypothéqué, lorsqu'il porte sur des biens immeubles par leur nature (2118), puisqu'alors il est susceptible d'expropriation forcée ;

2° Que les créanciers de l'usufruitier peuvent le faire saisir et vendre pour être payés sur le prix. L'usufruit est saisissable au même titre et dans les mêmes circonstances que la propriété. La loi s'en explique pour l'usufruit des immeubles par nature (2204) ; et il y a même raison pour tout autre usufruit (4). — Il serait donc, en cas de faillite de l'usufruitier et d'union des créanciers, au

____

(1) Arg. ff. 4, *de pact. dot.* — (2) Paris, 3 août 1857. — (3) ff. 67, *de usuf.* — (4) ff, 8, pr. *de reb. aut. jud.* Paris, 3 août 1857.

nombre des biens dont le syndic serait chargé de poursuivre la vente (534, Co.) — Du reste, alors même qu'il s'agirait de meubles corporels, les créanciers de l'usufruitier ne pourraient faire saisir et vendre la propriété même de ces biens, sous prétexte qu'ils sont en la possession de leur débiteur. Car leur débiteur détenant comme usufruitier, n'a pas le droit de vendre. Or, ils ne sauraient avoir plus de droits que lui (1).

L'usufruit étant cessible, n'est pas exclusivement attaché à la personne. Il s'ensuit que les créanciers de l'usufruitier seraient recevables à l'exercer en son nom (1166), pouvoir précieux pour eux. En effet, la saisie de l'usufruit a ses chances, l'incertitude sur sa durée pouvant écarter les enchérisseurs. Les créanciers peuvent donc avoir plus d'intérêt à se faire subroger à leur débiteur dans l'exploitation de la chose, pour en imputer les revenus sur leurs créances.

99. La règle posée par l'article 595 est générale. Elle ne fléchirait donc que devant une dérogation expresse. Or, il n'en existe aucune. Donc tout usufruit sans exception est cessible, même, par exemple, l'usufruit légal des père et mère et celui du mari sur les biens de sa femme, fussent-ils mariés sous le régime dotal. La loi, en effet, ne prohibe l'aliénation des immeubles dotaux qu'en tant que cette aliénation aurait pour objet des droits appartenant à la femme. Or, la jouissance des biens dotaux jusqu'à la dissolution du mariage ou la séparation de biens appartient au mari seul, lequel en est certainement le maître absolu (2). L'existence de charges spéciales qui grèvent ces usufruits, ne fait pas obstacle à la cession, puisque les charges soit ordinaires, soit spéciales qui grèvent un usufruit, le suivent entre les mains du cessionnaire (n. 102).

100. Le Code n'établit pas de règles spéciales pour la cession de l'usufruit. Elle reste donc soumise en la forme et au fond aux règles applicables à toute cession ou aliénation en général. — Ainsi, faite à titre onéreux, elle n'est assujétie à aucune formalité; faite à titre gratuit, elle exige l'accomplissement des formalités requises pour les donations. — De même et encore par application du droit commun, l'usufruit ne peut être cédé ou hypothéqué que par une personne ayant capacité et pouvoir d'aliéner. Par

____

(1) Rennes, 21 mars 1835. Salviat, art. 70, n. 9. — (2) Proudhon, n. 356. — Contr. Duranton, n. 486. Toullier, 12, p. 125.

exemple , l'usufruit appartenant à un mineur sur un immeuble
étant un bien immeuble, ne peut être aliéné ou hypothéqué par
le tuteur que pour les causes et dans les formes déterminées par
les art. 457 et s. (1) — De même , l'usufruit constitué en dot sur
des immeubles est inaliénable pendant le mariage (1554 et s.).

101. Suivant des auteurs , la cession d'un usufruit ne peut procurer au cessionnaire que l'exercice du droit et non le droit
même. L'exercice seul est cessible. Quant au droit d'usufruit, il
est incessible, incommunicable ; de sorte qu'il continue nonobstant toute cession d'appartenir à celui en la personne de qui il
a pris naissance (2). Autrement, dit-on, et s'il pouvait être transféré à un tiers , ce n'est qu'à la mort de ce tiers qu'il s'éteindrait ;
et alors il serait facile d'en prolonger indéfiniment la durée au
moyen de cessions faites successivement par l'usufruitier et par
les cessionnaires eux-mêmes. — Ce que l'usufruitier peut céder
d'après l'article 595, c'est son droit même. Or, une cession a
pour effet de dépouiller le cédant et d'investir le cessionnaire.
Cet effet doit avoir lieu ici comme dans tout autre cas. La cession,
dites-vous, ne donne que l'*exercice* du droit. Le mot *exercice* à lui
seul ne signifie rien. Un tuteur, par exemple, *exerce* les droits du
mineur, mais sans en recueillir le profit. Le cessionnaire d'usufruit, au contraire, exerce l'usufruit pour son propre compte et
non pour le compte du cédant : il en a dès-lors l'émolument. Il
en est donc de l'usufruit comme de tout autre droit : une fois
cédé, il cesse d'appartenir au cédant; et comme il ne s'éteint pas
par la cession, il appartient désormais avec tous ses effets au cessionnaire (3). — Ce n'est pas que la cession d'usufruit donne le
moyen d'en prolonger l'existence au-delà du terme ordinaire.
En effet, elle n'établit pas un usufruit nouveau, prenant naissance
en la personne du cessionnaire et ne devant dès-lors s'éteindre
que de son chef. L'usufruitier ne peut céder un droit autre que
le sien. Or, le seul droit qu'il ait, le seul dès-lors qu'il puisse
transférer , c'est l'usufruit né en sa personne et qui doit s'éteindre
de son chef. Conséquemment, un cessionnaire d'usufruit acquiert

---

(1) ff. **3**, § 5, *de reb. eor.* — (2) Proudhon, n. 9, 14, 15. Merlin, Rep.
vᵒ Mort civ., art. 13, n. 10. Toullier, n. 385. Duranton, n. 467. J'ai partagé cette opinion. Voir mon Traité, n. 225. Il est vrai qu'en droit romain
la cession ne transférait pas le droit même d'usufruit. Mais cela tenait
aux formes de la cession et non à ce que cette translation fût impossible
en soi. — (3) Marcadé, sur 595. Demolombe, n. 362.

par le fait de la cession l'usufruit même qu'avait son cédant et tel qu'il l'avait. En passant du cédant au cessionnaire, il ne devient pas un usufruit nouveau ; il reste toujours tel qu'il était. — De là il résulte que :

102. 1° Le droit reste soumis entre les mains du cessionnaire aux causes d'extinction qui résultent du titre constitutif et au nombre desquelles se trouve le décès de celui au profit de qui il a été constitué, de sorte que ce décès arrivé, le cessionnaire perdra le droit de jouir de la chose. Mais aussi il acquiert l'usufruit pour toute sa durée. Si donc il vient à mourir avant le cédant, le bénéfice de la cession passe à ses héritiers ; car régulièrement et à moins de clause contraire, un cessionnaire transmet ses droits dans sa succession. Cette double décision est consacrée par le droit romain (1).

2° Le droit conserve entre les mains du cessionnaire les mêmes caractères juridiques qu'il avait entre celles du cédant. Il constitue dès-lors dans le patrimoine du cessionnaire comme il constituait dans celui du cédant, un bien cessible, tantôt meuble, tantôt immeuble, susceptible en ce dernier cas d'être hypothéqué du chef du cessionnaire, et purgé par lui des hypothèques établies du chef du cédant.

3° Le cessionnaire a un droit réel comme l'avait le cédant, du moins à partir de la transcription de la cession si l'usufruit porte sur des biens susceptibles d'hypothèque (L. 23 mars 1855), et de la notification au débiteur ou de l'acceptation de ce dernier, s'il porte sur des créances. Il peut dès-lors intenter les actions que donne l'usufruit, notamment l'action confessoire.

4° De même qu'il a tous les émoluments que peut procurer l'usufruit, il est tenu de toutes les charges qui y sont attachées, et même par conséquent de l'obligation de fournir caution si l'usufruitier lui-même ne l'a pas encore fait (2); car il acquiert l'usufruit tel qu'il est, partant, avec toutes ses conséquences.

103. Ce n'est pas que la cession décharge le cédant envers le propriétaire. L'usufruitier primitif en effet ayant été constitué personnellement débiteur envers le propriétaire, la cession par lui faite de ses droits ne saurait le dégager de ses obligations (3).

---

(1) ff. 8, § 2, *de per. et comm.* — (2) Orléans, 14 juillet 1847. — (3) Proudhon, n. 896. Duranton, n. 585. Demolombe, n. 363. Zachariæ, 2, p. 139.

C'est ainsi que la cession faite par un héritier de ses droits successifs ne le décharge pas envers les créanciers héréditaires. On peut aliéner ses droits ; on ne peut se soustraire à ses obligations. — La cession d'usufruit donne donc au nu-propriétaire en la personne du cessionnaire, pour les obligations attachées à l'usufruit, un débiteur nouveau, qui s'ajoute pour lui au débiteur originaire (le cédant), et qui est également obligé pour le tout. Il n'est pourtant pas tenu solidairement, puisqu'aucune disposition de loi n'établit en pareil cas la solidarité. Il n'y aurait donc pas lieu à l'application des articles 1205-1207.

L'usufruitier primitif reste tenu envers le propriétaire des charges attachées à l'usufruit. Mais le cessionnaire lui doit garantie à cet égard, parce qu'entre un cédant et son cessionnaire, la cession a pour effet de transporter au cessionnaire toutes les conséquences actives ou passives du droit cédé. L'usufruitier sera donc en droit d'appeler son cessionnaire en garantie, s'il est poursuivi par le nu-propriétaire à raison des charges qu'entraîne l'usufruit, et de se faire indemniser s'il les a exécutées. — Du reste, le cessionnaire d'usufruit n'est pas tenu de donner à son cédant, avant d'entrer en jouissance, caution pour garantir ce recours ; car l'obligation de fournir caution n'est imposée par la loi qu'à l'usufruitier envers le propriétaire.

104. L'usufruitier doit répondre des détériorations imputables au cessionnaire. Lors en effet qu'un usufruitier cède son usufruit, la cession elle-même constitue de sa part un acte d'exercice de son droit. Il doit donc répondre envers le propriétaire des suites que cet acte peut entraîner, comme de celles de tout autre fait de jouissance ; car c'est lui qui a amené le fait du cessionnaire. C'est une règle générale que celui qui est obligé de veiller à la conservation d'une chose, répond des faits de ceux entre les mains de qui il la place, parce que c'est son fait qui amène le leur. C'est ainsi qu'un locataire répond du fait de ses sous-locataires (1735) ; qu'un associé répond des faits du tiers qu'il s'est associé pour sa part (1). — Cette décision, évidente au cas de cession volontaire, doit pareillement avoir lieu dans le cas de vente sur saisie, parce que, même alors, la vente de l'usufruit a pour cause la faute de l'usufruitier, à savoir, l'inexécution par lui de ses obligations, et qu'il est dès-lors également vrai que c'est son fait qui a amené le fait de l'adjudicataire.

---

(1) ff 23, pro socio.

105. Par la même raison, la caution qu'aurait donnée l'usufruitier répond aussi de la jouissance du cessionnaire. On a
soutenu, il est vrai, que la caution ayant garanti la jouissance personnelle de l'usufruitier, la rendre responsable de la jouissance
du cessionnaire, ce serait étendre son cautionnement au-delà des
limites dans lesquelles il a été contracté, ce que ne permet pas
l'article 2015 ; qu'elle est dès-lors déchargée par la cession d'usufruit, sauf au propriétaire qui a droit à une caution, à l'exiger du
cessionnaire. — C'est là une fausse application de l'article 2015.
La caution, en s'engageant pour l'usufruitier, a répondu envers
le propriétaire de toutes les suites que pourrait entraîner la manière dont l'usufruitier exercerait son droit. Or la cession qu'un
usufruitier fait de son usufruit est pour lui l'une des manières
d'exercer son droit (1). Donc, en répondant des suites qu'elle entraîne, la caution répond bien des conséquences du fait de l'usufruitier, ce qui est rester dans les termes mêmes de son cautionnement, sauf à elle son recours, non-seulement contre l'usufruitier,
mais encore contre le cessionnaire qui par le fait de la cession
est devenu, par rapport à elle et à l'usufruitier, débiteur principal.
La ressource qu'on offre au propriétaire de demander caution au
cessionnaire garantirait d'ailleurs assez mal ses intérêts. Serait-il
en effet immédiatement instruit de la cession, des diverses cessions
mêmes qui peuvent se succéder, et en mesure dès-lors d'obliger
chaque cessionnaire à donner caution avant d'entrer en jouissance ? — Du reste, le propriétaire ne serait même pas fondé à
exiger caution d'un cessionnaire lorsque l'usufruitier en a fourni
antérieurement, parce qu'une fois cette obligation exécutée, le
propriétaire n'a plus rien à demander à cet égard (2).

106. Quoique l'usufruit d'un immeuble soit un bien immobilier, la vente qu'en ferait l'usufruitier moyennant une somme
fixe une fois payée, ne serait pas attaquable pour lésion, parce
que comme la durée en est incertaine, on ne peut savoir si la
somme qui en est le prix, en représente la véritable valeur. — Il
en est autrement si la vente est faite moyennant une redevance
annuelle payable tant que durera l'usufruit. D'un côté, en effet,
pareille vente n'a rien d'aléatoire, la redevance devant avoir la
même durée que l'usufruit. D'un autre côté, on peut parfaitement

---

(1) *Qui vendit utitur*. ff. 12, § 2, *de usuf*. — (2) Contr. Duranton,
n. 613 bis. Proudhon, n. 851. Demolombe, n. 363.

évaluer le revenu annuel du fonds grevé d'usufruit, et voir dès-lors s'il excède de plus des 7/12 la redevance qui forme le prix de vente (1). Dans la même hypothèse, la cession formant contrat commutatif et non contrat aléatoire, le défaut de paiement des arrérages autoriserait l'usufruitier à faire résoudre la cession et à reprendre la jouissance de la chose, conformément aux articles 1184 et 1654. Ce n'est pas le cas d'appliquer l'art. 1978 (2). — Ces décisions seraient applicables à une constitution d'usufruit sur un immeuble, faite moyennant soit une somme d'argent, soit une redevance viagère.

107. La vente pendant la communauté d'un usufruit propre à un époux, donne-t-elle toujours lieu à récompense par application des articles 1433 et 1436 ? — Si l'usufruit s'éteint lors de la dissolution de la communauté par le décès de l'époux usufruitier ou s'il s'est éteint auparavant, l'évènement montre qu'il y avait là pour l'époux usufruitier un bien qu'il ne devait pas retrouver à la dissolution de la communauté, et dont tout l'émolument devait entrer dans la masse commune. La communauté dès-lors ne s'est pas enrichie aux dépens de cet époux ; donc, pas de récompense. — Si l'usufruit survit à la dissolution de la communauté, l'époux usufruitier a le droit de prélever le prix de vente sur la masse commune, puisque ce prix représente l'usufruit dont il reprendrait l'exercice s'il n'avait pas été vendu. Pothier toutefois (Communauté n. 592), veut que la communauté retienne tout ce dont le produit de l'usufruit excèderait les intérêts du prix, parce que sans cela elle serait en perte. Il est vrai qu'elle a simplement joui du prix, qui a dû lui rapporter moins que ne l'aurait fait l'usufruit. L'usufruit en effet donne droit pendant son existence à tous les revenus de la chose comme la propriété même. Mais la durée en étant temporaire, il se vend moins que ne se vendrait la propriété. Quant à l'avantage résultant de la perpétuité du droit au prix, avantage qui compense pour un vendeur d'usufruit la diminution que la vente lui fait éprouver dans son revenu annuel, il revient exclusivement dans l'espèce à l'époux usufruitier, si l'on refuse à la communauté la retenue en question. Pourtant cette retenue qui, en fait d'ailleurs, nécessiterait souvent des évaluations coûteuses et peu certaines, il faut la refuser en droit, et cela pour deux raisons.

---

(1) Cass., 9 juillet 1855. V. Journ. du Pal. 1856, 2, 89, où l'on trouvera citées nombre d'autorités. On n'a peut-être pas assez pensé à la distinction que je présente. — (2) Cass., 15 juin 1846.

La première est qu'il n'y a là pour la communauté que privation de fruits ou diminution de revenu, et non perte d'un capital qui lui appartiendrait et dont l'époux usufruitier s'enrichirait à ses dépens. Cet époux reprend simplement le prix d'un propre. C'est donc le cas d'appliquer les articles 1433 et 1436. La seconde raison, c'est que la retenue admise par Pothier est contraire aux principes qui régissent les opérations aléatoires, telle qu'est la vente d'un usufruit. Quels que soient les résultats d'une opération aléatoire, on doit les accepter dès qu'on a consenti à l'opération. Or, ce principe est applicable ici comme dans tout autre cas.

108. L'usufruit d'un propre racheté des deniers de la communauté devient-il un conquêt, ou bien s'éteint-il au profit de l'époux nu-propriétaire, sauf récompense s'il y a lieu? Est-ce l'article 1401 ou bien l'article 1437 qui régit ce cas? — L'actif de la communauté étant distinct de l'actif des époux et l'usufruit pouvant d'ailleurs rester séparé de la propriété, l'usufruit qu'un tiers aurait sur un propre peut très-bien être acquis par la communauté. D'un autre côté, pareil usufruit est une de ces charges personnelles à l'un des époux, dont le rachat doit profiter à cet époux. On l'admettait sans difficulté autrefois (1), et l'article 1437 l'admet également; car ce n'est que comme exemple qu'il cite les services fonciers (charges personnelles... telles que... etc.). Sous la communauté, on appelle dettes ou charges personnelles celles qui ne sont pas communes. — Cela étant, la question posée n'est qu'une question de fait ; et c'est, comme dans toute autre question semblable, par les termes de l'acte et les circonstances que l'on jugera si l'usufruit a été acquis par la communauté et pour elle, ou bien éteint par rachat (2). — Dans le doute, il paraît plus naturel de présumer qu'on a voulu dégrever le bien propre, et non acquérir pour la communauté un droit essentiellement temporaire, destiné à revenir nécessairement à l'époux nu-propriétaire (3).

Dans le cas de rachat, l'époux propriétaire ne devra d'indemnité qu'autant que, sans le rachat, l'usufruit eût encore subsisté à la dissolution de la communauté ; car c'est dans ce cas

---

(1) Dumoulin, art. 119. sur Paris anc. Lebrun, Communauté. Liv. 3, chap. 2, sect. 1. Pothier, Communauté, n. 639. — (2) Proudhon, n. 2681. Cass. 16 juillet 1845. Cet arrêt, bien que consacrant cette distinction, semble au premier coup-d'œil, admettre que l'art. 1437 n'est jamais applicable. — (3) Contr. même arrêt.

seulement qu'il a tiré un profit des deniers communs, condition
nécessaire pour qu'il y ait lieu à récompense (1437). — Ici, comme
dans le cas de vente d'un usufruit propre, Pothier n. 639, fixe la
récompense au montant de la somme payée par la communauté
sous déduction de ce dont les revenus du propre dégrevé ont pu
excéder les intérêts de la somme payée, parce qu'autrement la
communauté s'enrichirait par une récompense. Les deux raisons
qui m'ont fait repousser cette déduction dans le cas précédent,
me la font également repousser ici. — Si le propre dégrevé appartient à la femme, et que celle-ci n'accepte pas le rachat, les choses
doivent se passer pour elle comme si effectivement le rachat
n'avait pas eu lieu. L'usufruit racheté reste donc dans la masse
commune, comme au cas où il constituerait un conquêt. Il sera
donc partagé si la femme accepte la communauté, et restera au
mari si elle la refuse.

109. L'usufruitier pouvant aliéner son droit même, peut
également en aliéner l'usufruit (n. 53, 55). En ce cas, son
usufruit devient vis-à-vis de l'acquéreur une nue-propriété.
De là notamment les conséquences suivantes : 1° le droit conféré n'est pas transmissible aux héritiers. Si donc l'acquéreur
meurt du vivant de l'usufruitier, le droit de jouir fera retour à ce
dernier. 2° L'acquéreur est tenu vis-à-vis de l'usufruitier des obligations qu'entraîne l'usufruit. Ce n'est pas qu'il soit tenu en tous
points comme l'est l'usufruitier lui-même envers le propriétaire.
Car comme l'usufruitier lui a transféré, non son droit même, mais
simplement l'usufruit de ce droit, l'acte de translation a pu lui
imposer des obligations différentes de celles qu'impose à l'usufruitier l'acte constitutif d'usufruit, soit plus légères, soit plus
lourdes. Ainsi, l'usufruitier peut être dispensé de caution, ce qui
ne suffit pas pour que celui à qui il confère l'usufruit de son droit,
en soit lui-même dispensé. Réciproquement, ce dernier peut être
dispensé de caution, tandis que l'usufruitier ne l'est pas. — Et
il en est ainsi dans tous les cas où quelqu'un a l'usufruit d'un
usufruit. Ainsi, les père et mère auraient de droit l'usufruit d'un
usufruit appartenant à leur enfant mineur, auquel cas leur usufruit,
d'ailleurs dispensé de caution, entraîne à leur charge, envers leur
enfant, certaines obligations dont l'enfant n'est pas tenu envers le
propriétaire.

110. « L'usufruitier peut jouir par lui-même, donner à ferme
à un autre. » (595.) Il y a en effet deux manières de jouir, l'une,
d'exploiter la chose ou d'en user par soi-même, l'autre, de la

donner à ferme ou à loyer. Or l'usufruitier doit avoir l'option à cet égard, puisqu'il jouit comme le propriétaire lui-même.

Il peut « donner à ferme. » Si l'on prenait ces mots à la lettre, l'usufruitier ne pourrait louer que les héritages ruraux ; car le bail à ferme est proprement le bail des héritages ruraux (1711). Mais il peut sans nul doute louer tous les immeubles en général, notamment les maisons. Cela résulte des articles 582, 584 et 586 combinés, qui portent, le premier, que l'usufruitier a droit aux fruits civils, les deux autres, que les loyers des maisons sont des fruits civils.

Il peut même louer les meubles. Ce point, il est vrai, a donné lieu à quelques doutes en présence des termes des articles 595, 584 et 589, l'article 595 semblant par sa lettre n'autoriser l'usufruitier à louer que les biens ruraux, l'article 584 ne déclarant fruits civils que les loyers des maisons et les fermages des biens ruraux, enfin l'article 589 n'accordant, dit-on, à l'usufruitier que « le droit de se servir » des meubles qui se détériorent par l'usage. Mais ces doutes ne doivent pas arrêter. Les articles 595 et 584 ont été calqués sur Pothier, qui ne traitait que de l'usufruit des immeubles. Voilà ce qui en explique les termes. Ils doivent si peu être pris à la lettre sous le rapport qui nous occupe, que l'un des deux prouve que l'autre est incomplet dans sa rédaction, l'article 595 ne semblant permettre à l'usufruitier que la location des biens ruraux, tandis que l'article 584 lui donne droit aux loyers des maisons. Quant à l'article 589, d'abord il ne statue pas sur tous les meubles ; il ne s'occupe que de ceux qui, sans se consommer de suite, se détériorent peu à peu par l'usage ; et il n'a d'ailleurs nullement pour but, même à l'égard de ces derniers, de refuser à l'usufruitier le pouvoir de louer, mais bien de décider que son droit en ce cas, est un usufruit véritable et non un quasi-usufruit (n. 125). — Le pouvoir pour l'usufruitier de louer est réglé par l'article 595, véritable et seul siège de la matière. Or de l'ensemble de cet article il résulte indubitablement en résumé que l'usufruitier a le droit, non seulement de jouir par lui-même, mais encore de faire jouir un autre à sa place, puisqu'il peut même céder son droit, et cela, sans que la loi distingue si l'usufruit porte sur des meubles ou sur des immeubles (n. 98). Or régulièrement, qui peut le plus peut le moins. La location est moins qu'une cession. Donc la cession étant permise à l'usufruitier, quelle que soit l'espèce de biens dont il a l'usufruit, la location l'est également. — Des auteurs ne lui recon-

naissent le pouvoir de louer les meubles que par exception, savoir,
lorsque telle est la destination particulière de ces meubles, ou que
le propriétaire lui-même les louait, ou qu'eu égard à leur solidité,
la location ne les détériorera pas plus promptement, ou enfin que
la location est conforme à l'intention du constituant (1). Tout cela
est de l'arbitraire et prêterait à mille difficultés dans l'application.
L'article 595 dans son ensemble a une plus grande portée. Il
donne à l'usufruitier autant de pouvoir sur les meubles que sur
les immeubles, puisqu'il ne distingue pas. Donc, pour les meubles
comme pour les immeubles, le pouvoir de louer n'est limité que
par les principes généraux de l'usufruit. Or ces principes combinés
avec l'article 595 conduisent à poser comme règle que l'usufruitier
peut louer, à moins que la location ne soit contraire à la destination de la chose. C'est donc la prohibition de louer qui forme
l'exception, et cela, soit en fait de meubles, soit en fait d'immeubles ; car la règle à cet égard est la même pour toute espèce
de biens. L'usufruitier en effet ne peut pas non plus louer les
immeubles, lorsque la location est contraire à la destination des
choses ou à l'intention du constituant. Si, par exemple, il y a dans
une maison grevée d'usufruit des bains non ouverts au public
et simplement destinés aux usages domestiques, l'usufruitier n'a
pas le droit de les louer de manière à en faire des bains publics (2).
Pour établir qu'en fait de meubles, la prohibition de louer forme
la règle, M. Demolombe, n. 298, invoque une loi romaine (3). Mais
cette loi ne parle pas de l'usufruit des meubles en général. Elle
s'occupe de l'usufruit établi sur des vêtements de corps, et elle ne
permet pas à l'usufruitier de les louer, parce que pour un homme
honorable telle n'est pas leur destination. Elle entend si bien
indiquer là une circonstance exceptionnelle, qu'elle reconnaît
à l'usufruitier le pouvoir de louer des tapisseries, décors, habits
de cérémonie.

Le pouvoir de louer formant la règle, c'est au propriétaire à
prouver que dans tel cas particulier la location n'est pas permise à l'usufruitier.

111. L'obligation où est l'usufruitier de ne pas jouir d'une
manière contraire à la destination de la chose, me paraît, parti-
culièrement pour les meubles, permettre tel mode de location et
prohiber tel autre. Ainsi, l'usufruitier d'une bibliothèque ne peut

---

(1) Proudhon, n. 1061 et s. Demolombe, n. 348. — (2) ff. 13, § 8, *de
usuf.* — (3) ff. 15, § 14, *cod.*

en louer les livres comme on le fait dans un cabinet de lecture, parce que ce genre de location est contraire à la destination du père de famille ; mais il pourrait bien louer la bibliothèque entière à une seule personne pour son usage à elle, parce que cette location n'a rien de contraire à la destination de la chose. Qu'importe, en effet, pour le nu-propriétaire, que ce soit l'usufruitier ou bien un tiers qui se serve de la bibliothèque ? Dans l'un et l'autre cas, la chose conserve toujours sa qualité de bibliothèque privée. La location précédente au contraire la dénaturerait ; car elle la convertirait en cabinet de lecture. — On peut appliquer la même distinction à bien d'autres choses, par exemple, à un équipage. Si cet équipage ne servait qu'au constituant, l'usufruitier pourrait bien le louer à une seule personne ; il ne pourrait en faire une voiture de louage destinée au public, ce dernier usage étant contraire à sa destination. — De même, il pourrait louer à une famille des bains établis dans la maison et servant aux usages privés.

Il est clair que dans tous les cas, l'intention du constituant doit faire règle. — Pas de difficulté, si cette intention est formellement exprimée ; hors de là, c'est aux juges à la reconnaître d'après les circonstances. Si, par exemple, l'usufruit d'une bibliothèque a été concédé au propriétaire d'un cabinet de lecture et que le constituant connût sa profession, il doit, ou du moins il peut facilement être présumé l'avoir autorisé à louer les livres composant la bibliothèque de la même manière que ceux qui composent le cabinet de lecture. De même, si on donne l'usufruit d'un équipage à un loueur de voitures, on entend sans doute lui permettre de le louer conformément à sa profession. — C'est ainsi qu'il est décidé en droit romain, que si un testateur lègue l'usufruit d'un haras à un individu faisant profession de disputer au cirque le prix de la course en chariot, et dont il connaissait les habitudes, il est censé l'autoriser à se servir des chevaux, même pour les courses du cirque (1).

112. La location faite par l'usufruitier produit, comme de juste, les effets de droit commun. Elle lui procure donc les mêmes avantages et lui impose les mêmes obligations qu'à un propriétaire. — Ainsi, elle lui assure le privilège établi par l'article 2102 1°.

Le preneur répond envers lui de l'incendie dans les limites fixées par la loi (1733-1734), et lui-même à son tour en répond

---

(1) ff. 12, § 4, *de usu et hab.*

envers le propriétaire, sans pouvoir, en ce cas, prétendre que l'incendie constitue un cas fortuit. Car par cela seul que le preneur en est responsable, il est, lui preneur, présumé en faute. Or, l'usufruitier répond de la faute de ceux auxquels il confie la chose, sauf son recours contre ceux-ci (1).

113. Nul ne pouvant conférer un droit plus étendu que celui qu'il a lui-même, l'usufruitier ne peut procurer la jouissance à un tiers que pour le temps pendant lequel il y a droit (n. 101-102). Le droit romain et l'ancien droit français appliquaient ce principe à la location aussi bien qu'à la cession. Si donc l'usufruitier ayant loué, mourait avant le terme assigné à la location, son droit cessant, le droit du preneur cessait également (2). Notre législateur, par suite des considérations qui l'ont porté à rendre le bail obligatoire pour l'acquéreur (1743), a décidé que le bail fait par l'usufruitier pourrait lier le propriétaire dans une certaine mesure, lorsqu'il s'agirait d'immeubles: « Si l'usufruitier donne à ferme, il doit se conformer, pour les époques où les baux doivent être renouvelés et pour leur durée, aux règles établies pour le mari à l'égard des biens de la femme. » (595). — C'est-à-dire 1º que les baux que l'usufruitier passerait ou renouvellerait plus de trois ans d'avance s'il s'agit de biens ruraux, et plus de deux ans s'il s'agit de maisons, seraient sans effet, à moins que leur exécution n'eût commencé avant l'extinction de l'usufruit (1430); 2º que les baux faits pour plus de neuf ans par l'usufruitier n'obligent le propriétaire en cas d'extinction de l'usufruit que pour le temps restant à courir, soit de la première période de neuf ans si les parties s'y trouvent encore, soit de la seconde et ainsi de suite, de manière que le preneur n'ait que le droit d'achever la jouissance de la période où il se trouve (1429).

L'article 1718 déclarant ces dispositions applicables aux baux des biens de mineurs ou interdits, l'usufruitier a aujourd'hui en matière de location, autant de pouvoir pour obliger le propriétaire qu'en a le mari pour obliger sa femme, et le tuteur pour obliger le mineur ou interdit.

114. C'est contre l'usufruitier et en faveur du propriétaire qu'ont été établies les restrictions contenues dans l'article 595. Les baux qui y seraient contraires lieraient donc toujours l'usufruitier lui-

---

(1) Toulouse, 15 mai 1837. — Contr. Proudhon, n. 1567 et s. —
(2) ff. 9, § 1, *loc.* Pothier, *Louage,* n. 312 et s.

même, si son droit subsistait assez de temps pour qu'ils pussent recevoir leur exécution pendant sa durée. Ils lieraient également l'acquéreur de l'usufruit, l'acquisition résultât-elle d'une adjudication sur saisie, parce que l'acquéreur est aux lieu et place de celui dont il a acquis le droit (1). C'est le propriétaire qui a qualité pour se refuser à les exécuter, lorsqu'il vient à rentrer en jouissance avant leur mise à exécution au cas de l'article 1430 et avant leur expiration au cas de l'article 1429.

115. Mais le preneur évincé par le propriétaire a-t-il droit à des dommages-intérêts contre l'usufruitier ou sa succession ? — Il n'y a pas droit, si l'usufruitier en louant lui a fait connaître sa qualité ; car alors il a dû s'attendre à l'application de l'article 595 et est censé y avoir tacitement consenti, à moins qu'il n'ait stipulé une indemnité pour le cas où le propriétaire n'exécuterait pas le bail. — Si au contraire il a ignoré la qualité de l'usufruitier, il a été induit en erreur ; car il a compté sur l'exécution entière du bail. Son attente à cet égard étant trompée par suite de l'extinction de l'usufruit, il a droit à des dommages-intérêts (2).

116. Si le propriétaire hérite de l'usufruitier (ce qui est fréquent au cas d'usufruit légal des père et mère), comme son titre d'héritier ne lui enlève pas les droits qu'il a comme propriétaire, il peut en cette dernière qualité invoquer contre le preneur l'article 595 2ᵉ al. Sans doute, l'usufruitier dont il est l'héritier était tenu de faire jouir le preneur ; mais il n'en était tenu que pour la durée de l'usufruit. Car lorsqu'un usufruitier loue en cette qualité, il est tacitement entendu que ses obligations envers le preneur cesseront à l'extinction de son droit. Elles ne passent donc pas à son héritier (3). — Toutefois, lorsque faute d'avoir fait connaître sa qualité lors de la location, il est tenu de faire jouir le preneur pendant toute la durée assignée au bail, son héritier succédant à cette obligation, n'est pas recevable à expulser le preneur. On ne peut évincer celui qu'on doit garantir de l'éviction.

117. Si l'usufruitier est tout à la fois propriétaire d'une portion indivise et usufruitier du surplus, le bail qu'il ferait ne serait régi par l'article 595, que pour la portion dont il est usufruitier ; car le droit d'un preneur étant divisible, la location a, pour la portion dont

---

(1) Douai, 18 mars 1852. — (2) ff. 9, § 1, *loc.* Proudhon, n. 1220. Paris, 7 mars 1844. Caen, 11 août 1825. — (3) Bruxelles, 29 juillet 1812. Paris, 31 mai 1815.

le locateur est propriétaire, toute l'étendue qu'il lui a donnée, ses pouvoirs n'étant limités que pour ce dont il n'est qu'usufruitier (1).

— Il pourra ainsi arriver qu'après l'extinction de l'usufruit, le preneur se trouve dans l'indivision pour la jouissance avec celui ou ceux à qui appartiendra alors la propriété, auquel cas l'article 815 sera applicable.

118. Suivant des auteurs, lorsque l'usufruitier en louant a dépassé ses pouvoirs, le propriétaire peut toujours contraindre le preneur à exécuter le bail. L'article 595, dit·on, assimile les baux faits par l'usufruitier à ceux faits par le mari; car il renvoie aux articles 1429 et 1430. Or, les baux faits par le mari, même contrairement aux dispositions de ces articles, obligent le preneur. Il en doit donc être de même de ceux faits par l'usufruitier. Il y a même raison; car l'usufruitier représente le propriétaire dans les cas où, en faisant sa propre affaire, il fait aussi celle du propriétaire. — L'article 595 déclare applicables aux baux faits par l'usufruitier, non pas toutes les règles des baux faits par le mari, mais seulement celles de ces « règles qui concernent la durée des baux et les époques où ils doivent être passés ou renouvelés pour qu'ils aient effet contre la femme, » les seules en effet dont il soit question dans les art. 1429 et 1430. C'est donc sous ce point de vue seulement que l'article 595 assimile les baux faits par l'usufruitier à ceux faits par le mari. Il n'y a par conséquent aucun argument à tirer de cette assimilation pour la question posée, laquelle ne doit se résoudre que par les principes, dès que les articles précités ne s'en occupent pas. Or, d'après les principes, le bail fait par le mari oblige le preneur si la femme veut exécuter le bail, parce que le mari, alors même qu'il dépasse ses pouvoirs, agissant au nom de sa femme, il est toujours au pouvoir de celle-ci de s'approprier l'acte en le ratifiant. Le preneur ne saurait, lui, se soustraire à son exécution, puisque c'est bien envers la femme qu'il a entendu s'obliger pour tout le temps qu'il a consenti à donner au bail. L'usufruitier au contraire agit en son propre nom et pour son propre compte. On ne peut donc le considérer comme le représentant, le gérant d'affaires du propriétaire. Par conséquent, c'est envers lui personnellement que s'engage le preneur, envers lui seul dès-lors qu'il est lié. En effet, on ne peut stipuler en son propre nom que pour soi-même. Donc, le droit de contraindre le preneur à

---

(1) Metz, 29 juillet 1813. — Contr. Paris, 7 mars 1844.

l'exécution entière du bail étant stipulé par l'usufruitier en son propre nom, ne peut être acquis au propriétaire, sauf l'exception résultant de l'article 595 , d'après laquelle le propriétaire succédant dans une certaine mesure aux obligations que le bail impose à l'usufruitier, succède aussi par voie de conséquence dans la même mesure, aux droits qu'il lui donne. D'ailleurs la réciprocité doit régner dans les contrats synallagmatiques. Or, le principe de réciprocité demande que le preneur ne soit pas plus lié envers le propriétaire que ce dernier ne l'est envers lui. Une partie ne doit pas être à la discrétion de l'autre. — Et il en serait ainsi, dit Pothier, alors même que l'héritier de l'usufruitier céderait son droit au propriétaire, parce que le bail n'ayant pu être fait que dans les limites fixées par la loi, l'usufruitier n'a pu transmettre à son héritier, ni dès-lors celui-ci céder le droit d'exiger l'exécution du bail au-delà de ces limites (1).

Lorsque l'usufruitier n'a pas fait connaître sa qualité, comme alors il est tenu envers le preneur d'exécuter le bail en entier, le preneur en est également tenu envers lui ; et en ce cas, si le propriétaire se fait céder par lui ou par ses héritiers leur droit à l'exécution du bail, il pourra obliger le preneur à cette exécution (2).

Il est un cas où l'on devrait suivre la même règle que pour la location faite par un mari. C'est lorsque l'usufruitier aurait déclaré louer tant pour son propre compte que pour le compte du propriétaire. Pareille déclaration en effet, constitue une gestion d'affaires et lie le preneur, puisque ce dernier a entendu s'engager et envers l'usufruitier et envers le propriétaire. Toutefois, conformément aux principes généraux, elle n'oblige le propriétaire qu'autant que celui-ci la ratifie. L'usufruitier n'a pas plus le pouvoir d'obliger le propriétaire qu'un mari n'a le pouvoir d'obliger sa femme au-delà des limites fixées par les articles 1429 et 1430.

L'article 595 suppose expressément la location faite par l'usufruitier seul. En effet, si le propriétaire y concourt, il s'engage envers le preneur et le preneur envers lui, à exécuter le bail tel qu'il est conçu.

119. Le bail fait par l'usufruitier est d'ailleurs, comme de juste,

---

(1) Pothier, *Louage*, n. 314, Arr. 19 juillet 1669. Duranton, n. 587. — Contr. Duvergier. *Louage*, 1, n. 41. Demolombe, p. 356. Proudhon, n. 1212, 1213. Marcadé, sur 595. — (2) Pothier, ibid. n. 316.

sujet aux nullités de droit commun. Si par exemple, l'usufruitier, de concert avec le preneur, a loué à vil prix, s'il a en secret perçu un pot de vin, et généralement, s'il a fait quelque stipulation de nature à préjudicier aux droits du nu-propriétaire à la cessation de l'usufruit, ce dernier peut attaquer la location comme faite en fraude de ses droits, alors même qu'elle n'aurait rien de contraire au prescrit de l'article 595 ; et le preneur ne pourrait en obtenir le maintien, même en offrant un supplément de loyer, car l'effet de la fraude est la révocation de l'acte frauduleux. — Du reste, le grand âge de l'usufruitier, qui afferme un fonds dont jusque-là il jouissait par lui-même, et la circonstance qu'il est décédé peu de jours après, ne suffisent nullement pour faire considérer le bail comme frauduleux. Pour constituer la fraude, il faut l'intention (1).

120. La disposition qui permet à l'usufruitier de donner aux baux une durée excédant celle de l'usufruit, ainsi que celle des articles 1429 et 1430, ne statue que pour les immeubles ; et comme elle déroge au droit commun, on ne peut l'étendre aux meubles. Donc, en principe, la location des meubles cesse avec l'usufruit (2). — Toutefois l'équité veut que le nu-propriétaire l'exécute un temps suffisant pour que la jouissance du preneur ne soit pas brusquement et intempestivement interrompue, de même qu'autrefois, pour les immeubles, le nu-propriétaire devait laisser le preneur en jouissance pendant l'année qui était commencée lors de l'extinction de l'usufruit (3).

§ 2. — *En quoi consiste la jouissance de chaque chose en particulier.*

Nous connaissons les droits généraux de l'usufruitier. Voyons maintenant en quoi consiste la jouissance de chaque chose en particulier, lors, bien entendu, que cette jouissance n'a pas été déterminée par le titre constitutif. Il est des cas que la loi prévoit, d'autres sur lesquels elle ne s'explique pas. Aux premiers, elle fait elle-même l'application des principes généraux ; nous devons la faire aux derniers. Je suivrai à cet égard l'ordre adopté par le Code.

---

(1) Cass., 11 août 1818, 11 mars 1824. Douai, 6 juin 1854. — (2) Proudhon, n. 1217. Demolombe, p. 300. Zachariæ, Annot. 2, p. 137. — (3) Pothier, *Douaire*, n. 269. Marcadé.

121. Le premier cas dont il s'occupe est celui de l'usufruit d'une rente viagère ; et à ce sujet, il faut parler d'abord de l'usufruit des créances ayant pour objet des sommes exigibles et de celui des rentes perpétuelles.

Une créance, une rente, n'est point une chose fongible ; car on peut en jouir sans la consommer. En effet, ce qui en constitue la jouissance, c'est l'acquisition des intérêts ou arrérages. Or cette acquisition laisse subsister la créance. L'usufruit d'une créance est donc un usufruit ordinaire et non un quasi-usufruit. Par conséquent, la créance n'est point acquise à l'usufruitier (1).

L'usufruitier d'une créance ayant pour objet une somme exigible a droit aux intérêts, si la créance en produit ; ces intérêts, en effet, sont des fruits (584). Ce sont d'ailleurs des fruits civils ; ils courent donc au profit de l'usufruitier depuis le jour de l'ouverture jusqu'à celui de l'extinction de l'usufruit, ou du remboursement du capital, si le remboursement a lieu avant cette extinction (n. 85). — Le remboursement du capital pendant l'existence de l'usufruit éteint la créance. Mais l'usufruitier a droit de jouir de la somme remboursée ; car puisque le droit de créance doit aboutir à une somme principale, l'usufruit établi sur la créance passe, en cas de remboursement, sur la somme remboursée. Cette somme, à la différence des intérêts, constitue un capital et non un fruit. L'usufruitier ne la reçoit donc qu'à charge de la restituer, comme toute autre chose grevée d'usufruit. Elle fait d'ailleurs pour lui, à la différence de la créance, l'objet d'un quasi-usufruit, parce que c'est une chose qui se consomme par le premier usage.

L'usufruitier d'une créance peut même agir contre le débiteur en paiement du capital (2). On a cru démontrer cette proposition par l'article 1549 qui autorise expressément le mari à poursuivre le remboursement des créances dotales. Mais comme ce pouvoir résulte déjà du droit qu'il a d'administrer, l'article 1549 est insuffisant pour prouver qu'il résulte du droit de jouir. Des auteurs fondent ce pouvoir sur le principe posé n. 68, que le droit de jouir donne par voie de conséquence droit aux moyens nécessaires pour arriver à jouir effectivement, moyens au nombre desquels serait, dans l'espèce, le pouvoir de se faire rembourser les capitaux échus, puisque sans ce remboursement la jouissance en est

---

(1) Proudhon, n. 1030. — (2) Proudhon, n. 1031, 1259. Cass. 24 janv. 1845.

impossible. Mais le principe invoqué n'a pour but que de déterminer l'étendue de l'obligation imposée au constituant ou à son
héritier de faire délivrance à l'usufruitier. Il n'a donc effet qu'entre
eux. La vraie raison de décider est que l'usufruit étant un droit
réel, une fois que la constitution d'usufruit sur une créance a été
notifiée au débiteur ou acceptée par lui, l'usufruitier est saisi à
l'égard des tiers, notamment à l'égard du débiteur (1690, 1691).
Il a donc en tant que de besoin une action contre lui, et ce à
l'exclusion du nu-propriétaire (n. 160).

Puisque l'usufruitier a qualité pour exercer l'action résultant
de la créance, il peut poursuivre le paiement par les mêmes voies
que le pourrait le nu-propriétaire lui-même, agir par conséquent,
non-seulement contre le débiteur même, mais encore contre les
cautions, contre les tiers détenteurs, produire aux ordres ou contributions, etc.

De ce que c'est à l'usufruitier à recevoir la somme due, il suit
que s'il devient héritier ou débiteur du débiteur, il se trouve
remboursé au moyen de la confusion ou de la compensation.

D'après tous ces principes, si c'est le débiteur lui-même qui a
l'usufruit d'une créance, son usufruit a pour effet pendant sa
durée, d'abord de le libérer des intérêts, ensuite de l'autoriser à
garder le capital. Il sera censé se le payer à lui-même à l'échéance;
et ce n'est qu'à cette époque qu'il sera tenu de fournir caution
pour en assurer la restitution, car jusque-là ce n'est point encore
comme usufruitier qu'il conserve le capital, mais comme débiteur.
Or l'usufruit peut bien améliorer sa condition de débiteur; elle
ne saurait l'empirer (1).

122. Ce que j'ai dit des intérêts est applicable aux arrérages
de rentes, puisque les arrérages sont des fruits civils comme les
intérêts (584). — Cela ne pouvait faire doute pour les arrérages
des rentes perpétuelles, parce qu'alors l'acquisition par l'usufruitier des arrérages courus pendant sa jouissance, laisse le capital
intact. Mais il en est encore ainsi pour les arrérages de rentes
viagères. « L'usufruit d'une rente viagère donne aussi à l'usufruitier, pendant la durée de son usufruit, le droit de percevoir
les arrérages, sans être tenu à aucune restitution » (588). — La
rente viagère semble consister uniquement en arrérages, car elle
ne donne pas autre chose. Et si l'ensemble des arrérages cons-

---

(1) ff. 3, 4, *de usuf. car. rer.*

tituait .effectivement le capital même de la rente , chaque terme formerait une portion de ce capital. L'usufruitier pourrait sans doute en jouir pendant la durée de son usufruit. Mais il serait tenu de le restituer ensuite comme tout autre capital dont il aurait joui. Tel était l'un des systèmes admis dans notre ancien droit. Il s'en était formé d'autres encore, et c'est pour cela que le Code s'est expliqué. La rente viagère, à ses yeux, n'est point l'ensemble des arrérages qu'elle produira. Elle constitue un droit, droit qui produit périodiquement des fruits (les arrérages). Ces fruits, l'usufruitier les acquiert pleinement pendant sa jouissance, puisque son titre lui donne droit aux fruits. Il ne saurait donc être tenu de les restituer en tout ou en partie, pas plus qu'il n'est tenu de restituer aucune autre espèce de fruits ; tandis que le rentier, de son côté, conserve la nue-propriété de la rente, et a par conséquent l'expectative d'en jouir après l'extinction de l'usufruit, si à cette époque elle n'est pas éteinte.

Les rentes n'étant pas remboursables de leur nature , le remboursement a pour résultat de les dénaturer. Il semble donc que l'usufruitier ne devrait pas pouvoir, sans l'assentiment du nu-propriétaire , exiger le capital dans le cas où il devient exigible, ni même l'accepter si le débiteur le lui offre. Toutefois, dès qu'une circonstance le rend exigible, c'est comme s'il s'agissait d'une créance qui dès le principe eût eu pour objet une somme exigible. L'usufruitier donc, non seulement doit pouvoir toucher le capital si on le lui offre, mais il est même tenu au besoin, par exemple, en cas de faillite ou de déconfiture du débiteur, d'en poursuivre le remboursement , à peine d'être responsable envers le propriétaire. — Ce n'est que dans le cas où le titre de rente interdirait le remboursement au débiteur avant un terme fixé, que l'usufruitier ne pourrait consentir seul au rachat de la rente avant ,'arrivée du terme (1).

123. La disposition relative aux rentes viagères est applicable par identité de raison à l'usufruit portant sur un usufruit, comme le décide l'article 1568 pour l'usufruit du mari sur les biens dotaux. « Si un usufruit a été constitué en dot, le mari ou ses héritiers ne sont obligés, à la dissolution du mariage, que de restituer le droit d'usufruit et non les fruits échus durant le ma-

---

(1) Pothier, Contr. de rente, n. 186, 187. Bordeaux , 9 avril 1845. Proudhon, n. 1045, 1395.

riage. » En effet, l'usufruit est, comme la rente viagère, un droit qui produit des fruits. Ces fruits sont donc pleinement acquis à celui qui en a l'usufruit.

Du reste, la règle relative à l'usufruit d'une rente viagère ou d'un usufruit, est au fond celle qui régit l'usufruit de tous les biens qui n'ont qu'une durée essentiellement temporaire, **par** exemple, les animaux (n. 54).

L'usufruitier ayant droit à tout l'émolument que peuvent produire pendant sa jouissance les biens même d'une durée temporaire, l'usufruit établi sur une propriété littéraire, artistique ou industrielle, donne à l'usufruitier le droit d'exploiter cette propriété et de recueillir les profits que pourra donner l'exploitation, sans avoir à en rien restituer, lors même que son droit ne s'éteindrait pas avant le terme fixé pour la durée de la propriété dont s'agit.

124. Les actions industrielles doivent, pour la matière qui nous occupe, être assimilées à des créances ou à des rentes. L'usufruitier a droit aux intérêts et dividendes. Il a également droit de recevoir le remboursement du capital. — Pour déterminer conformément au principe de l'article 586, les droits respectifs de l'usufruitier et du propriétaire dans les dividendes, il faut prendre un exercice ; et si cet exercice présente un dividende, l'attribuer en entier à celui de l'usufruitier ou du propriétaire qui aura eu le droit de jouir durant l'exercice entier, et si la jouissance leur a appartenu successivement, le répartir proportionnellement à la durée de leur jouissance respective. — Quelquefois la totalité ou une partie des bénéfices est mise en réserve pour n'être distribuée que quand la réserve aura atteint un certain chiffre ou même lors de la liquidation de la société. L'usufruitier se voit alors enlever des produits qui, en définitive, profiteront plus tard au propriétaire, comme étant un accroissement du capital (1). Ce résultat est pourtant conforme aux principes. L'usufruitier ne peut jouir de l'action que telle qu'elle est d'après les statuts de la société. Or c'est en vertu des statuts que les bénéfices sont appliqués en tout ou en partie au fonds de réserve. D'ailleurs la formation d'un fonds de réserve est nécessaire pour conserver ou augmenter le capital. Elle constitue donc une charge d'entretien. Or les charges de cette sorte incombent à l'usufruitier (n. 213). Ainsi, la portion de bénéfices appliquée à la réserve doit, en fin de compte, profiter

---

(1) Paris, 27 avril 1827. Massé, Droit comm. 3, n. 456.

au propriétaire, comme dans tout autre bien une partie des produits doit servir à l'entretien, aux réparations, et par là profite au propriétaire. C'est ainsi que le croît d'un troupeau, par exemple, doit être employé à remplacer les têtes qui périssent (616, n. 229).

125. « Si l'usufruit comprend des choses qui, sans se consommer de suite, se détériorent peu à peu par l'usage, comme du linge, des meubles meublants, l'usufruitier a le droit de s'en servir pour l'usage auquel elles sont destinées, et n'est obligé de les rendre à la fin de l'usufruit que dans l'état où elles se trouvent, non détériorées par son dol ou par sa faute » (589).

L'usufruitier a le droit de s'en servir ; c'est en cela que consiste l'usufruit.

Pour l'usage auquel elles sont destinées; c'est là l'application de la règle que l'usufruitier ne doit pas changer le mode d'exploitation, qu'il est tenu de conserver aux choses leur destination (n. 10). Cette règle interdit même à l'usufruitier un usage qui, bien que conforme à la nature des choses, devrait les détériorer ou les détruire plus rapidement. Si, par exemple, l'usufruit porte sur du linge ou des meubles meublants ayant toujours servi à un ménage seul, l'usufruitier ne pourrait, pour arriver à en jouir plus fructueusement, ouvrir un pensionnat, un hôtel meublé, et les y employer. Ce serait là un emploi tout autre, bien plus préjudiciable au propriétaire et qui ne serait permis à un usufruitier qu'autant que, d'après les circonstances, il ne paraîtrait pas contraire à l'intention du constituant, comme si, par exemple, l'usufruitier avant même la constitution d'usufruit, tenait hôtel meublé ou pensionnat (1). Bref, il faut appliquer à l'usage que fait l'usufruitier ce qui a été dit n. 110 et 111, pour la location qu'il consentirait.

Les objets mentionnés dans l'article 589 se détérioreront nécessairement par l'usage que l'usufruitier en fera. Mais d'après les termes mêmes de la loi, il ne répond pas des détériorations de cette sorte, parce qu'elles sont la suite inévitable de l'usage et qu'en en usant il est dans son droit. « Il n'est obligé de rendre les choses à la fin de l'usufruit que dans l'état où elles seront. » Le projet de Code ajoutait même que si quelqu'une de ces choses se trouvait entièrement consommée par l'usage, aussi sans dol et sans faute de sa part, il était dispensé de la représenter à la fin de l'usufruit.

---

(1) Proudhon, n. 1058.

Cette disposition fut retranchée par ce motif, qu'il était difficile
que les meubles soumis à l'usufruit fussent tellement consommés par l'usage, qu'il n'en restât absolument rien ; que cependant
on donnerait à l'usufruitier la facilité de les soustraire à son
profit, si on ne l'obligeait à représenter ce qui en restait (1). —
L'usufruitier ne répond donc que des détériorations provenant de
son dol ou de sa faute. Voilà ce que dit l'article. En cela il applique simplement les règles ordinaires de l'usufruit. Le législateur n'avait donc pas besoin de s'en expliquer. S'il l'a fait, c'est
sans doute pour qu'on ne fût pas tenté d'assimiler ces sortes de
choses avec celles qui se consomment par le premier usage, c'est-à-
dire de les déclarer acquises à l'usufruitier à charge par lui d'en
rendre autant de même qualité ou leur estimation ; en d'autres
termes, ce qu'il a voulu dire c'est que le droit, en ce cas, est un
usufruit ordinaire et non un quasi-usufruit.

Pour qu'il en fût autrement, pour qu'il y eût alors quasi-usufruit, il faudrait que les objets eussent été délivrés avec estimation
et en outre déclaration que l'estimation vaut vente. Il en est qui
n'exigent pas cette déclaration. Suivant eux, l'intention des parties
est de constituer un quasi-usufruit, par cela seul qu'en invento-
riant les meubles selon le prescrit de l'art. 600, on les a estimés (2).
Mais le seul fait d'une estimation dans l'inventaire n'est pas con-
cluant : cette estimation est d'usage. Elle peut d'ailleurs, dans
l'espèce, n'avoir d'autre but que de déterminer la valeur actuelle
des meubles, et par là de servir à fixer la quotité des dommages-
intérêts que pourra devoir l'usufruitier en cas de perte ou détériorations provenant de son dol ou de sa faute. Les effets du quasi-
usufruit étant fort différents de ceux de l'usufruit, on ne doit pas,
lorsque des objets sont de leur nature susceptibles d'un véritable
usufruit, présumer légèrement que les parties ont entendu convertir l'usufruit en quasi-usufruit. La loi admet bien cette présomption pour les meubles dotaux. La mise à prix de ces meubles
dans le contrat de mariage, vaut vente si l'on ne déclare pas le
contraire ; de sorte que le mari en devient propriétaire à charge de
restituer le montant de l'estimation (1551). Mais c'est là une présomption légale. Or les présomptions légales ne peuvent s'étendre.
Ce motif suffirait à lui seul pour qu'on ne pût argumenter *a pari*
de l'article 1551. Ajoutons qu'il est fondé sur la faveur spéciale

____

(1) Fenet, p. 169, 178. — (2) Duranton, II. 579.

7

qui s'attache à la dot, seconde raison qui s'oppose à ce qu'on puisse y voir l'application d'une règle générale.

L'article 589 parle du cas où les objets se seraient détériorés. Il ne dit rien du cas où ils auraient péri. Mais puisqu'il n'est que l'application du droit commun, il faut en argumenter *a pari* et non *a contrario*. Il est de règle, en effet, que l'usufruitier ne répond que de son dol et de sa faute, que par conséquent les choses restent aux risques du nu-propriétaire. Or, dans le silence de la loi, les conséquences de cette règle s'appliquent à la perte aussi bien qu'aux détériorations. Il en est donc de la perte comme des détériorations, c'est-à-dire qu'elle est également pour le propriétaire lorsqu'elle n'arrive pas par la faute de l'usufruitier (1). — Cette solution est même expressément écrite dans l'article 1566, à propos de l'usufruit du mari sur des biens dotaux. Or, là où le législateur laisse les risques au compte de la femme qu'il protége spécialement, il entend également et à plus forte raison les laisser au compte d'un autre nu-propriétaire.

Quelquefois l'usufruit d'une chose principale comprend des accessoires qui présentent les caractères prévus par l'art. 589. Ils seraient dès-lors régis par cet article. Tel est le matériel d'un établissement commercial ou industriel : tels sont encore les ustensiles aratoires dans une exploitation agricole (2).

126. L'usufruitier d'un troupeau ou de bêtes isolées a droit au travail, aux services et aux divers produits des animaux, tels que croît, lait, laine, poil, cornes, fumiers, œufs, plumes qui viennent à tomber.

Les petits suivent la mère ; c'est donc à l'usufruitier de la mère qu'ils reviennent. — L'usufruitier d'un mâle destiné à la reproduction, a droit de l'employer à saillir les femelles, soit celles qui lui appartiennent ou dont il a l'usufruit, soit celles qui appartiennent à autrui, et en ce dernier cas de percevoir une rétribution pour la saillie.

Lorsque l'usufruit porte sur des bêtes isolées, non seulement l'usufruitier n'acquiert pas à titre de fruits les jeunes têtes nées avant l'ouverture de l'usufruit, et, partant, avant qu'il eût droit aux fruits, mais il n'a pas même le droit d'en jouir ; parce que l'usufruit établi sur une chose déterminée ne peut s'étendre à une autre chose,

---

(1) Demolombe, n. 302 bis. Marcadé, sur 589. Zachariæ, Annot., p. 134. — (2) Massé, 3, n. 460.

et que les petits une fois nés constituent une chose distincte de leur mère. Si l'usufruit porte sur une collection, par exemple, sur un troupeau, sur une basse-cour, l'usufruitier prenant les choses dans l'état où elles sont à l'ouverture de l'usufruit, n'a pas droit sans doute à la propriété des jeunes têtes nées auparavant et qui se trouvent dans la collection ; mais il en a la jouissance parce qu'elles font partie de la collection (1).

127. L'usufruitier d'un bâtiment a le droit de s'en servir pour l'usage auquel il est destiné, par exemple, de l'habiter lui-même ou de le faire habiter par d'autres, si c'est une maison d'habitation, d'y placer lui-même ou de le louer pour que le locataire y place des marchandises, si c'est un magasin.

128. L'usufruitier d'une propriété rurale a droit à tout ce que le sol produit soit naturellement, soit à l'aide de la culture : céréales, plantes potagères, légumes, riz, herbes des prairies naturelles ou artificielles, raisin, truffes, etc.; car toutes ces choses sont des fruits, puisque la terre est précisément destinée à les produire.

Il a également droit aux rayons des abeilles, s'il s'en trouve sur la propriété lors de l'ouverture de son droit, puisqu'alors les ruches sont un accessoire du fonds (2). L'usufruitier peut, d'ailleurs, alors même qu'il n'y en aurait pas, en placer qui soient et restent à lui, car c'est là une des manières d'user du fonds. — L'usufruitier a, par la même raison, droit aux produits des vers à soie, soit de ceux qui existaient sur la propriété lors de l'ouverture de l'usufruit et qui appartiendraient au nu-propriétaire, soit de ceux qu'il se mettrait à élever lui-même et qui, alors, seraient sa propriété.

129. L'usufruitier d'un bois n'a pas droit à tous les arbres indistinctement. La raison en est que les arbres, quoiqu'étant tous un produit du sol, ne constituent pas tous des fruits. Quelques-uns font partie essentielle de la chose ; ils en constituent la substance, puisque si on enlevait tous les pieds, le bois serait détruit. Voici ce que porte la loi à cet égard : « Si l'usufruit comprend des bois taillis, l'usufruitier est tenu d'observer l'ordre et la quotité des coupes, conformément à l'aménagement ou à l'usage constant des propriétaires. » (590).

« L'usufruitier profite encore, toujours en se conformant aux

(1) Proudhon, n. 1088, 1092. — (2) ff. 9, § 1, *de usuf.*

époques et à l'usage des anciens propriétaires, des parties de bois de haute futaie qui ont été mises en coupes réglées. » (591).

Ces dispositions sont la conséquence Jes principes. En effet, les coupes périodiques à faire dans un bois constituent le revenu de ce bois. Elles ont donc le caractère de fruits et reviennent dès-lors à l'usufruitier.

130. L'usufruitier doit, pour l'ordre, les époques et la quotité des coupes, se conformer à l'aménagement établi ou à l'usage des propriétaires. — C'est qu'en effet, il doit conserver la substance. Or, s'il faisait des coupes sans observer l'aménagement ou l'usage des propriétaires, s'il abattait les arbres en telle quantité ou à telles époques que bon lui semblerait, il détériorerait ou même détruirait entièrement le bois. Les arbres ne deviennent fruits qu'à l'époque où, d'après l'aménagement, ils peuvent être coupés. — L'article 591 s'exprime à cet égard un peu autrement que l'article 590 ; mais il a évidemment la même pensée, car le mot *toujours*, de l'article 591, indique bien que la loi se reporte à la règle que vient d'énoncer l'article 590. Ce n'est que pour l'agrément du langage qu'on a évité de reproduire les mêmes expressions.

La rédaction de la loi sur ce point donne lieu à plusieurs questions de détail. L'usage des propriétaires doit-il se distinguer de l'aménagement? — S'agit-il de l'usage des propriétaires mêmes du bois grevé d'usufruit, ou bien de celui des propriétaires qui possèdent des bois dans la même région? S'il est question de l'usage des propriétaires du bois, et que cet usage ait varié, l'usufruitier doit-il nécessairement adopter le mode suivi en dernier lieu? — Toutes ces questions doivent se résoudre d'après les principes généraux de la matière, puisque les articles 590 et 591 se bornent évidemment à en faire l'application. Or, d'après ces principes, l'usufruitier doit jouir de la chose suivant sa destination. Et une chose reçoit sa destination, d'abord du mode suivant lequel le propriétaire l'exploite, et à défaut d'exploitation de la part du propriétaire, elle la reçoit de sa nature. L'usufruitier doit donc, s'il s'agit d'un bois déjà en exploitation à l'ouverture de l'usufruit, l'exploiter comme le faisaient ceux qui en jouissaient précédemment. Peu importe d'ailleurs en ce cas, la manière dont exploitent les autres propriétaires de la contrée. Car l'usufruitier doit jouir de la chose dont il a l'usufruit comme on en jouissait précédemment, alors que déjà on en jouissait, et non comme on jouissait des autres choses dont il n'a pas l'usufruit. Si le mode

d'exploitation a varié, l'usufruitier doit adopter celui qui se pratiquait à l'ouverture de son droit, parce que, prenant les choses dans
l'état où elles sont à cette époque, il les prend avec le mode d'exploitation alors pratiqué (1). Si donc le propriétaire était dans
l'usage de couper le bois en totalité d'une seule fois en mettant
tel intervalle entre deux coupes, l'usufruitier le coupera également
en totalité, à charge d'observer le même intervalle. Dans cette hypothèse, on ne pourrait dire que l'usufruitier doit se conformer à
l'aménagement, car il n'y a pas d'aménagement proprement dit.
Si le bois ne se coupait que par parties, à des époques périodiques,
c'est là un aménagement, et l'usufruitier doit l'observer ; car c'est
par là qu'il exploitera comme le faisait le propriétaire. L'aménagement, en ce cas, ne se distingue pas de l'usage du propriétaire ;
il constitue même l'usage du propriétaire.

131. On a soutenu que l'usufruitier doit nécessairement dans
tous les cas exploiter comme le faisait le propriétaire, et que par
conséquent, si le propriétaire n'a pas encore fait de coupes avant
l'ouverture de l'usufruit, l'usufruitier ne peut pas en faire non
plus. On a invoqué à cet égard les expressions d'un jurisconsulte
romain : « L'usufruitier peut faire les coupes comme les faisait
le propriétaire » (2). Mais c'est là tirer du texte une conséquence
qui n'est pas dans la pensée de son auteur. Le jurisconsulte a rai-
sonné en vue du cas ordinaire : celui où le propriétaire a déjà joui,
cas où, en effet, l'usufruitier doit faire les coupes comme les faisait le propriétaire. Quant à la question de savoir si l'usufruitier
peut faire des coupes là où le propriétaire n'en a pas encore fait,
elle n'est qu'un cas particulier de cette règle générale posée n. 72,
que l'usufruitier peut jouir même là où le propriétaire n'a pas
encore joui. L'usufruitier n'est tenu de jouir comme le propriétaire
qu'autant que le propriétaire jouissait déjà. Si le propriétaire,
par négligence ou à raison de l'état de la chose, ne jouissait pas,
l'usufruitier, lui, pourra néanmoins jouir, comme le ferait un bon
père de famille. Et en ce cas, il jouira bien suivant la destination
de la chose ; car un jeune taillis, une jeune futaie sont, par leur
nature même, destinés à fournir un jour des coupes. Alors sans
doute, comme il n'existe de la part du propriétaire aucun procédé
d'exploitation qui puisse servir de règle à l'usufruitier, ce dernier

---

(1) Duranton, n. 550. Paris, 22 juillet 1812, Demolombe, n. 391. Hennequin, 2, p. 271. — (2) ff. 9, § ult. *de usuf.*

ne jouira pas comme faisait le propriétaire ; mais il suffit qu'il jouisse comme le ferait un bon père de famille. C'est alors le cas de dire qu'il devra se conformer pour l'exploitation du bois à l'usage des propriétaires de la même contrée, ou usage suivi dans le pays. Par là, il fera les coupes comme les ferait le propriétaire, si c'était lui, propriétaire, qui eût le droit de jouir. Le Code considère si bien l'usage du pays comme pouvant servir de règle à l'usufruitier, quant au mode de jouissance, que l'article 593 lui reconnaît le droit de prendre dans les bois, sur les arbres en général, différents produits « suivant l'usage du pays ou la coutume des propriétaires », et que l'art. 590, 2e alinéa, décide que l'usufruitier d'une pépinière qui en tire des arbres doit se conformer aux usages des lieux pour le remplacement.

Dans la même hypothèse d'un bois non encore coupé, s'il n'y a pas dans la contrée de propriétaires qui possèdent des bois de même nature et dont l'usage puisse servir de règle à l'usufruitier, il devra observer, le propriétaire, en tout cas, peut exiger qu'il observe l'aménagement établi pour les bois de l'Etat, comme étant celui que le législateur lui-même a jugé le meilleur dans l'intérêt de la conservation de la propriété (1). Cet aménagement est établi en exécution de l'article 15, C. for., par l'ordonnance royale du 1er août 1827, art. 69, 70.

Ces décisions n'étant que l'application des principes généraux de la matière, doivent s'appliquer même aux bois de haute futaie. Il ne faut donc pas prendre l'art. 591 à la lettre, c'est-à-dire, borner le droit pour l'usufruitier d'y faire des coupes au cas « où les anciens propriétaires ont été eux-mêmes dans l'usage d'en faire. » Cet article est rédigé en vue des hypothèses ordinaires ; mais il doit s'interpréter d'après le droit commun (2).

Du reste, dans l'hypothèse d'un bois non encore exploité, on doit présumer que le propriétaire a entendu avoir un bois taillis plutôt qu'une futaie, parce que les futaies formant des bois de réserve et ne donnant des produits qu'à des intervalles très-éloignés, ne sont pas le mode ordinaire d'exploiter les bois (3).

132. Peu importe, relativement aux bois de haute futaie mis en coupes réglées, que ces coupes « se fassent périodiquement sur

____

(1) Demolombe, n. 593. Hennequin, 2, p. 275. Zachariæ, Annot., p. 135. — (2) Contr. Proudhon, n. 1185. Salviat, art. 78. — (3) Proudhon, n. 1177. Orléans, 15 novembre 1821.

une certaine étendue de terrain ou qu'elles se fassent d'une certaine quantité d'arbres, pris indistinctement sur toute la surface du domaine » (591). Dans l'un et l'autre cas en effet, les arbres à couper constituent des fruits d'après la destination du propriétaire. Aussi en doit-il être de même relativement aux bois taillis.

Quand un bois aura-t-il été mis en coupes réglées de l'une ou l'autre des manières indiquées par l'article 591 ? C'est là une question de fait. — On a jugé que l'usufruitier d'un taillis a le droit de couper les arbres de réserve, si le propriétaire les a mis en coupes réglées ou s'il était dans l'usage d'en couper une certaine quantité à des époques périodiques (1). — On a pourtant décidé aussi que l'usage où était un propriétaire de couper tous les ans une certaine quantité d'arbres de haute futaie, soit pour des réparations, soit pour en faire son profit, ne constitue pas une mise en coupes réglées dont l'usufruitier puisse se prévaloir (2). Cette dernière solution peut se justifier par les circonstances ; mais elle paraît moins dans les principes, car la règle fondamentale est que l'usufruitier peut jouir comme le propriétaire lui-même.

133. L'usufruitier doit d'ailleurs se conformer aux lois forestières pour tout ce qui concerne l'exploitation du bois, ainsi, pour l'autorisation à obtenir à l'effet de pouvoir couper, le temps où il est permis de le faire, les baliveaux à laisser et la saison où le bois abattu peut être enlevé. Le Code ne réglant que les rapports de l'usufruitier avec le propriétaire, ne s'occupe pas de ses devoirs envers l'administration. Ces derniers sont imposés à tout exploitant. Ils lient donc l'usufruitier.

134. D'après les principes posés n. 78 et 79, si l'usufruitier avance une coupe, il s'expose à des dommages intérêts ; et à l'inverse, il n'a droit, « lui ou ses héritiers, à aucune indemnité pour les coupes ordinaires, soit de taillis, soit de baliveaux, soit de futaie, qu'il n'aurait pas faites ». (590). La loi s'explique sur ce dernier point. Elle eût pu sans doute garder le silence sur les coupes comme elle l'a fait pour les autres fruits. Elle aura craint que, comme on peut retarder facilement l'époque des coupes, l'usufruitier ne les retardât en effet par calcul, afin de les avoir plus belles. Ce calcul, qui peut préjudicier au propriétaire en

---

(1) Orléans, 14 juillet 1849. Proudhon, n. 1186. — (2) Cass. 14 mars 1858. Demolombe, n. 409.

reculant pour lui l'époque de sa jouissance après l'extinction de l'usufruit, la loi veut le prévenir. L'usufruitier est averti que le retard qu'il mettrait à faire une coupe en son temps, l'expose à la perdre.

Cette règle n'est pas applicable à l'usufruit de la communauté sur les propres des époux. En effet, l'art. 1403, après avoir décidé que les coupes de bois tombent dans la communauté pour tout ce qui en est considéré comme fruit d'après les règles exposées au titre de l'usufruit, ajoute : « Si les coupes de bois qui, en suivant ces règles, pouvaient être faites durant la communauté, ne l'ont point été, il en sera dû récompense. » Cette disposition exceptionnelle a pour but de prévenir les avantages indirects que les époux auraient pu se faire si la règle ordinaire fût restée applicable. Le retard apporté à une coupe donne donc lieu dans l'espèce à une indemnité, non pas, comme le dit la loi, en faveur de l'époux non propriétaire du fonds ou de ses héritiers, mais en faveur de la communauté. Car ce n'est pas à l'époux non propriétaire du bois que reviennent les coupes ; c'est à la communauté.

135. « Dans tous les autres cas, l'usufruitier ne peut toucher aux arbres de haute futaie » (590). Dans tous les autres cas, c'est-à-dire toutes les fois que les futaies n'ont pas été mises en coupes réglées. Alors en effet, elles ne rentrent pas dans la classe des fruits. L'usufruitier n'y a donc pas droit. Il ne doit pas y toucher, c'est-à-dire les abattre, les dégrader. Et comme la loi ne fait aucune distinction, peu importe qu'il s'agisse de bois secs ou d'arbres vifs (1). Du reste, comme le constituant peut étendre les droits de l'usufruitier, il pourrait sans nul doute l'autoriser à toucher aux arbres de haute futaie (2).

« Il peut seulement employer pour faire les réparations dont il est tenu, les arbres arrachés ou brisés par accident ; il peut même, pour cet objet, en faire abattre s'il est nécessaire. » (592). — Ce n'est pas que les arbres à employer en réparations puissent être considérés comme fruits. Le pouvoir de l'usufruitier à cet égard provient, non de son droit aux fruits, mais de son droit à tous les usages de la chose. En effet, employer les produits d'un domaine à son entretien, à son exploitation, c'est faire de la chose un usage qui rentre dans sa condition naturelle, un usage qu'en ferait le propriétaire.

____

(1) Proudhon, n. 1194. — (2) Contr. Orléans, 11 mai 1822.

L'art. 592 ne parle que des arbres de haute futaie. Mais la disposition qu'il contient doit être étendue par parité de motif aux arbres des bois taillis, en ce sens que l'usufruitier peut au besoin en faire abattre pour réparer. Quant à ceux qui seraient arrachés ou brisés par accident, l'art. 585 conduit même à dire qu'ils lui sont acquis de droit, parce que ce sont des fruits et que les fruits une fois détachés appartiennent à l'usufruitier. Une séparation anticipée ne peut l'obliger à restitution qu'autant qu'il y a eu faute de sa part (n. 78).

Si l'usufruit porte à la fois et sur des taillis et sur des futaies non mises en coupes réglées, l'usufruitier peut-il encore prendre dans les futaies du bois pour réparer? L'art. 592 lui donne ce droit d'une manière absolue et sans distinction. Peu importe donc que, dans une autre partie du domaine, il trouve des arbres réputés fruits. Si toutefois les coupes auxquelles il a droit lui donnent du bois pouvant servir aux réparations, il n'a pas le droit d'abattre des arbres de haute futaie, parce que cela n'est pas nécessaire et que pareil droit ne lui est concédé par l'art. 592 que pour le cas de nécessité (1).

Ce n'est qu'autant qu'il a des réparations à faire que l'usufruitier peut toucher aux futaies. Aussi doit-il au préalable en faire constater la nécessité avec le propriétaire, qu'il s'agisse d'abattre des arbres sur pied ou bien d'employer ceux qui seraient abattus par accident (2). C'est ce que porte l'art. 591. S'il pouvait se soustraire à cette formalité, il lui serait facile de s'approprier impunément des arbres auxquels il ne doit pas toucher; car le propriétaire pourrait difficilement prouver après coup que l'usufruitier les a abattus sans nécessité. Aussi l'usufruitier resterait-il soumis à la nécessité de cette constatation préalable dans le cas même où son titre l'autoriserait expressément à prendre du bois pour réparer. On ne lèse aucun intérêt en interprétant la clause en question comme simplement explicative, et en considérant dès-lors le droit qu'elle consacre comme n'étant autre que celui qui résulte pour l'usufruitier de l'art. 592 et même des principes généraux, droit dont l'exercice doit toujours dès-lors rester soumis à la mesure qui garantit les droits du propriétaire (3).

L'obligation où il peut être de réparer est la mesure de son

____

(1) Contr. Salviat, art. 78. — (2) Proudhon, n 1195. — (3) Orléans, 14 juillet 1849.

droit aux arbres de haute futaie. Il ne pourrait donc s'approprier ce qui n'entrerait pas dans les réparations (1). Si toutefois ce qui ne serait pas employé est de peu de valeur, quelques branchages, par exemple, il serait trop dur d'empêcher l'usufruitier de s'en servir pour ses besoins personnels : *de minimis non curat Prætor.*

Si les réparations provenaient de sa faute, il devrait en subir les conséquences sur sa fortune personnelle. Il ne serait pas alors autorisé à y employer ceux des arbres arrachés ou brisés par accident qui ne sont pas des fruits. Sa faute ne peut lui procurer au détriment du propriétaire un droit qu'il n'aurait point s'il n'eût pas détérioré, puisqu'alors il n'y aurait pas, on le suppose, de réparations à faire.

Par suite du même principe que les produits d'un domaine doivent servir à l'entretien de ce domaine, l'usufruitier peut prendre des échalas pour les vignes (593), c'est-à-dire pour les vignes faisant partie du même domaine. Il n'a pas le droit d'en prendre pour son profit particulier, c'est-à-dire pour les employer à ses propres vignes ou en disposer. La loi en effet ne dit pas purement et simplement qu'il peut prendre des échalas dans les bois. Elle détermine l'emploi qu'il peut faire des échalas, ainsi que des arbres arrachés ou brisés par accident (2).

Toujours par application du même principe, le droit romain permet à l'usufruitier d'extraire les divers matériaux nécessaires aux réparations, par exemple, de la pierre et de la chaux pour la maçonnerie, du sable, de l'argile, de la marne, etc., pour les besoins du domaine (3). Cette décision est dans l'esprit du Code ; car elle repose sur le même principe que les dispositions des art. 592 et 593.

Le droit romain permet même à l'usufruitier, dans le cas où les autres parties du domaine ne lui fourniraient pas de bois à brûler pour sa consommation, d'en prendre dans les taillis et même d'abattre pour cela des arbres propres aux constructions (4). C'est bien là encore un usage que semble comporter la nature de la chose. Le Code, néanmoins, ne paraît pas l'autoriser, les art. 592 et 593 n'étant nullement rédigés en ce sens et étant d'ailleurs conçus en termes limitatifs (il peut seulement). — Si toutefois son titre l'autorise expressément à prendre du bois pour son chauf-

---

(1) Proudhon, n. 1194. Salviat, art. 78. Toullier, n. 410. — (2) Proudhon, n. 1197. — (3) ff. 12. pr. *de usuf.* — (4) Même ff. 12.

fage, il y a là extension des droits ordinaires de l'usufruitier ; c'est une sorte de droit d'usage ajouté au droit d'usufruit, et qui lui permet de prendre du bois pour son chauffage lorsque les coupes ordinaires ne lui en fourniraient pas, lors, par exemple, qu'il n'y en a point à faire dans les premiers temps de sa jouissance, ou qu'elles n'ont lieu qu'à des intervalles éloignés. Entendre la clause en question comme ne lui conférant pas un droit plus étendu que celui d'un usufruit ordinaire et comme signifiant simplement qu'il pourra employer à son chauffage le produit des coupes ordinaires, ce serait, contrairement à l'art. 1157, l'entendre dans un sens avec lequel elle ne produirait aucun effet ; car de droit l'usufruitier peut davantage, puisque les fruits sont à sa pleine et entière disposition (1).

136. Quant aux arbres de pur agrément, épars ou réunis, ceux, par exemple, qui forment des allées ou sont destinés à donner de l'ombrage, en aucun cas l'usufruitier ne peut les abattre ni les détériorer, parce que leur destination est de servir d'ornement et non d'être abattus, même pour les besoins du domaine. On a bien, lors de la discussion, déclaré vouloir les comprendre dans la disposition de l'art. 592, et dans ce but substitué le mot arbre au mot bois (de haute futaie) que portait le projet (2). Ils sont en effet régis par la règle écrite en tête de l'art. 592, c'est-à-dire que l'usufruitier ne peut y toucher. Mais on n'a pu vouloir à leur égard faire bénéficier l'usufruitier du tempérament apporté à cette défense pour les arbres de haute futaie ; car ç'eût été l'autoriser à en faire un usage tout-à-fait contraire à leur destination. (3).

Il en est de même des arbres fruitiers, qui sont essentiellement destinés à subsister pour donner des fruits. (4)

137. « Il peut prendre sur les arbres des produits annuels ou périodiques. » (593) — Les produits annuels, ou simplement périodiques sans être annuels, constituent des fruits, et à ce titre, ils reviennent à l'usufruitier pendant sa jouissance. Aussi l'art. 593 les lui attribue-t-il pleinement, sans déterminer l'emploi qu'il pourra en faire. Et cette disposition s'applique indistinctement à tous les arbres qui peuvent exister sur le fonds. Elle s'appliquerait également au cas d'usufruit établi sur un arbre

____

(1) Contr. Orléans. 14 juillet 1849. — (2) Fenet, p. 198. — (3) ff. 11, ff. 15, § 4, *de usuf.* Paris, 12 décembre 1811. Rennes, 22 déc. 1818, Dijon, 22 déc. 1842. — (4) Même ff. 13, § 4.

en particulier. Ainsi, l'usufruitier a droit à la récolte des arbres à fruits, à la coupe périodique des saules, des oseraies, à l'éla- gage, aux feuilles, à l'écorce des chênes liéges. (1)

Il a droit aux échalas pour les vignes et aux produits annuels ou périodiques « suivant l'usage des lieux ou la coutume des pro- priétaires. » (593). Dans ces deux cas, comme dans celui des art. 590 et 591, la loi consacre ce principe de la matière que l'usu- fruitier a le droit de jouir comme ferait tout bon père de famille dans la contrée. Il résulte de là qu'il a droit de prendre des écha- las dans les bois et de s'en servir pour ses propres vignes ou de les vendre, si, dans l'usage du pays, ils forment un produit pério- dique.

138. « Les arbres fruitiers qui meurent, ceux même qui sont arrachés ou brisés par accident, appartiennent à l'usufruitier, à charge de les remplacer par d'autres » (592). Cette disposition comprend tous les arbres fruitiers, quelle qu'en soit la valeur; car la loi ne distingue pas. Toutefois, le législateur n'a pas en- tendu parler des arbres fruitiers sauvages qui croissent sponta- nément dans les forêts. Ceux-là, en effet, font partie de la forêt où ils se trouvent, au même titre que les autres arbres (2). — Ce droit de l'usufruitier au corps même de l'arbre n'est que la con- séquence et en quelque sorte la compensation de l'obligation où il est de remplacer ; et l'obligation de remplacer n'est elle-même que l'application à un cas particulier de l'obligation générale où est l'usufruitier d'entretenir la chose, de manière à la rendre à la fin de l'usufruit, dans l'état où il l'a reçue (n. 213). Si, en effet, il a reçu un fonds ou un verger renfermant des arbres fruitiers, il doit le restituer tel; et pour cela, il faut bien qu'il remplace ceux qui périssent. Or, les arbres employés au remplacement étant, par le fait même du remplacement, acquis au propriétaire et représentant pour lui ceux qui ont péri, il ne saurait équita- blement prendre en outre ces derniers, lesquels dès-lors doivent rester à l'usufruitier. — S'il y a lieu à quelque action contre un tiers à raison de la perte de l'arbre, si, par exemple, un tiers l'a brisé, arraché ou brûlé, c'est à l'usufruitier que l'action appartient; car, ayant droit à la chose même, il doit avoir droit aux actions auxquelles elle donne lieu.

La décision de l'art. 594 est pour le cas où l'usufruit porte sur

---

(1) Fenet, p. 198. — (2) Demolombe, n. 424. Taulier, 2, p. 307.

un fonds ou un verger renfermant des arbres fruitiers. Elle ne s'appliquerait pas à l'usufruit établi sur un arbre fruitier pris isolément. Dans ce dernier cas, si l'arbre périt, l'usufruitier n'a pas à le remplacer, car son droit s'éteint. Par conséquent, la considération qui lui fait attribuer le bois lorsqu'il remplace l'arbre, n'existe plus. Quand l'objet même sur lequel porte l'usufruit périt, il ne peut plus être question de l'entretenir, ni de lui en substituer un autre ; tandis que s'il subsiste dans son ensemble, mais que l'une de ses parties périsse, c'est ou ce peut être le cas de la remplacer, afin d'entretenir le tout dans son état complet. C'est ainsi que l'usufruitier d'un troupeau qui ne périt qu'en partie, doit remplacer par le croît les têtes qui périssent ou deviennent inutiles, tandis que l'usufruitier d'un animal déterminé n'est pas tenu, en cas de perte, de le remplacer par un autre (615-616).

L'art. 594, quoique ne comprenant par ses termes que les arbres fruitiers, paraît applicable, par identité de motifs, même aux arbres non fruitiers qui constitueraient sur le fonds une sorte d'ensemble, ceux, par exemple, qui formeraient une avenue. L'usufruitier en effet doit entretenir une avenue d'arbres, comme toute autre collection, comme un troupeau, par exemple.

139. L'usufruitier d'une pépinière a droit aux arbres et plants qu'on peut en tirer sans la dégrader ; car ce sont là les fruits de la pépinière. Du reste, il doit se conformer aux usages des lieux pour le remplacement (590, 2ᵉ al.). Tout usufruitier en effet doit entretenir. Or, dans l'espèce, s'il ne remplaçait pas les arbres qu'il tire de la pépinière, son mode de jouir aurait bientôt pour résultat de détruire la substance (1).

140. L'usufruitier d'un fonds a-t-il droit, autrement que pour les besoins mêmes du domaine (v. n. 135), aux produits qu'on peut extraire du sein de la terre en y pratiquant des fouilles (métaux, charbon, pierres, etc.)? Il y a des distinctions à faire. Voici ce que portait l'art. 598 : « Il jouit aussi, de la même manière que le propriétaire, des mines et carrières qui sont en exploitation à l'ouverture de l'usufruit ; et néanmoins s'il s'agit d'une exploitation qui ne puisse être faite sans une concession, l'usufruitier ne pourra en jouir qu'après en avoir obtenu la permission du Roi. — Il n'a aucun droit aux mines et carrières non encore

---

(1) ff. 9, § 6, *de usuf.*

ouvertes, ni aux tourbières dont l'exploitation n'est point encore commencée. »

Cette disposition présupposait que les mines, carrières et tourbières ne forment avec la surface qu'une seule et même propriété, conformément au principe que la propriété du sol emporte la propriété du dessus et du dessous (552). Tel a été effectivement le principe admis jusqu'à la loi du 21 avril 1810. Il entraînait les deux conséquences suivantes : 1° Le propriétaire du sol étant seul propriétaire du dessous, avait seul le droit de faire toutes les fouilles que bon lui semblait et d'en tirer tous les produits qu'elles pouvaient fournir. Il avait donc seul le droit d'exploiter les mines, carrières et tourbières. 2° L'usufruit établi sur le sol portait par là même sur le dessous, et par conséquent sur les mines, carrières et tourbières. Aussi le droit romain tirant les conséquences de ce principe combiné avec la règle que l'usufruitier peut jouir là où le propriétaire n'a pas encore joui, lui permettait d'ouvrir des mines et carrières pour les exploiter (1). Mais comme l'usufruitier doit jouir des choses dans l'état où il les prend, sans changer le mode d'exploitation, le Code ne lui donna la jouissance des mines, carrières et tourbières qu'autant qu'elles étaient en exploitation à l'ouverture de l'usufruit. Du reste, il l'autorisait à en jouir de la même manière que le propriétaire, conformément au principe général (578). Seulement, d'après les règlements en vigueur lors de la promulgation du Code, bien que le propriétaire du sol ou ses ayants-droit pussent seuls exploiter le dessous, une autorisation leur était nécessaire pour l'exploitation des mines métalliques, et l'autorisation était personnelle (arr. dir. 3 niv. an VI). Celle accordée au propriétaire ne pouvait donc servir à l'usufruitier.

La distinction admise par l'art. 598 est encore applicable aux carrières et tourbières, sauf que l'autorisation exigée pour l'exploitation des tourbières (L. 1810, art. 84) n'est plus personnelle. L'usufruitier peut donc en jouir si elles étaient en exploitation à l'ouverture de son droit. En cela, le législateur rejette la doctrine de Pothier (Douaire n. 195), qui, définissant les fruits d'une chose ce que cette chose produit et reproduit, ne considérait pas les pierres d'une carrière comme des fruits, parce que la carrière n'en reproduit pas, et refusait dès-lors à l'usufruitier le droit

---

(1) ff. 9, § 13, *de usuf.* V. mon Traité, n. 191-193.

d'exploiter même une carrière ouverte. Les fruits sont les produits
ou revenus qu'une chose est destinée à donner d'après le mode
d'exploitation résultant de sa nature. Or une carrière est destinée
à donner des pierres. Donc, les pierres en forment le revenu et
constituent dès-lors des fruits. — Si l'usufruitier ouvrait une
carrière ou tourbière, il serait tenu de dommages-intérêts envers
le propriétaire. Cette ouverture pourrait même, suivant les circonstances, constituer un abus et dès-lors motiver contre lui
l'application de l'art. 618. L'ouverture d'une tourbière lui serait
interdite dans le cas même où il se proposerait seulement d'extraire de la tourbe pour son chauffage. Il n'a aucun droit aux
carrières et tourbières non encore ouvertes, dit la loi. Il ne peut
donc en tirer un profit personnel. Toutefois, d'après les principes
posés n. 135, l'ouverture d'une carrière lui serait permise pour
en tirer des matériaux destinés aux réparations à faire à la propriété, et celle d'une marnière pour en tirer des engrais destinés
au domaine ; car ce sont là des conséquences de l'obligation de
conserver et de rendre. (1)

Mais depuis la loi du 10 avril 1810, l'art. 598 ne peut plus
faire règle pour les mines. Cette loi est venue assujettir les mines
à un système nouveau. Elle range les masses de substances mi-
nérales ou fossiles renfermées dans le sein de la terre ou exis-
tantes à sa surface sous les trois qualifications de *mines, minières*
et *carrières*, et détermine quelles sont les substances qui constituent une *mine*, une *minière* ou une *carrière*. (V. cette loi, art. 2,
3, 4). Or voici, pour notre sujet, trois dispositions fondamentales
qu'elle établit : 1° une mine ne peut être mise en exploitation
qu'en vertu d'une concession du Gouvernement (art. 5). — 2° La
concession peut être faite à un autre qu'au propriétaire du sol
(art. 16). — 3° La mine une fois concédée, fût-ce au propriétaire
de la surface, constitue une propriété nouvelle, distincte de la
surface, disponible et transmissible, sans que celui à qui elle est
transmise ait besoin d'une nouvelle permission pour exploiter
(art. 7, 19).

De là les conséquences suivantes :

1° Tant qu'une mine n'est pas concédée, elle n'existe pas encore comme propriété ; elle n'est ni une propriété distincte, ni

---

(1) ff. 12, *de usuf.* Proudhon, 1203, 1204. Demolombe, n. 433. Zachariæ, 2, p. 136. Contr. Hennequin, 2, p. 316.

même une portion de la propriété du sol. Par conséquent, l'usufruit établi sur le sol ne porte pas sur la mine. La propriété même du sol ne donnant pas le droit d'ouvrir et d'exploiter la mine, l'usufruit ne le donne pas non plus. — Dans cette hypothèse, le principe de la loi de 1810 conduit au résultat auquel arrivait le Code par suite de la règle que l'usufruitier doit s'en tenir au genre d'exploitation que pratiquait le propriétaire. Seulement, sous le Code, l'usufruitier n'eût pu être utilement autorisé par le gouvernement à exploiter. Le propriétaire aurait eu le droit de s'opposer à l'exploitation, comme dépassant les pouvoirs de l'usufruitier, tandis que d'après la loi de 1810 l'usufruitier peut, comme tout étranger, obtenir la concession, et du reste, l'obtenir en propriété et non pas simplement en usufruit.

2° Une fois la concession faite, la mine et la surface forment deux propriétés distinctes, susceptibles d'être, chacune de son côté, aliénée, grevée d'usufruit, d'hypothèque, etc.; de sorte que les actes de disposition concernant l'une, sont étrangers à l'autre. Et il en est ainsi alors même que la mine appartient au propriétaire de la surface. — D'après les nouveaux principes, en effet, la mine n'est plus, même en ce cas, une partie du sol, mais bien une propriété tout aussi distincte que si elle appartenait à un tiers. L'usufruit que l'on établirait sur la surface, ne porterait donc pas sur la mine; car l'usufruit établi sur une chose déterminée ne porte que sur cette chose. Désormais, pour qu'un droit d'usufruit porte sur une mine, il faut qu'un acte constitutif l'établisse sur cette mine déterminément. Il est clair d'ailleurs que dans l'hypothèse où le propriétaire de la surface est aussi propriétaire de la mine, on peut établir l'usufruit sur la mine sans l'établir sur la surface, et réciproquement.

3° L'usufruitier d'une mine peut aujourd'hui en jouir sans autorisation du gouvernement, puisque la concession emporte permission d'exploiter, non seulement pour le concessionnaire, mais encore pour ses ayants-cause, et que l'usufruitier est pour son droit de jouissance l'ayant-cause du concessionnaire (1). La loi de 1810 étant postérieure au Code, a eu pour résultat d'abroger l'art. 598 en ce qu'il contient de contraire aux dispositions nouvelles qu'elle a établies. Il est vrai qu'à la Restauration, en faisant cadrer les expressions de l'art. 598 avec les institutions

____

(1) Proudhon, n. 1200 et s.

politiques d'alors (permission *du Roi*), on a semblé reconnaître
que l'usufruitier a toujours besoin, même depuis la loi de 1810,
d'une permission d'exploiter. Mais les modifications introduites
alors n'ont porté que sur les mots. On n'avait d'autre but que de
remplacer les expressions propres au régime politique antérieur
par celles qu'exigeait le régime nouveau. On n'entendait nullement toucher au fond. Or il ne faut pas faire produire à ces modifications des résultats qui n'étaient point dans l'intention de
leurs auteurs, et qui excédaient même leurs pouvoirs.

L'usufruit établi sur la surface ne donne pas le droit de jouir
de la mine ; mais il donne droit à la redevance due par la mine
à la surface. On en convient pour le cas où la mine était déjà
exploitée à l'ouverture de l'usufruit. Car alors, dit-on, l'usufruitier a, d'après l'art. 598, droit de jouir de la mine comme le propriétaire de la surface. Or, le propriétaire de la surface avait déjà
droit à la redevance. Mais beaucoup prétendent que si la concession est postérieure à l'ouverture de l'usufruit, l'usufruitier
(à titre particulier) n'ayant aucun droit à la mine, ne saurait
avoir droit à la redevance, laquelle, disent-ils, représente simplement une portion des produits de la mine et constitue dès-lors
un droit attaché à cette mine (sauf à lui, si l'ouverture de la mine
diminue sa jouissance, à réclamer une indemnité). Dans cette
opinion, s'il obtenait lui-même la concession, il devrait même,
pendant son usufruit, payer la redevance au nu-propriétaire de
la surface (1). — C'est là une erreur, provenant de ce qu'on veut
appliquer le Code dans une disposition abrogée par la loi de 1810.
Le droit à la redevance étant réuni à la surface, et en devenant
ainsi un accessoire immobilier, est par là même affecté aux droits
qui la grèvent, notamment aux hypothèques, comme s'en exprime
la loi elle-même (art. 18). Or l'usufruitier jouit des accessoires
immobiliers, alors même qu'ils ne se seraient unis au fonds
que postérieurement à l'ouverture de l'usufruit (n. 64). Donc,
l'usufruitier, en jouissant de la redevance, ne jouit nullement de
la mine ; il jouit simplement de l'un des droits désormais compris
dans la propriété de la surface, et il en jouit comme en jouirait le
propriétaire de la surface s'il n'y avait pas usufruit (578). L'ouverture d'une mine pendant l'usufruit est un événement fortuit

____

(1) Proudhon, n. 1206. Duranton, n. 570 et s. Demolombe, n. 436 et s.
Hennequin, 2, p. 316.

qui accroît le revenu de la surface, événement qui doit profiter à celui qui a droit au revenu, comme lui profiterait tout autre événement ayant le même résultat.

141. L'usufruitier d'une usine, d'un établissement industriel, a le droit de l'exploiter ; par exemple, de faire servir un moulin à la mouture, une papeterie à la fabrication du papier, etc.

Quels sont les effets de l'usufruit établi sur un fonds de commerce ? Suivant quelques personnes, un fonds de commerce est une chose fongible, dont l'usufruitier devient propriétaire, à charge par lui d'en rendre la valeur estimative (1). — Il me paraît certain qu'il faut considérer deux choses dans un fonds de commerce : 1° l'établissement commercial même ; 2° les marchandises. Les marchandises sont bien choses fongibles. Mais il en est autrement de l'établissement commercial, lequel n'est pas susceptible d'être représenté exactement par un autre. Et dès que ce ne sont pas les marchandises, mais bien l'établissement commercial qui fait l'objet de l'usufruit, cet usufruit consiste dans le droit pour l'usufruitier d'exploiter le fonds à son profit, par conséquent, de vendre les marchandises qui s'y trouvent, sauf à lui à remplacer à mesure des ventes ou sorties ; de manière qu'à l'extinction de l'usufruit, il s'en retrouve pour une valeur égale à celles dont il a pris possession en entrant en jouissance. Telle est en effet la règle de la matière : droit pour l'usufruitier d'exploiter la chose ; obligation de l'entretenir afin de la restituer dans l'état où il l'a reçue. — Du reste, l'établissement commercial ne lui appartenant pas, il ne peut le vendre. S'il le vend, le nu-propriétaire n'a pas simplement contre lui action en restitution du prix. Il peut revendiquer le fonds même, parce que ce n'est point là un de ces meubles auxquels l'art. 2279 soit applicable. (2)

142. « L'usufruitier jouit des droits de servitude, de passage, et généralement de tous les droits dont le propriétaire peut jouir, et il en jouit comme le propriétaire lui-même ». (597). — Cette disposition n'est que le développement du principe posé par l'art. 578, que l'usufruitier a le droit de jouir comme le propriétaire lui-même.

Les droits de servitude sont considérés comme des qualités du fonds ; ils font partie de son état juridique. Or, l'usufruitier a le

---

(1) Paris, 17 mars 1841. Rouen, 5 juillet 1824. Proudhon, n. 1021 et s. — (2) Cass. 10 avril 1814.

droit de jouir du fonds tel qu'il est. La loi semble distinguer les droits de passage des droits de servitude. Mais un droit de passage est bien une servitude.

L'usufruitier a le droit de jouir des servitudes établies par la loi ou résultant de la situation des lieux, tout comme de celles résultant du fait de l'homme. Car le Code ne distingue pas, et il n'y a pas lieu d'ailleurs à distinguer. Il peut, par exemple, exiger que les arbres qui se trouvent sur les fonds voisins à une distance moindre que la distance légale, soient arrachés. (1)

143. Par application de l'art. 597, l'usufruitier jouit du droit de chasse et de pêche. Il en jouit d'ailleurs comme en jouirait le propriétaire lui-même si l'usufruit n'était pas séparé de la propriété. Or, le propriétaire en jouirait à l'exclusion de tous autres. L'usufruitier peut donc en jouir avec la même étendue, par conséquent à l'exclusion même du propriétaire (2). — Ce n'est pas que le gibier ou les poissons, dans l'état de liberté naturelle, soient des fruits. Ils ne sont pas non plus une partie du fonds où ils se trouvent. Ce sont des choses qui n'appartiennent à personne. Aussi l'usufruitier ne les acquiert-il qu'en les prenant, c'est-à-dire par occupation, mode d'acquisition applicable aux choses qui n'ont pas de maître. Le propriétaire ne serait donc pas fondé à se plaindre si l'usufruitier détruisait tout le gibier ; car puisque le gibier ne fait pas partie du fonds, l'usufruitier en le détruisant ne détériore pas le fonds. La faculté qu'il a de chasser et de pêcher se tire de son droit à tout l'usage que l'on peut retirer de la chose. La chasse et la pêche, en effet, constituent un usage, un agrément, un exercice que peut procurer la chose ; et cela explique pourquoi l'usufruitier peut chasser ou pêcher à l'exclusion même du propriétaire ; car tant que dure l'usufruit, le nu-propriétaire n'a droit à aucun des usages de la chose. Il n'aurait donc la faculté de chasser ou de pêcher que si le titre constitutif la lui réservait.

Voilà pour le gibier conservant toute sa liberté naturelle. Mais il peut s'en trouver qui soit renfermé dans des parcs, enclos ou garennes. Celui-là, par cela seul qu'il est renfermé, se trouve acquis au propriétaire. Il fait même partie du domaine comme

---

(1) Cass. 5 mars 1850. — (2) Merlin, Rep. v° *Chasse*. Duranton, n. 285. Proudhon, n. 1211. Troplong, *Louage*, 1, n. 38. Demolombe, n. 335. Marcadé, sur 597.

immeuble par destination (524). L'usufruitier ne peut donc le détruire. Mais comme il a droit de jouir de tout ce qui fait partie du domaine et par conséquent des parcs ou enclos, il peut y chasser, puique la chasse est l'un des moyens d'en jouir. Seulement, il ne doit pas les dégarnir de gibier, parce qu'il est tenu de les rendre à la fin de son usufruit dans l'état où ils étaient lors de son entrée en jouissance, et, partant, aussi garnis de gibier qu'ils l'étaient alors (1). — La même règle est applicable aux pigeons des colombiers, au poisson d'un vivier, d'un étang, et à tous les cas analogues. Si donc, par exemple, il pêche un étang, il doit l'empoissonner de nouveau conformément à l'usage des lieux. — Les pigeons de volière conservant leur caractère de biens mobiliers, l'usufruitier du fonds n'y a aucun droit. Il en est de même des poissons placés dans des bassins ou réservoirs et destinés à être consommés sous peu (2).

L'usufruitier a le droit de chasser. Il a donc 1° pouvoir de l'affermer ; car il peut louer une partie seulement des avantages à retirer de sa jouissance ; 2° qualité, d'abord pour agir civilement contre ceux qui chasseraient sans son agrément ; ensuite, pour porter plainte et par là autoriser l'exercice de l'action publique, action qui, par exception aux principes ordinaires, ne peut être intentée d'office (art. 26. L. 3-4 mai 1844). — L'action publique pourrait-elle être aussi intentée sur la plainte du nu-propriétaire ? S'il est vrai que l'usufruitier ait seul le droit de chasser, il a par là même seul le droit de laisser chasser. Or s'il ne porte pas plainte contre un chasseur, c'est qu'il le tolère ; et dès qu'un chasseur est toléré par qui de droit, personne n'a rien à dire.

144. L'usufruitier universel a le droit de jouir de tous les biens composant l'universalité grevée d'usufruit (n. 63). Il peut donc même faire exécuter les contrats que le propriétaire a passés avant l'ouverture de l'usufruit ; car c'est là jouir d'un droit dont le propriétaire pourrait jouir. — Si, par exemple, le propriétaire avait acheté, non pas même des corps certains, mais des choses de genre ou des quantités, l'usufruitier aurait le droit d'en demander la délivrance pour en jouir, sauf à lui à offrir le prix au vendeur et à faire ainsi l'avance d'une dette grevant l'universalité (V. à ce sujet l'art. 612 et n. 233). Par application de ce principe, si un individu ayant acheté une coupe de bois sur pied, meurt

---

(1) ff. 62, § 1, *de usuf.* — (2) Salviat, art. 80.

laissant des enfants mineurs et sa veuve usufruitière légale de leurs biens, la veuve a droit de faire la coupe. Mais cette coupe constitue par rapport à elle, un capital dont elle a seulement la jouissance et non des fruits dont elle aurait la pleine propriété (1). — De même, si un vendeur s'est réservé pour un certain nombre d'années une part dans les produits de la chose vendue, la portion réservée fait partie du prix et constitue dès-lors un capital pour l'usufruitier universel (2).

145. Par suite des mêmes principes, si le propriétaire avait pris une chose en location, l'usufruitier a droit pendant son usufruit de jouir de la chose en payant le loyer. On a prétendu que si la chose louée produit des fruits, ce sont les fruits qui forment l'objet de l'usufruit et que dès-lors l'usufruitier n'en jouit qu'à charge d'en rendre autant en nature ou en argent à la fin de l'usufruit, conformément à l'art. 587. Si cette manière de voir était juste, elle s'appliquerait au cas même où la chose louée ne produit pas, dans le cas, par exemple, où c'est une maison. Comme ce serait alors l'usage de la chose qui formerait l'objet de l'usufruit, l'usufruitier devrait en restituer l'estimation, résultat inadmissible, puisque le loyer qu'il a payé en représente déjà la valeur. Lorsque la chose produit des fruits, sans doute la valeur des fruits excède d'ordinaire les fermages. Mais la restitution de l'excédant, outre qu'elle ne serait possible qu'au moyen d'estimations renouvelées à chaque perception de produits et offrant dès-lors d'extrêmes difficultés de fait, serait inique ; car cet excédant, qui forme le bénéfice du preneur, n'est que le salaire, la représentation de son travail et ne doit par conséquent profiter qu'à lui. L'usufruitier d'un bail paie donc intégralement sa jouissance, au moyen des loyers quand elle consiste dans le simple usage, au moyen des loyers et du travail par lui employé, quand elle consiste dans une exploitation donnant des produits. Donc, l'usufruit consiste alors dans le droit pour l'usufruitier de jouir de la chose louée en payant le loyer, comme le ferait le propriétaire lui-même, sauf à lui à la fin de l'usufruit, à restituer le droit résultant du louage, c'est-à-dire à laisser le propriétaire reprendre la jouissance de la chose louée, si le terme du louage n'est pas arrivé. Ce ne sont donc pas les produits successifs de la chose louée qui font l'objet de l'usufruit et doivent être restitués,

---

(1) Cass. 7 mars 1825. Duranton, 3, n. 372. — (2) Rouen, 19 juillet 1837.

mais le droit même que donne le contrat, de même que dans l'usufruit d'une rente viagère, ce ne sont pas les arrérages successifs
qui font l'objet de l'usufruit et sont sujets à restitution, mais la
rente elle-même, si elle existe encore, règle d'ailleurs applicable à
tout usufruit portant sur un droit temporaire. V. n. 122, 123 (1).

146. Si, par suite d'expropriation, vente, partage, etc., et sans
la faute de l'usufruitier, le bien grevé d'usufruit vient à être
converti en un autre, l'usufruitier a le droit de jouir de cet autre
bien, comme le propriétaire lui-même en aurait le droit s'il n'y
avait pas d'usufruit. C'est encore là une conséquence de la règle
posée par l'art. 597. C'est par application de ce principe qu'en
cas d'expropriation pour cause d'utilité publique, une seule indemnité est fixée par le jury, eu égard à la valeur totale de la
chose, indemnité sur le montant de laquelle l'usufruitier et le nu-
propriétaire exercent désormais leurs droits respectifs, au lieu de
l'exercer sur la chose. (Loi 3 mai 1841, art. 39.)

L'usufruit s'applique à la nouvelle valeur. L'usufruitier a donc
le droit de se la faire remettre comme il avait eu le droit de se faire
remettre la chose primitive. Ainsi, en cas d'expropriation pour
cause d'utilité publique, il a si bien le droit de toucher l'indemnité, que la loi l'oblige expressément à en donner caution (ibid.).
— Ainsi encore, en cas de vente de la chose, il n'a pas simplement droit aux intérêts du prix ; il peut exiger la délivrance du
prix même. (2)

147. L'usufruitier n'a pas sur la chose le droit de propriété. Il
est donc sans qualité pour conférer ce droit à un tiers. Par conséquent, l'aliénation qu'il en ferait ne serait pas opposable au
nu-propriétaire. Le tiers acquéreur, en pareil cas, comme dans
toute aliénation faite *a non domino*, ne pourrait invoquer que la
prescription, et, s'il s'agit de meubles corporels, la règle en fait
de meubles possession vaut titre, sauf les dommages-intérêts dus
par l'usufruitier au nu-propriétaire.

Si toutefois l'usufruitier disposait de choses dont l'aliénation
serait dans l'intérêt du nu-propriétaire lui-même, par exemple,
de meubles qui perdraient nécessairement de leur valeur par l'u-
sage qu'en ferait l'usufruitier, ou d'animaux qui probablement
mourraient de vieillesse entre ses mains, l'aliénation améliorant

(1) Proudhon, n. 267. Montpellier, 13 mars 1856. — Contr. Demolombe, n. 330. — (2) Bordeaux, 9 juillet 1846.

la condition du nu-propriétaire devrait, d'après le principe posé
n. 149, être considérée à son égard comme une gestion d'affaires ;
de sorte qu'il ne pourrait alors réclamer que le prix perçu par
l'usufruitier. (1)

148. L'usufruitier d'une créance a bien qualité pour recevoir
le paiement, bien que le paiement en entraîne l'extinction. Mais
c'est parce que, par sa destination, le droit de créance doit aboutir au paiement (n. 121). Hors de là, étant tenu de conserver la
substance, il ne peut éteindre, dénaturer ou aliéner la créance,
pas plus qu'il ne peut détruire ou aliéner toute autre chose dont
il aurait l'usufruit. La cession, novation ou remise qu'il en consentirait, la conversion d'un billet ordinaire en un billet au porteur, devraient donc rester sans effet contre le nu-propriétaire,
et celui-ci par conséquent conserver ses droits contre le débiteur, sans préjudice d'une action contre l'usufruitier pour abus
de jouissance, s'il y a lieu (2). — Cette solution paraît incontes-
table si la créance est à terme, que le terme soit en faveur du nu-
propriétaire, et d'ailleurs non encore échu à la fin de l'usufruit,
parce qu'alors le nu-propriétaire a le droit d'exiger que la somme
reste due par le débiteur jusqu'au terme. Sauf ce cas, le seul intérêt et par conséquent le seul droit qu'il ait à la fin de l'usufruit,
c'est de recevoir le capital des mains de l'usufruitier. Moyennant
cela, il n'a rien à dire. Peu importe pour lui que l'usufruitier,
qui a eu le droit d'exiger le paiement et qui dès-lors devait en fin
de compte être seul tenu envers lui du capital, ait été effectivement payé par le débiteur ou bien qu'il ait cédé, nové, dénaturé
ou remis la créance. En effet, une remise même doit, entre l'u-
sufruitier et le nu-propriétaire, équivaloir à un paiement. L'usufruitier ne pourrait-il pas, s'il recevait le paiement, remettre sur
le champ la somme au débiteur à titre de don ? Or une remise est
économiquement la même chose.

Si le débiteur tombe en faillite, l'usufruitier peut sans doute
et même doit (n. 207) faire les diligences nécessaires pour la conservation de la créance. Mais a-t-il qualité pour voter au concordat ? Sans doute il ne peut faire au préjudice du nu-propriétaire
l'abandon même partiel de la créance. Mais la remise faite par
concordat constitue un acte de nécessité et même souvent de bonne

(1) Proudhon, n. 1098 et s. — (2) Proudhon, n. 1054. Demolombe,
n. 324. Bordeaux, 19 avril 1847.

gestion. D'ailleurs, l'opinion de chaque créancier individuellement n'est pas connue. Je ne vois donc pas qu'à moins de circonstances exceptionnelles, le nu-propriétaire soit fondé ou même recevable à rendre l'usufruitier responsable des résultats du concordat. Un praticien formaliste conseillerait toutefois à l'usufruitier de lui dénoncer la faillite, de le sommer de faire connaître s'il entend se présenter aux réunions de créanciers et d'ajouter, par exemple, qu'à son défaut, il se propose de s'y présenter lui-même. -- Du reste, peu importe, en ce qui concerne la validité des opérations de la faillite, quel est du nu-propriétaire ou de l'usufruitier, celui qui se présente.

C'est à l'usufruitier d'une action à faire partie des assemblées d'actionnaires dont le seul objet serait de vérifier les comptes de revenu et de fixer le dividende, parce qu'elles ne concernent que la jouissance. Si elles ont pour objet d'augmenter le capital, ou en général de prendre des mesures qui ne touchent pas simplement à la jouissance, c'est le propriétaire qui a qualité pour y figurer. Si le but de l'assemblée est mixte, comme les sociétés ne reconnaissent qu'un seul ayant-droit, il faut que l'usufruitier et le nu-propriétaire s'entendent sur le point de savoir lequel des deux se présentera ; sinon, la justice en décidera. Du reste, quant aux sociétés, elles ne reconnaissent que le porteur pour les actions au porteur, et le titulaire inscrit sur les livres pour les actions nominatives.

149. Il a toujours été de règle que l'usufruitier ne peut sans doute rendre la position du nu-propriétaire plus mauvaise, mais qu'il peut la rendre meilleure. Aussi l'art. 599 lui permet-il implicitement d'améliorer, puisqu'il se borne à lui refuser l'indemnité de ses améliorations. D'un autre côté, il doit conserver la substance (n. 10). — C'est d'après ces principes combinés que doivent s'apprécier les faits de l'usufruitier, un mode nouveau de jouissance, les changements par lui introduits. Le nu-propriétaire est sans intérêt pour se plaindre, si ce mode nouveau de jouissance, si ces changements ne peuvent lui préjudicier et que d'ailleurs ils ne détruisent pas la substance de la chose.

Conséquemment, l'usufruitier peut sans nul doute défricher des terres incultes (1). Il peut également construire, si la construction est d'une bonne administration, si, par exemple, elle doit servir

---

(1) Proudhon, n. 1472.

à abriter les bestiaux, à mettre les produits à couvert, à loger plus confortablement les travailleurs. A plus forte raison peut-il achever une construction commencée. Il peut également établir une usine, si tel est le moyen de tirer plus avantageusement parti des produits. En pareils cas, le nu-propriétaire n'a pas le droit de s'opposer aux ouvrages entrepris par l'usufruitier, parce que ce serait entraver sa jouissance, en s'opposant aux moyens de la rendre aussi utile qu'elle peut l'être. Mais s'il s'agit d'une usine que le domaine ne puisse alimenter, le nu-propriétaire est en droit de s'opposer à son établissement, ou d'en demander la démolition. Pareille construction, en effet, n'est plus un moyen de faire valoir le domaine. Or, si l'usufruitier a le droit de n'être point entravé dans la jouissance et l'exploitation de la chose, il n'a droit à rien de plus (1).

Par application des mêmes principes, l'usufruitier peut changer le mode de culture, si ce changement est utile, si, par exemple, le fonds est épuisé par le mode actuel ou convient mieux à un autre genre d'exploitation. Ainsi, l'usufruitier d'une vigne peut l'arracher et mettre le sol en culture, lorsque, par suite de vétusté, elle est devenue improductive (2).

De même, si le genre d'exploitation d'un bâtiment ne peut être conservé avec avantage, et que l'usufruitier le change d'une manière profitable, le propriétaire n'est pas fondé à se plaindre. Ainsi jugé dans un cas où l'usufruitier avait loué à un teinturier un bâtiment exploité auparavant comme auberge (3). — Par la même raison, si la distribution intérieure d'une maison était mauvaise, vicieuse, l'usufruitier pourrait la changer par une meilleure.

Suivant des auteurs, l'usufruitier ne peut jamais convertir une maison d'habitation ordinaire en une hôtellerie (4). Mais si la maison est déjà distribuée de manière à pouvoir servir d'hotellerie sans avoir à subir autre chose que quelques modifications peu importantes, le propriétaire est sans intérêt pour s'opposer à cet usage, puisqu'à la fin de l'usufruit, l'usufruitier ou ses ayants-cause pourront toujours la lui remettre dans l'état où elle était primitivement. Ce serait d'ailleurs de la part du propriétaire une sus-

---

(1) Domat. Proudhon, n. 1112. — (2) ff. 13, § 5, *de usuf.* Orléans, 6 janvier 1848. Demolombe, n. 225, 447 et s. Zachariæ, Annot. 2, p. 139. — (3) Cass. 8 avril 1845. — (4) Proudhon, n. 1111. Salviat, art. 55, Hennequin, 2, p. 411 et s.

ceptibilité exagérée que de prétendre que ce mode d'exploitation n'est pas honorable. Dans l'état actuel de nos sociétés, il ne donne pas, s'il est en bonnes mains, un mauvais renom à la propriété ; il ne lui nuit donc pas. Or, le propriétaire étant ainsi sans intérêt, pourquoi l'usufruitier ne jouirait-il pas de la liberté du travail et de l'industrie ? — Ce qui serait toujours interdit à l'usufruitier, ce serait d'établir une maison de tolérance, parce qu'un pareil commerce déshonore nécessairement la propriété et par là en diminue immédiatement la valeur vénale.

En résumé, dans tous ces cas et autres analogues, l'usufruitier n'est point en faute si ce qu'il fait est exigé ou au moins avoué par une bonne administration. Les usages du pays peuvent d'ailleurs lui servir de règle en pareil cas.

150. Dès qu'on a un droit, on peut agir en justice pour en obtenir le libre exercice, pour le protéger contre toute atteinte. L'usufruitier ayant le droit de jouir, a par là même qualité pour exercer toutes les actions propres à lui assurer cette jouissance et pour faire tous actes conservatoires de la chose. Mais il importe de préciser la portée des jugements rendus entre lui et un tiers.

Suivant des auteurs, l'usufruitier est *procurator in rem suam* et même *in rem proprietarii* ; d'où il suit que, au moins dans les causes où ses intérêts sont liés à ceux du nu-propriétaire, et pour tout ce qui concerne la garde et la conservation de la chose, il peut agir judiciairement ou extra-judiciairement au nom et dans l'intérêt du nu-propriétaire. Ce pouvoir ou mandat tacite serait la conséquence de l'obligation où il est de veiller à la garde de la chose (n. 205). Qui veut la fin, veut les moyens. Donc, en obligeant l'usufruitier à protéger la chose contre les entreprises des tiers, on lui donne virtuellement par là les moyens de repousser ces entreprises. Or ces moyens consistent principalement dans les voies judiciaires (1).

C'est de l'anachronisme que de parler chez nous de *procurator in rem suam*. Nous n'en avons jamais admis. Le droit romain qualifiait ainsi celui à qui une action avait été cédée ; mais il n'a jamais reconnu cette qualité à l'usufruitier, par la raison qu'ayant comme usufruitier, pour garantir son droit contre toute atteinte,

______

(1) Proudhon, n. 37 et s. Zachariæ, 2, p. 139. Dumoulin, sur Paris, tit. I, § 1, gl. 1, n. 15, 16. Quant aux lois romaines invoquées, on en trouvera l'explication dans mon Traité d'Usufruit d'après le droit romain.

des actions qui lui appartenaient en propre, il n'avait nul besoin de celles qui compétaient au nu-propriétaire.

151. L'usufruitier n'est pas non plus *procurator in rem proprietarii*. L'obligation de veiller à la garde et à la conservation d'une chose incombe à tout débiteur de corps certain, par exemple, à un preneur à bail ou à loyer; mais elle ne donne pas le pouvoir d'agir en justice au nom et dans l'intérêt du créancier contre les tiers qui attenteraient à ses droits. Il suffit en effet au débiteur, pour remplir son obligation à cet égard, de chercher à prévenir ces atteintes, et s'il s'en commet, de les dénoncer au créancier ou propriétaire. Aussi est-ce tout ce que les art. 614 et 1768 exigent, l'un de l'usufruitier, l'autre du preneur. Donc, l'usufruitier n'est pas tenu d'agir lui-même dans l'intérêt du nu-propriétaire, pas plus que le preneur dans l'intérêt du bailleur. Il devrait même, s'il agissait, être déclaré non recevable, puisque l'intérêt est la mesure des actions et que le seul intérêt qu'on lui suppose, savoir, le besoin de mettre sa responsabilité à couvert, n'existe réellement pas. Il n'a, ainsi que toute autre personne, qualité pour plaider contre les tiers que dans son intérêt propre, c'est-à-dire à raison de sa jouissance; d'où il suit que la chose jugée entre lui et un tiers reste étrangère au nu-propriétaire. Du reste, ceux mêmes dont je combats ici l'opinion, en conviennent pour le cas où l'usufruitier aurait perdu son procès (1). Mais c'est convenir qu'il n'a pas qualité pour plaider au nom du nu-propriétaire; car s'il avait qualité, ce qui aurait été jugé avec lui serait réputé jugé avec le propriétaire, quel que fût le résultat du procès. Ce n'est pas le cas d'appliquer la règle que l'usufruitier peut améliorer, mais non détériorer la condition du propriétaire; car cette règle ne concerne que la manière dont l'usufruitier jouit de la chose et les conséquences résultant de cette jouissance dans ses rapports avec le propriétaire. Les tiers ne sauraient être contraints d'accepter le débat avec un adversaire dont le succès leur nuirait, mais dont la défaite ne leur servirait pas contre le propriétaire.

Il se peut que l'usufruitier ait à un autre titre qualité pour représenter le propriétaire en justice. Mais alors on ne doit pas confondre les pouvoirs que lui donne sa qualité de représentant avec

---

(1) Proudhon, n. 37 et 1267. Marcadé, art. 614. Bordeaux, 23 juin 1836.

les droits qu'il a comme usufruitier. Ainsi, le mari sous le régime dotal a, en sa qualité de mari, le pouvoir de poursuivre les détenteurs des biens dotaux (1549), c'est-à-dire d'exercer les actions pétitoires et possessoires qui compètent à sa femme comme propriétaire. Mais ces actions sont distinctes de celles qui lui appartiennent à lui comme usufruitier (1). V. aussi n. 324. Et lorsque l'usufruitier a ainsi à un titre quelconque qualité pour représenter le nu-propriétaire, ce dernier est lié par le jugement, quel qu'il soit.

152. L'usufruitier a un droit réel. Il peut donc agir par action réelle même contre le nu-propriétaire, parce que le propriétaire n'est pas moins tenu que les tiers de respecter le droit d'usufruit (n. 159).

L'usufruitier peut agir au pétitoire et au possessoire. Il peut agir au pétitoire pour son droit d'usufruit comme un propriétaire pour son droit de propriété. L'action réelle pétitoire attachée à l'usufruit (et aux servitudes) porte le nom spécial d'*action confessoire*. Elle compète à l'usufruitier dans les mêmes cas où la revendication compéterait au propriétaire ; elle est soumise aux mêmes règles, et produit les mêmes effets ou du moins des effets analogues, soit pour le principal, soit pour les accessoires, notamment pour les fruits. Ainsi, l'usufruitier peut se faire tenir compte des fruits par le possesseur de mauvaise foi pour le temps où a existé l'usufruit (2).

Bien que l'usufruitier soit tenu de dénoncer au propriétaire les usurpations ou autres atteintes portées à la propriété (205), néanmoins, par cela seul qu'il a le droit de jouir comme le propriétaire lui-même (578, 597), il est incontestablement fondé en pareil cas à agir personnellement à l'effet d'obtenir la remise des choses dans leur ancien état ; et cette remise, par exemple, la restitution d'un terrain usurpé, doit lui être accordée. Ce serait l'exproprier de son droit et violer ainsi l'art. 545, que de lui allouer une indemnité pécuniaire en réparation du dommage que lui cause l'usurpation (3). — Du reste, la restitution obtenue par l'usufruitier profite indirectement au propriétaire, non que l'usufruitier agisse ou ait le droit d'agir en ce cas dans l'intérêt du propriétaire comme dans le sien propre (4), mais parce que le réta-

---

(1) Contr. Proudhon, n. 1234. Toullier, 3, n. 418. — (2) ff. 5 § 4, *si usuf* — (3) Cass. 5 mars 1850. — (4) Contr. même arrêt.

blissement effectif des choses dans leur premier état restitue la possession au propriétaire lui-même.

L'usufruit faisant chez nous l'objet d'une possession (n. 14), l'usufruitier peut intenter les actions possessoires, s'il est dans les conditions voulues pour cela, c'est-à-dire s'il a été dépossédé ou troublé dans sa possession à titre d'usufruitier. La possession que pouvait avoir le propriétaire à l'ouverture de l'usufruit profite d'ailleurs à l'usufruitier, lequel est son ayant-cause pour tout ce qui concerne la jouissance (1).

L'usufruitier peut intenter l'action confessoire, même au commencement de l'usufruit et pour entrer en jouissance. Il a aussi à cette fin une action personnelle en délivrance contre le constituant ou ses héritiers, si le fait constitutif d'usufruit est de nature à produire cette action (n. 159). — Si l'usufruit résulte d'un testament, l'usufruitier a, comme de juste, pour garantie de son legs l'action hypothécaire que la loi donne à tout légataire sur les immeubles de la succession (1017).

153. Dans l'action confessoire, c'est au demandeur à prouver son droit ; ainsi le veut la règle ordinaire. La loi se tait sur le point de savoir comment peut se prouver l'usufruit. Il faut donc s'en tenir à cet égard aux principes ordinaires (2). On a jugé que dans le cas où il n'est pas justifié d'un titre constitutif, une longue possession jointe à des présomptions graves, précises et concordantes, peut suffire pour établir une constitution d'usufruit, lorsqu'il existe un commencement de preuve par écrit (3). Il faut même aller plus loin. Le fait d'une longue possession peut sans doute contribuer et il contribuera souvent en effet à donner aux présomptions les caractères voulus. Mais une possession quelconque et à plus forte raison une longue possession n'est pas nécessaire dès qu'il existe un commencement de preuve par écrit. La preuve testimoniale étant admissible en ce cas (1347), les présomptions le sont également, et le juge peut s'en contenter, en l'absence même de toute possession.

154. Nul ne peut être contraint de demeurer dans l'indivision (815). L'usufruitier d'une portion indivise a donc l'action en partage contre ceux qui ont le droit de jouir en commun avec lui, peu im-

____

(1) ff. 1, § 1. ff. 4, *uti poss.* ff. 5, § 13, *de vi arm.* Proudhon, n. 32, 1264. — (2) Proudhon, n. 25, 300. — (3) Pau, 5 janv. 1838. Cass. 4 fév. 1823.

porte que ceux-ci soient usufruitiers ou pleins propriétaires (1).
— Du reste, et d'après les principes posés n. 151, une action ne
portant que sur le droit même des parties, le seul partage possible
avec un usufruitier est un partage de jouissance, c'est-à-dire un
partage qui détermine les portions dont chaque copartageant aura
désormais le droit de jouir divisément. Si donc le partage a lieu
entre un usufruitier et un plein propriétaire, la chose restera indivise pour la propriété entre ce dernier et le nu-propriétaire.
Pour que le partage porte même sur la propriété, il faut que le
nu-propriétaire y intervienne. Ces décisions résulteraient des
principes seuls ; elles sont d'ailleurs expressément consacrées au
sujet de l'usufruit du mari sur les biens de sa femme. « Le mari
peut.., s'il a le droit de jouir des biens de sa femme, demander un
partage provisionnel » (818). — La loi ne soumet pas le partage
du droit de jouir à des règles spéciales ; il est donc régi par les
règles communes à tout partage.

155. Les mêmes décisions doivent s'appliquer au bornage.
L'usufruitier a intérêt à borner. Il peut donc demander le bornage (2). Ce droit résulte d'ailleurs de l'art. 595 qui lui donne le
droit de jouir des servitudes. En effet, le droit d'exiger le bornage est rangé par la loi parmi les servitudes légales. — L'action
en bornage peut avoir lieu, soit entre usufruitiers, deux fonds
voisins se trouvant chacun séparément grevés d'usufruit, soit
entre l'usufruitier d'un fonds et le propriétaire du fonds voisin,
ce dernier fût-il d'ailleurs le nu-propriétaire du fonds grevé d'u-
sufruit (3).

Le bornage où l'usufruitier seul est intervenu n'a pas plus qu'un
partage ni aucun autre acte en général, effet à l'égard du propriétaire (sauf qu'il peut être pour lui contre le voisin ou pour le
voisin contre lui l'origine d'une possession). Le nu-propriétaire
peut donc, sans attendre la fin de l'usufruit, en provoquer un
autre ; car, outre que celui fait par l'usufruitier peut le léser et
être l'origine possible d'une prescription contre lui, à toute époque
il a intérêt à s'en procurer un où il ait été partie et qui dès-lors
lie le voisin envers lui (4).

---

(1) ff. 7 § 7, *comm. div.* ff. 13 § 3, *de usuf.* Proudhon, n. 1245. Cass.
8 août 1836. — (2) ff. 4, § 9, *fin. reg.* Duranton, n. 257. Pardessus,
Servitudes, n. 118. Proudhon, n. 1243 et s. — (3) ff. 4 § 9, *fin. reg.* —
(4) Proudhon, n. 1243. Bordeaux, 23 juin 1836.

Le bornage fait par l'usufruitier seul ne lie pas le propriétaire. Toutefois, il ne suit nullement de là que l'usufruitier soit tenu de mettre le propriétaire en cause. Un usufruitier a qualité pour agir seul et sans le secours du propriétaire. C'est au voisin, qui, lui aussi, a qualité pour demander le bornage contre le propriétaire, à mettre ce dernier en cause dans son intérêt personnel, c'est-à-dire pour pouvoir lui opposer le jugement à intervenir.

156. L'usufruitier jouit des servitudes actives. Il peut donc intenter l'action confessoire de servitudes pour obtenir la libre jouissance de celles qui seraient dues au fonds grevé d'usufruit. — Il a le droit de jouir de la chose dans l'état de franchise où elle peut être. Il a donc qualité pour intenter l'action négatoire contre ceux qui prétendraient indûment une servitude sur le fonds (1).

157. L'usufruitier peut, conformément au droit commun, agir en réparation du dommage causé à la chose ou aux fruits par quelque délit ou quasi-délit. — Son intérêt étant la mesure de son action, s'il agit à raison de la destruction de la chose, son indemnité doit se calculer sur ce qu'il aurait pu retirer de la jouissance pendant la durée de son droit. Il faudra donc évaluer l'usufruit, à moins qu'on ne lui alloue une rente pour jusqu'à l'époque où l'usufruit se serait éteint. V. à cet égard n. 314.

158. Lorsqu'une chose aliénée par le propriétaire avant l'ouverture de l'usufruit est sujette à quelque action en reprise, l'usufruitier dans le droit duquel entrerait l'action, comme si son usufruit est universel, doit pouvoir l'exercer, afin de reprendre la chose et d'en jouir. Supposons, par exemple, une vente résoluble pour non paiement du prix. Le propriétaire aurait le droit de reprendre la chose vendue. Or, l'usufruitier jouit de tous les droits dont le propriétaire peut jouir, et il en jouit comme le propriétaire lui-même. Il peut donc, dans l'espèce, agir en reprise. Il faut bien en effet que celui qui a droit de jouir du prix et qui ne le reçoit pas, puisse jouir de la chose. Du reste, comme l'usufruitier n'agit que dans la mesure de son intérêt, son action ne touche qu'à la jouissance. Si donc le propriétaire n'a pas été en cause, la vente subsiste

---

(1) Proudhon, n. 1258. Zachariæ, 2, p. 118. Le Droit romain permettait bien à l'usufruitier d'agir à raison des servitudes. Mais par quelle action? On était divisé à cet égard. V. mon Traité, n. 203. Cette controverse ne tenant qu'à la distinction des actions, n'a pas d'intérêt chez nous.

à son égard, de sorte qu'à l'extinction de l'usufruit, l'acheteur pourra, en lui payant son prix, rentrer en possession de la chose. — Cette solution doit être généralisée. Proudhon, qui l'admet pour l'action en résolution fondée sur le défaut de paiement, la rejette (n. 1400 et s., 1415) pour l'action en rescision fondée sur la vileté du prix et pour l'action en réméré. Mais les raisons de décider sont les mêmes. Les principes ne permettent donc pas de distinguer.

ARTICLE 2. — Position du nu-propriétaire.

SOMMAIRE.

159. L'usufruit n'oblige pas le nu-propriétaire, mais lui impose comme à toute personne, le devoir de ne rien faire qui nuise au droit de l'usufruitier.

160. Le nu-propriétaire doit concilier l'exercice de son droit avec ce devoir. Exemples d'actes qui lui sont permis ou interdits.

161. Il a droit aux produits qui ne sont pas des fruits.

162. Il peut faire garder la chose ,

163. La faire borner, en provoquer le partage.

164. Le nu-propriétaire et l'usufruitier ne sont pas communistes.

165. Le retrait successoral est-il applicable au légataire en usufruit ?

166. Le nu-propriétaire possède par l'usufruitier.

167. L'usufruit ne suspend pas la prescription en faveur du nu-propriétaire.

168. Le nu-propriétaire a droit aux actions que donne la propriété.

169. Action négatoire d'usufruit.

170. Charge de la preuve dans cette action.

171. Issue de l'action.

159. La loi présente bien l'usufruit comme un droit sur la chose (droit réel), mais non comme un droit contre la personne du propriétaire (droit personnel). Toutefois, suivant Proudhon n. 1640, le nu-propriétaire serait tenu envers l'usufruitier de deux obligations : l'une positive, l'autre négative. Il serait tenu 1° de mettre l'usufruitier en possession, 2° de s'abstenir de

tout ce qui pourrait nuire au droit de l'usufruitier. — Cette proposition est inexacte. Le nu-propriétaire n'est tenu, en cette seule
qualité, d'aucune obligation envers l'usufruitier.

Il n'est pas tenu d'une obligation de faire. La qualité de nu-
propriétaire ne saurait par elle-même obliger à faire quelque
chose. Cette qualité en effet est simplement pour le nu-propriétaire
la privation temporaire du droit de jouir de sa chose. Un droit lui
manque sur cette chose ; voilà tout. Évidemment cette circonstance ne saurait par elle-même l'obliger à faire.

Est-il au moins tenu de ne pas faire ? Sans doute il ne doit rien
faire qui puisse nuire au droit de l'usufruitier (599). Mais ce n'est
point là une obligation. Une obligation est un lien légal entre
deux personnes déterminées. Or, ce n'est pas le nu-propriétaire
déterminément qui est tenu de ne rien faire qui nuise au droit de
l'usufruitier ; c'est tout le monde. Donc, au lieu d'une obligation
incombant au nu-propriétaire envers l'usufruitier, il y a un
devoir commun à tous les hommes. L'usufruitier en effet ayant
un droit sur la chose, chacun doit respecter ce droit. L'usufruitier
est à cet égard dans la même position que celui qui a tout autre
droit réel. Sans doute, on dit spécialement du nu-propriétaire
qu'il ne doit rien faire qui puisse nuire au droit de l'usufruitier ;
et l'on en dit autant de l'usufruitier à l'égard du droit du nu-propriétaire. Cela tient à ce que ces deux droits se trouvant en con-
tact, sont exposés à empiéter sur le domaine l'un de l'autre ; d'où
la nécessité de déterminer leurs limites respectives. Mais il n'y en
a pas moins là un devoir dont tout le monde est également tenu
envers l'usufruitier pour son usufruit, le nu-propriétaire pour sa
nue-propriété ; tandis qu'une obligation, même de ne pas faire,
serait spéciale, c'est-à-dire ne lierait que le nu-propriétaire envers l'usufruitier, ou l'usufruitier envers le nu-propriétaire.

Ainsi, le nu-propriétaire n'est pas tenu de faire jouir l'usufruitier. Il doit simplement le laisser jouir. Et telle est la position
que tout droit réel grevant la chose d'autrui crée au propriétaire,
et que l'on a formulée pour les servitudes personnelles ou réelles
par cet adage, que le propriétaire de la chose asservie n'est tenu
que de laisser faire ou de s'abstenir (1).

Le nu-propriétaire n'est donc pas tenu, en cette seule qualité,
de mettre l'usufruitier en possession à l'ouverture de l'usufruit.

____

(1) ff. 15, § 1, *de serv.*

La seule action qu'ait l'usufruitier, en cette qualité, est l'action confessoire, action réelle qui ne compète que contre celui qui possède. Si donc le nu-propriétaire peut être actionné par cette action, c'est en tant que possesseur, comme empêchant par sa possession l'exercice de l'usufruit et violant ainsi le devoir qui lui est commun avec tous les hommes, de ne mettre aucun obstacle au droit de l'usufruitier. Sans doute, il se trouvera souvent obligé de mettre l'usufruitier en possession ; mais ce sera alors en vertu d'un contrat ou d'un quasi-contrat, et non en vertu de sa qualité de nu-propriétaire. Ainsi, celui qui constitue un usufruit entre-vifs, est tenu en vertu de l'acte constitutif de délivrer la chose à l'usufruitier, de même que s'il avait transmis la propriété, il en serait tenu envers l'acquéreur. Ainsi encore, en cas de legs, l'héritier est tenu de faire la délivrance aux légataires d'usufruit, comme aux légataires de propriété. Mais si on a légué la nue-propriété à une personne et l'usufruit à une autre, le légataire de la nue-propriété n'ayant que la qualité de nu-propriétaire, n'est tenu d'aucune obligation envers le légataire de l'usufruit. Il en est de même dans tous les cas d'usufruit établi par la loi.

Par suite du même principe, le nu-propriétaire n'est pas tenu, en cette seule qualité, de garantir l'usufruitier des troubles et évictions. Il ne l'est qu'autant que le titre constitutif emporte garantie, comme si c'est une vente ou une constitution de dot.

160. « Le nu-propriétaire ne peut, par son fait, ni de quelque manière que ce soit, nuire aux droits de l'usufruitier » (599). D'un autre côté, il conserve les droits attachés à la nue-propriété. Il a donc à concilier dans ses actes l'exercice de ses droits avec l'accomplissement de son devoir.

Ainsi, il ne lui est pas permis de détruire la chose, ni même de la dénaturer, d'en changer la forme, parce que ces actes, bien que permis à un propriétaire, nuiraient à l'usufruitier, qui a droit de jouir de la chose dans son état actuel. Par exemple, le nu-propriétaire d'un terrain ne peut bâtir sur ce terrain. Celui d'un domaine où se trouvent des constructions, peut bien faire des grosses réparations et reconstructions (225). Mais il ne peut faire des constructions nouvelles. Le nu-propriétaire d'un bâtiment ne peut exhausser ce bâtiment. (1) — Si toutefois l'ex-

---

(1) ff. 7, § 1. ff. 15, § 7, *de usuf.* Proudhon, n. 871 et s. Duranton, n. 641. Demolombe, n. 654 et s. Orléans, 14 décembre 1854.

haussement ne devait point nuire à la jouissance, l'usufruitier serait sans intérêt et, partant, non recevable à s'y opposer (1). — Le nu-propriétaire ne pourrait non plus , à moins d'y être autorisé par le gouvernement, faire des recherches de mines qui nuiraient à la jouissance de l'usufruitier (arg. art. 10-12, L. 21 avril 1810).

Le nu-propriétaire ne peut, même en offrant d'indemniser l'usufruitier, gêner ou limiter sa jouissance; car un usufruitier ne peut pas plus qu'un propriétaire, être dépouillé contre son gré de tout ou partie de ses droits (2).

D'après le droit romain , si le nu-propriétaire néglige d'enlever des arbres abattus par l'orage et qui embarrassent l'usufruitier, celui-ci peut agir contre lui (3). Il semble que ce soit là, contrairement au principe posé n. 159, obliger le nu-propriétaire à faire. Mais si des objets appartenant à autrui se trouvent par accident sur un fonds , le propriétaire de ce fonds peut contraindre celui à qui ils appartiennent à les enlever. Or l'usufruitier a pour sa jouissance des droits aussi étendus qu'un propriétaire, et il les a, soit contre le propriétaire, soit contre les tiers. Il peut donc, si certains objets appartenant au nu-propriétaire ou à un tiers nuisent à sa jouissance, en exiger l'enlèvement. Or les arbres en question se trouvent dans ce cas, puisqu'une fois abattus par l'orage, ils appartiennent au nu-propriétaire. Ainsi, ce qui oblige en pareil cas ce dernier, ce n'est pas sa qualité de nu-propriétaire; c'est un fait accidentel qui obligerait également un tiers. La décision du droit romain doit donc encore être admise chez nous. En effet, l'art. 599 ne comprend pas seulement les faits du nu-propriétaire, mais encore ses omissions. (« Par son fait, ni de quelque manière que ce soit. »)

L'usufruitier a un droit réel. Il s'ensuit bien que d'autres droits réels ne peuvent être établis à son préjudice (n. 11), mais non qu'ils ne puissent être établis valablement. — Ainsi, le nu-propriétaire peut, sans l'assentiment de l'usufruitier, aliéner la nue-propriété, et ce, alors même que par là il donnerait à l'usufruitier un nu-propriétaire plus difficile; car ce ne serait là qu'une question de convenance. En droit , l'aliénation postérieure à l'ouver-

---

(1) ff. 2, *de op. nov.* — (2) Demolombe, n. 660. Hennequin, 2. p. 472. Contr. Proudhon, n. 878. — (3) ff. 19, § 1, *de usuf.*

ture de l'usufruit ne peut apporter et n'apporte en effet aucun changement dans le droit de l'usufruitier. (621)

Le nu-propriétaire peut également grever la chose de droits réels quelconques, hypothèques, usufruit, servitudes. Seulement, les hypothèques ne peuvent s'exercer pendant l'usufruit que sur la nue-propriété (1). Quant à l'usufruit nouveau et aux servitudes, l'exercice en serait renvoyé à l'époque de l'extinction de l'usufruit actuellement existant. Et même, les servitudes de nature à ne porter aucune atteinte à la jouissance de l'usufruitier s'exerceraient immédiatement. Telle est ou peut être la prohibition de bâtir. En effet, les constructions qui changeraient la substance étant interdites à l'usufruitier, l'exercice d'une servitude par laquelle le nu-propriétaire les interdirait sur son fonds en faveur d'un fonds voisin, se concilie parfaitement avec l'exercice de l'usufruit (2).

L'existence de l'usufruit ne fait nul obstacle à ce que le nu-propriétaire acquière des servitudes, puisque ces servitudes ne peuvent qu'être utiles à l'usufruitier. — Il peut bien éteindre les servitudes acquises au fonds; mais l'usufruitier conserve le droit de continuer à en jouir. C'est ainsi que dans les principes purs du droit romain, l'affranchissement par le nu-propriétaire d'un esclave grevé d'usufruit n'ôtait pas à l'usufruitier le droit d'en jouir (3). — Si même il s'agissait d'une servitude acquise depuis l'ouverture de l'usufruit sans la participation de l'usufruitier, l'extinction aurait sans doute effet même contre lui, parce qu'elle remettrait simplement les choses dans l'état où elles étaient à l'ouverture de l'usufruit, et que, par suite, elle ne nuirait pas au droit de l'usufruitier, son seul droit étant de jouir des choses dans cet état.

Par suite des mêmes principes, si l'usufruit porte sur une créance, le nu-propriétaire peut, non-seulement céder sa nue-propriété, mais encore nover la créance, en faire remise au débiteur. La cession, novation ou remise n'apporterait aucun changement dans le droit de l'usufruitier (621), qui continuerait dès-lors de jouir comme auparavant et pourrait toujours à l'échéance se faire rembourser le capital, sauf à l'extinction de l'usufruit à le restituer à qui de droit et par conséquent au débiteur lui-même, lorsqu'il y a eu remise. — Du reste, le nu-

---

(1) Pothier, Hypothèques, n. 140. — (2) ff. 16, *de usuf.* — (3) L. 1, C. *comm. div.*

propriétaire n'a pas qualité pour réclamer le paiement, puisque s'il recevait, il devrait remettre à l'usufruitier (n. 121). Evidemment, ce serait de sa part préjudicier aux droits de l'usufruitier que d'exiger un paiement qui revient à ce dernier. Il n'a pas même qualité pour recevoir de manière à libérer le débiteur envers l'usufruitier, lorsque ce dernier est saisi à l'égard des tiers (n. 11). Il suit de là qu'à partir de cette saisine, la confusion ne peut plus s'opérer, si le propriétaire hérite du débiteur ou réciproquement, ni la compensation, si le débiteur devient son créancier.

161. Il est certains produits ou émoluments de la chose qui ne sont pas le résultat du droit de jouir, et qui pour cette raison échappent à l'usufruitier. Ils reviennent dès-lors au propriétaire. Ainsi, c'est le propriétaire qui a droit au trésor trouvé sur le fonds, à la moitié seulement s'il a été trouvé par hasard, l'autre moitié revenant alors à l'inventeur, à la totalité s'il a été trouvé par suite de recherches faites à dessein. L'usufruitier n'a aucun droit au trésor qui pourrait être découvert pendant la durée de l'usufruit (598), aucun droit, c'est-à-dire, pas même le droit d'en jouir. Et il en est ainsi, même de l'usufruitier universel, parce que le trésor n'ayant été découvert que pendant l'usufruit, ne faisait pas partie de l'universalité au moment où l'usufruit est venu la frapper. — Du reste, si c'est lui qui découvre le trésor, il a droit à la moitié comme inventeur. L'art. 598 ne statue que sur ses droits comme usufruitier (1).

C'est encore le propriétaire qui a droit aux arbres arrachés ou brisés par accident, lorsque ces arbres n'ont pas le caractère de fruits et que d'ailleurs l'usufruitier n'a pas à faire de réparations auxquelles ils puissent être employés (n. 135). Mais il n'a pas le droit d'en abattre, parce qu'ils peuvent procurer de l'utilité et de l'agrément à l'usufruitier, à moins qu'ils ne menacent de dépérir, cas auquel il y a nécessité et une sorte de cas fortuit dont l'usufruitier doit supporter les conséquences (1).

162. Toute personne peut veiller à la conservation de ses droits. Il est dès-lors permis au nu-propriétaire de veiller à la conservation de la chose grevée d'usufruit, et cela, comme de juste, soit contre l'usufruitier, soit contre des tiers. Il peut donc, non

---

(1) Proudhon, n. 513. Duranton, n. 513. Grenoble, 3 janv. 1811. —
(2) Duranton, n. 560. Poitiers, 2 avril 1818.

seulement surveiller lui-même, mais encore faire garder la chose, même contre le gré de l'usufruitier ; par exemple, établir un garde-champêtre ou forestier dans les propriétés rurales, un concierge dans les maisons, lorsqu'il n'y en avait pas avant l'établissement de l'usufruit (1). — Proudhon (n. 873) met les salaires de ce garde ou concierge à la charge de l'usufruitier, par la raison que l'usufruitier est obligé de veiller à la garde de la chose. Toutefois, l'usufruitier peut remplir cette obligation par lui-même ou par ses gens, et, par suite, congédier le garde ou concierge, s'il y en a. Le nu-propriétaire ne saurait lui imposer aucune règle ou charge à cet égard. Il ne peut qu'agir en indemnité et au besoin faire ordonner les mesures que nécessiteraient les circonstances, si la propriété a souffert pour avoir été mal gardée. S'il prend préventivement un surcroît de précaution, c'est à lui à en supporter les frais, par conséquent à payer le salaire et à fournir le logement au gardien nouveau qu'il établirait ou au gardien ancien qu'il maintiendrait, quoique la surveillance fût faite par l'usufruitier lui-même ou par ses gens.

163. Par suite des mêmes principes, le nu-propriétaire conserve le droit d'obliger ses voisins au bornage de leurs propriétés contiguës, le bornage pouvant prévenir les empiétements. (646).

Le nu-propriétaire d'une portion indivise conserve également le droit de sortir de l'indivision de la nue-propriété et par conséquent de provoquer le partage contre ses co-propriétaires. Du reste, un partage, soit amiable, soit judiciaire, n'ayant effet qu'entre ceux qui y sont intervenus, il ne portera dans l'espèce que sur le droit de propriété, si l'usufruitier n'y intervient pas, de même qu'un partage fait avec l'usufruitier sans l'intervention du nu-propriétaire, ne porte que sur le droit de jouir (n. 154). Il peut donc y avoir pour une seule et même chose, soit deux partages distincts portant exclusivement, l'un sur la propriété, l'autre sur la jouissance ; soit un partage unique portant et sur la propriété et sur la jouissance. — Il en est de même d'un bornage (2).

164. On a dit que le nu-propriétaire et l'usufruitier sont communistes, ou associés dans le domaine de la chose (3). — Cela n'est pas exact. Le droit de jouir, une fois détaché de la propriété,

---

(1) ff. 16, § 1, *de usu et hab*. — (2) Proudhon, n. 1243, 1244. — (3) Id. n. 7.

appartient exclusivement et en totalité à l'usufruitier. Les autres
éléments de la propriété, restent exclusivement et en totalité au
nu-propriétaire. Le domaine est donc divisé et réparti entre l'u-
sufruitier et le nu-propriétaire, qui en ont chacun une portion
distincte et séparée. Evidemment, cet état de choses ne les constitue pas en société ou communauté, la distinction ou séparation
des droits étant l'inverse d'une société ou communauté. L'un ne
pourrait donc agir contre l'autre en partage ou licitation (1). De
même, le principe posé par l'art. 883 et les conséquences qui en
résultent ne s'appliquent pas à la cession que l'un ferait à l'autre
de son droit.

Si le même individu est plein propriétaire de la moitié indivise
d'une chose et usufruitier de l'autre moitié, la jouissance lui appartenant exclusivement, la nue-propriété seule peut faire l'objet
d'un partage ou d'une licitation, parce que seule elle est indivise (2). — Mais si un usufruit ne grève qu'une part indivise et
que la jouissance du surplus reste au nu-propriétaire, le droit
de jouir est indivis entre lui et l'usufruitier et donne dès-lors lieu
à partage, tout comme s'il s'agissait de co-usufruitiers. (3).

165. Par suite de ces principes, si une succession est grevée
d'usufruit en totalité ou pour une quote-part, l'usufruitier n'étant
pas co-propriétaire reste étranger à tout partage ayant la propriété pour objet. D'où il suit que s'il a acheté les droits d'un
cohéritier, 1° il peut être écarté du partage ; 2° s'il y est admis,
il n'a pas qualité pour écarter le cessionnaire d'un héritier. Qu'importe que, pour l'assiette de ses droits comme usufruitier universel ou à titre universel, il ait qualité pour discuter l'actif et le
passif, par conséquent pour prendre connaissance de la situation
entière des choses? L'art. 841 a pour objet de l'écarter, non de
l'inventaire ou de la vérification du patrimoine, mais du partage.
Il n'est pas successible quant aux droits à partager. Cela suffit (4).
— Mais si la jouissance même est indivise entre l'usufruitier et
les héritiers, ce qui a lieu ou peut avoir lieu si son usufruit est à
titre universel, il doit pouvoir écarter du partage de la jouissance le
cessionnaire d'un autre ayant-droit, et son cessionnaire à lui
pourrait aussi en être écarté. Et il en doit être de même si c'est

---

(1) ff. 6, *de reb. cor.* — (2) Douai, 23 novembre 1847. Contr. Paris,
18 mars 1848. — (3) Cass. 8 août 1836. — (4) Cass. 17 juillet 1843.
Merlin, Rep. supp. v° Droits succ. n. 13. Chabot, sur 841. Duranton,
7, n. 275. Contr. Benoît, Retr. succ. Bourges, 4 mai 1843.

entre plusieurs légataires ou donataires en usufruit que la jouissance est indivise. L'objet de l'art. 841 est de permettre d'écarter d'un partage de succession tout cessionnaire à qui la cession seule donne le droit de s'y présenter. Or, lorsqu'il y a lieu dans une succession à plusieurs partages, par exemple, un pour la propriété, un autre pour la jouissance, tous ne doivent-ils pas être également protégés par l'art. 841, c'est-à-dire mis à l'abri de l'intervention d'étrangers trop souvent mus par la cupidité? La lettre et l'esprit de la loi se réunissent donc pour ne pas permettre de distinction.

166. L'usufruit et la nue-propriété sont deux droits distincts qui s'exercent chacun dans sa sphère propre et ne se font dès-lors aucun obstacle. Ainsi, la circonstance qu'une personne jouit de telle chose comme usufruitier, n'empêche aucunement une autre personne de la posséder comme nu-propriétaire. Une même chose est alors l'objet de deux possessions distinctes, l'une à titre d'usufruitier, l'autre à titre de propriétaire. Sans doute, celui qui se donne et passe pour nu-propriétaire ne détient pas par lui-même; mais il détient par l'usufruitier, dont la détention doit, quant au droit de propriété, profiter à celui qu'il reconnaît comme propriétaire (2236). — Si donc, en aliénant une chose dont on a d'ailleurs la possession, on en retient l'usufruit, cette rétention transfère immédiatement la possession à l'acquéreur, parce qu'en effet celui qui aliène ne détient plus désormais qu'à titre d'usufruitier, et, partant, pour celui qui acquiert (1).

La possession à titre de nu-propriétaire ne saurait sans doute faire acquérir les fruits au possesseur, alors même qu'il serait de bonne foi, son titre (celui de nu-propriétaire) s'y opposant. Mais sauf cela, elle produit les effets ordinaires d'une possession à titre de propriétaire. Ainsi :

1º Elle conduit à la prescription (2) ;

2º Elle donne droit d'agir au possessoire. — Si donc, dans le cours de l'année où s'est éteint l'usufruit, le propriétaire ou celui qui possède comme tel agit au possessoire, on serait mal fondé à prétendre qu'il n'a pas la possession annale ; car il possédait dès avant l'extinction de l'usufruit. Le seul changement résultant de cette extinction, c'est que depuis il détient par lui-même, tandis qu'auparavant il détenait par l'usufruitier (3).

---

(1) L. 28, C. *de donat.* — (2) Paris, 12 juin 1826. — (3) Proudhon, n. 2571. Contr. Cass. 6 mars 1822. Duranton, n. 513.

167. L'usufruit grevant une chose ne suspend pas en faveur du nu-propriétaire la prescription de la propriété. La règle en effet est que la prescription court par cela seul qu'il n'existe pas une cause de suspension expressément établie par la loi (2251). Or, nulle disposition de loi ne fait de l'usufruit une cause de suspension. Bien plus, les art. 614, 1561 et 1562 supposent, le premier implicitement, les deux derniers formellement, que la prescription court nonobstant l'usufruit. Et cela est rationnel ; car l'existence de l'usufruit n'empêche pas le nu-propriétaire d'agir et de faire les actes conservatoires de son droit (n. 168).

Cela étant, si avant l'ouverture de l'usufruit, la prescription acquisitive d'une servitude a commencé au profit d'un fonds voisin, elle continue, et ce, alors même que ce serait à l'usufruitier qu'appartiendrait ce fonds. Car d'un côté, le droit qu'il a de jouir du fonds grevé d'usufruit, ne saurait le priver des avantages attachés à la possession et à la propriété des choses qui lui appartiennent en propre. D'un autre côté, comme il lui suffit de conserver les choses dans l'état où il les a prises, il n'est tenu de faire cesser ou de dénoncer au nu-propriétaire les atteintes portées aux droits de ce dernier, qu'autant qu'elles ont été commises pendant la durée de l'usufruit. V. n. 614 (1). — Si toutefois il est, en qualité de tuteur, mari ou tout autre titre, administrateur du bien grevé d'usufruit, comme alors il répond des prescriptions survenues par sa négligence, et qu'il y aurait négligence de sa part à ne pas interrompre une prescription qu'il ne saurait ignorer, puisqu'elle court à son profit, il ne serait pas recevable à l'invoquer pour son propre compte. C'est un cas analogue à celui de la règle *quem de evictione tenet actio*, etc. Il en serait de même de tout usufruitier pour le cas où la prescription n'aurait pas commencé avant l'ouverture de l'usufruit. Un usufruitier est tenu de veiller à la garde de la chose (n. 205). Or cette obligation, qui l'astreint à dénoncer au propriétaire les atteintes portées à ses droits par un tiers pendant la durée de l'usufruit, atteintes qu'il n'a peut-être pas dépendu de lui d'empêcher, l'astreint nécessairement à s'en abstenir lui-même comme possesseur du fonds voisin, cette abstention étant en son pouvoir.

168. Le nu-propriétaire a, comme de juste, droit aux actions que donne la propriété, notamment à la revendication. — S'il re-

---

(1) Pau, 51 décembre 1836.

vendique, il ne peut obtenir l'abandon immédiat de la jouissance, puisqu'il n'y a pas droit. Il ne peut non plus se faire tenir compte des fruits par le tiers possesseur pour le temps où ces fruits reviennent à l'usufruitier. Si donc, par exemple, le défendeur n'est entré en possession qu'après l'ouverture de l'usufruit, il ne sera tenu de restituer les fruits au nu-propriétaire qu'autant que l'usufruit s'éteindrait pendant l'instance et à partir de cette extinction ; car jusque-là le nu-propriétaire n'a pas eu le droit de jouir (1). Par la même raison, si un plein propriétaire revendique et qu'un usufruit s'ouvre pendant l'instance, il ne doit plus lui être tenu compte des fruits à partir du jour où l'usufruit s'est séparé de la propriété (2). — Il en serait de même si au lieu de la revendication, il s'agissait d'une action possessoire.

Le nu-propriétaire a aussi les actions personnelles de droit commun à raison des délits ou quasi-délits commis contre la chose grevée d'usufruit. Il n'a pas d'action pour les dommages causés aux fruits, ces dommages n'intéressant que l'usufruitier. Le nu-propriétaire en effet, de même que toute autre personne, ne peut agir que dans la mesure de ses droits et de son intérêt. Si donc, pendant la durée de l'usufruit, un fermier cultive mal, s'il abandonne et dégarnit la ferme, comme ces faits n'intéressent que la jouissance actuelle, le nu-propriétaire est sans action contre lui (3). Il ne pourrait agir que dans le cas où les faits du fermier feraient tort à la chose même.

169. Un propriétaire a notamment action contre celui qui prétendrait indument un droit d'usufruit sur sa chose. Cette action s'appelle *négatoire*, parce que le demandeur nie que la partie adverse ait le droit de jouir malgré lui de telle chose. — Dans la pratique romaine, où chaque action avait sa formule propre, l'action négatoire était nettement distinguée de la revendication ; et elle avait paru indispensable au propriétaire contre les tiers qui prétendaient un droit d'usufruit ou de servitude sur sa chose, la revendication étant réputée insuffisante en pareil cas. La revendication en effet, étant une action par laquelle le demandeur se prétend propriétaire d'une chose, ne pouvait, pensait-on, compéter contre ceux qui ne lui contestaient point son droit de propriété ; et tel est le cas de celui qui se prétend usufruitier. Notre

____

(1) ff. 19, *de usur.* ff. 33, de R. V. Cass. 20 janv. 1844. — (2) ff. 35, *pr. eod.* — (3) Orléans, 14 décembre 1854.

pratique n'a pas reproduit ces formules nettes et tranchées qui distinguaient les actions en droit romain ; de sorte qu'en définitive, l'action du propriétaire contre un prétendu usufruitier ne diffère pas de toute autre action qu'il dirigerait contre ceux dont les prétentions ou les actes porteraient atteinte à ses droits. L'action dite négatoire n'est donc chez nous qu'une revendication dans tel cas donné.

Cette absence de formules pour les actions fait qu'à la différence du droit romain, où l'action négatoire ne compétait qu'au propriétaire, un usufruitier pourrait chez nous l'intenter contre un tiers qui prétendrait avoir l'usufruit. En droit romain, on disait : un usufruitier est sans doute fondé comme un propriétaire à soutenir que personne n'a le droit de jouir de la chose. Mais lorsqu'il veut agir, il n'a pas besoin de dénier le droit d'usufruit à son adversaire. Il lui suffit de prétendre avoir lui-même ce droit, c'est-à-dire d'intenter l'action confessoire ; car cette prétention a pour conséquence, une fois qu'elle est reconnue fondée, de faire cesser pareille prétention élevée par un tiers. Et comme l'action confessoire lui suffit, c'est la seule qu'il puisse obtenir. Evidemment, peu importe chez nous que l'usufruitier, en agissant, prétende avoir lui-même l'usufruit ou dénie ce droit à son adversaire, c'est-à-dire peu importe que son action se présente sous la forme confessoire ou sous la forme négatoire.

L'action négatoire compète au propriétaire, non seulement lorsque celui qui se prétend usufruitier est en possession à ce titre, mais encore lorsqu'il n'y est pas, et que par conséquent c'est lui, propriétaire, qui jouit. Un propriétaire a en effet intérêt pour sa propre sécurité et celle de ses représentants dans l'avenir, à écarter dès à présent les prétentions d'un tiers à un droit sur sa chose. Il peut avoir aujourd'hui à sa disposition des preuves qu'il n'aura peut-être plus à l'époque où celui qui prétend avoir ce droit viendra le réclamer judiciairement. D'ailleurs, ces prétentions le troublent, au moins moralement, dans sa possession. Or il doit pouvoir se mettre à l'abri de tout trouble.

170. L'action négatoire n'est en réalité de la part du propriétaire que la revendication exercée dans un cas spécial. Cela étant, la charge de la preuve doit incomber au demandeur, comme dans toute autre action, et ce, parce qu'aucune disposition de loi ne déroge pour ce cas au droit commun. Mais quelle est la preuve à fournir par lui ? Voilà toute la question. Suivant moi, il n'a qu'une chose à prouver, à savoir, qu'il est propriétaire. En

effet, le propriétaire a le droit de s'opposer à ce qu'on jouisse de sa chose. Donc, par cela seul que le demandeur dans l'action négatoire justifie de son droit de propriété, il établit le bien fondé de sa demande ; car il établit qu'il a qualité pour s'opposer à ce qu'on jouisse de sa chose malgré lui. Son action a pour base le droit de propriété. Il a donc à prouver ce droit ; mais rien de plus. C'est ensuite au défendeur à prouver que, dans le cas particulier, le droit de propriété n'autorise pas le demandeur à s'opposer à ce que lui, défendeur, jouisse de la chose, à prouver par conséquent qu'il est intervenu un fait qui a modifié en ce sens la condition normale et régulière de la propriété, en lui donnant à lui, défendeur, le droit de jouir de la chose. C'est donc à celui qui prétend avoir un droit d'usufruit à en prouver l'existence dans l'action négatoire comme dans l'action confessoire (n. 153), et ajoutons, quand il possède comme quand il ne possède pas. Car dès que le demandeur a établi son droit de propriété, le fait de la possession du défendeur ne saurait, à lui seul, faire tomber la conséquence à déduire de ce droit. Ce n'est pas que la possession soit sans utilité. Elle donne toujours au possesseur l'avantage de rester en possession, si l'adversaire ne prouve pas son droit de propriété. — C'est ainsi que, d'après une loi romaine, un créancier gagiste ou antichrésiste doit toujours prouver l'existence de sa créance et. du nantissement, alors même qu'étant en possession, il excipe du nantissement pour repousser la revendication du propriétaire (1). Ce cas doit être assimilé à celui qui nous occupe ; voici pourquoi. Un propriétaire peut avoir à défendre sa chose contre toute espèce de droit réel ; et pourtant ce n'est qu'en matière d'usufruit et de servitude que le droit romain a créé à son profit une action par laquelle il niait le droit prétendu par son adversaire. Contre tout autre droit réel, il n'avait que la revendication ; il se bornait donc à invoquer son droit de propriété. On concluait aisément de là qu'il n'avait alors à prouver que ce droit. Mais au fond, soit dans la revendication, soit dans l'action négatoire, la base unique de son action était le droit de propriété, droit qui donne le pouvoir de s'opposer à ce qu'on exerce sans titre un droit quelconque sur la chose. Donc, peu importe que le propriétaire agisse pour empêcher l'exercice d'un usufruit, d'une servitude, ou bien de tout autre droit réel ; sa position doit être la même sous le rapport de la preuve à faire. Par conséquent, puisque celui qui possède à

____

(1) L. 10, C. *de pign. act.*

titre de nantissement, ne peut repousser l'action du propriétaire
en se bornant à dire : je possède à titre de nantissement ; prouvez
que ma possession n'est pas fondée ; puisque, pour se maintenir
en possession, il est astreint, nonobstant son rôle de défendeur,
à prouver l'existence du nantissement, tout comme si, ne pos-
sédant pas, il agissait lui-même contre le débiteur pour se faire
mettre en possession, il en doit être de même de celui qui, jouissant
comme usufruitier, est actionné par l'action dite négatoire. Cette
assimilation doit d'autant moins faire doute, que notre droit
ne reconnaît pas dans la revendication proprement dite et l'action
négatoire, deux actions distinctes même en la forme. Chez nous,
le propriétaire qui agit pour défendre sa chose contre un droit réel
quelconque, peut toujours présenter son action sous la forme
négatoire. Or cette circonstance ne doit évidemment exercer
aucune influence relativement au fardeau de la preuve. — Décider
autrement, astreindre le demandeur à prouver que la chose n'est
pas grevée d'usufruit, c'est l'astreindre à l'impossible ; car c'est
lui imposer la preuve d'une pure négation qui ne saurait se résoudre en une affirmation, ce qui est contraire aux principes (1).
Ce n'est qu'autant que le défendeur établirait que la chose a été
grevée d'usufruit, que le demandeur pourrait et devrait prouver
que l'usufruit est éteint. Mais en pareil cas la négation de l'existence actuelle de l'usufruit se résout en une affirmation, à savoir,
qu'il s'est passé tel fait qui l'a éteint.

Suivant des auteurs, le rôle de demandeur astreint le propriétaire à prouver que sa chose n'est pas grevée d'usufruit. Mais
comme cette preuve, pour pouvoir être exigée de lui, doit devenir
possible en se résolvant en une affirmation, le défendeur est tenu
d'indiquer le titre en vertu duquel il prétend avoir l'usufruit, afin
de mettre le demandeur à même de le débattre. — Astreindre le
défendeur à indiquer son titre, c'est réellement et par la force
même des choses, le mettre dans la nécessité d'en établir l'existence ; car c'est l'obliger à en préciser la nature, la date, l'auteur,
etc. Ceux qui présentent ainsi les choses arrivent donc au même
résultat que moi. Seulement, ils ne s'en doutent pas. Ils rai-
sonnent du fond du cabinet. Qu'ils aillent à l'audience, et ils
verront la réalité (2).

---

(1) ff. 23, C. *de prob.* — (2) Pothier, C. d'Orl., tit. 13, n. 11. Zachariæ, 2, p. 118. Bélime, Act. poss., n. 492. Toullier, 3, n. 714. Grenoble,
14 juillet 1852. Contr. Duranton, 5, n. 641. Delvincourt. Pardessus.

171. Lorsque l'action négatoire est fondée, si le défendeur est en possession, il doit être condamné aux mêmes restitutions et dommages intérêts que dans tout autre cas de revendication (1). Lors en effet que le propriétaire évince un possesseur qui prétend avoir l'usufruit de sa chose, il doit être traité comme lorsqu'il évince un possesseur qui prétend en avoir la propriété; car son droit à lui est exactement le même dans l'un et l'autre cas. — Si le demandeur était lui-même en possession, le défendeur est simplement condamné à s'abstenir désormais d'élever aucune prétention à l'usufruit et à payer des dommages intérêts, si celles qu'il a élevées ont préjudicié au demandeur (2).

ART. 3. — Obligations de l'usufruitier.

L'usufruitier a des obligations à remplir à son entrée en jouissance, pendant sa jouissance, à l'expiration de sa jouissance.

§ 1. — *Ses obligations à son entrée en jouissance.*

SOMMAIRE.

172. Il en a deux. Il doit les exécuter à ses frais.
173. 1° Il doit faire dresser inventaire des meubles, état des immeubles.
174. Son retard à ce sujet le prive-t-il des fruits ?
175. Le propriétaire doit être présent ou appelé.
176. Formes de l'inventaire et de l'état.
177. Est-il besoin d'estimer les objets ?
178. Cas où il n'y a pas lieu à inventaire.
179. Conséquences du défaut d'état ou inventaire.
180. L'usufruitier peut-il être dispensé de cette charge ?
181. Effet de la dispense. Effet d'une prohibition.
182. La dispense n'est soumise à aucune forme.
183. 2° L'usufruitier doit donner caution.
184. Il peut toujours en être dispensé.
185. La dispense n'est soumise à aucune forme.
186. Dispenses établies par la loi.
187. Elles ne peuvent s'étendre.

---

(1) ff. 5, § 3 et 6, *si ususf.* — (2) *Dict.* § 6.

§ 2. — *Ses obligations pendant sa jouissance.*

219. A moins de faute de sa part.

220. Il n'est pas tenu de rebâtir ce qui est tombé de vétusté ou a péri par cas fortuit.

221. Quid des dégradations venant d'un tiers ?

222. Si le propriétaire fait une réparation due par l'usufruitier, celui-ci lui doit compte de la dépense.

223. La charge de réparer est indivisible.

224. Le propriétaire est-il tenu de faire les grosses réparations ?

225. Il a droit de les faire,

226. Sans pouvoir faire contribuer l'usufruitier à la dépense.

227. L'usufruitier peut faire toute espèce de réparations.

228. Le nu-propriétaire lui doit-il compte de la dépense ? Cas où l'usufruitier est administrateur.

229. L'usufruitier d'un troupeau doit l'entretenir par le croît,

230. Mais par le croît à venir seulement.

231. L'usufruitier est tenu des charges des fruits,

232. Qui coïncident avec sa jouissance.

233. Les charges imposées sur la propriété incombent au nu-propriétaire pour le capital, à l'usufruitier pour les intérêts.

234. Divers exemples de ces charges.

235. Charges sur lesquelles il y a controverse.

236. Elles doivent avoir été imposées pendant l'usufruit.

237. Les dettes ne portent que sur l'universalité des biens.

238. L'usufruitier à titre particulier ne contribue pas aux dettes même hypothécaires.

239. L'usufruitier universel ou à titre universel y contribue,

240. Pour les intérêts seulement.

241. Il y a pour lui trois manières de les supporter.

242. Les créanciers seuls ont action contre le propriétaire à raison des dettes.

243. Si l'usufruitier est créancier, il peut demander le capital, et la prescription court contre lui.

244. Il supporte aussi les arrérages de rentes ou pensions.

245. L'art. 1409 1° est l'application des art. 610 et 612.

246. L'art. 612 régit toutes les charges d'une succession,

247. Et concerne même l'usufruit établi à titre onéreux.

248. Un testateur peut-il déroger à ces règles ?

249. Les intérêts ou arrérages courent contre l'usufruitier jour par jour.

250. Quid des intérêts moratoires encourus par le propriétaire ?

§ Ier. — *Obligations de l'usufruitier à son entrée en jouissance.*

172. L'usufruitier doit, à son entrée en jouissance, 1° faire dresser un inventaire des meubles et un état des immeubles ; 2° donner caution de jouir en bon père de famille (600, 601).

Dans le silence de la loi, les frais que peut entraîner l'exécution de ces obligations sont à sa charge, parce qu'en principe les frais de l'accomplissement d'une obligation incombent au débiteur. V. 1248 (1).

173. « Il ne peut entrer en jouissance qu'après avoir fait dresser un inventaire des meubles et un état des immeubles sujets à l'usufruit » (600). -— L'usufruitier doit, à l'extinction de son droit, restituer au propriétaire les choses qui y étaient soumises, et les lui restituer non détériorées par sa faute. Or il pourrait échapper souvent à cette obligation, s'il lui était permis d'entrer en jouissance sans avoir au préalable fait constater : 1° quelles sont les choses sur lesquelles porte l'usufruit ; 2° en quel état elles sont au moment où elles vont être mises à sa disposition (2).

174. Des termes de la loi (« il ne peut entrer en jouissance qu'après.. ») il résulterait, suivant des auteurs, que l'usufruitier n'a droit aux fruits qu'après avoir fait dresser l'état et l'inventaire prescrits. Ils appuient cette interprétation d'un argument *a contrario* tiré de l'art. 604. La loi, disent-ils, porte que le retard de

____

(1) Proudhon, n. 792. — (2) Fenet, p. 236.

donner caution ne prive pas l'usufruitier des fruits. Mais elle n'en dit pas autant du retard de faire dresser état et inventaire. Il en doit donc être autrement. — Interpréter ainsi l'art. 600, c'est mettre la loi en contradiction flagrante avec elle-même ; car c'est lui faire poser en règle (600) que les fruits ne sont acquis à l'usufruitier qu'à partir du jour où il a fait dresser état ou inventaire, après qu'elle a déclaré (585, 586) que les fruits appartiennent à l'usufruitier dès que l'usufruit est ouvert. Evidemment, ces deux propositions sont inconciliables. Or la dernière seule résulte des termes précis de la loi. La première, au contraire, ne s'appuie que sur une expression équivoque de l'art. 600, et elle n'est nullement demandée par le but même de cet article. L'expression entrer en jouissance peut très-bien, en thèse générale, signifier et elle signifie effectivement dans l'art. 600 entrer en possession. En effet, ce que veut la loi, c'est qu'il ne soit pas au pouvoir de l'usufruitier de faire disparaître ou de détériorer les choses avant que le nombre, l'espèce et l'état en aient été constatés (n. 173). Or il suffit, pour atteindre ce but, de lui en refuser la prise de possession tant qu'il n'en a pas fait dresser état ou inventaire. La circonstance que les fruits lui seront acquis avant même l'accomplissement de cette formalité, ne saurait lui donner les moyens de détourner, détruire ou détériorer les choses elles-mêmes. Disons donc de l'obligation de faire dresser état ou inventaire, ce que la loi dit de l'obligation de fournir caution. Le retard mis par l'usufruitier à remplir l'une ne le prive pas plus que son retard à remplir l'autre, des fruits auxquels il peut avoir droit, ou plus exactement, l'usufruitier a droit aux fruits même pendant l'intervalle qui pourrait s'écouler avant qu'il ait rempli l'une ou l'autre des obligations qui lui sont imposées à son entrée en jouissance. Pour faire admettre qu'au fond la loi a dû être moins sévère au sujet de l'obligation de donner caution, on dit : le retard de donner caution peut ne pas être imputable à l'usufruitier, tandis qu'il dépend toujours de lui de faire dresser sans délai état ou inventaire. Cela n'est pas exact. Il est souvent impossible à un usufruitier de s'occuper de cette formalité le jour même de l'ouverture de son droit. Qu'il lui faille souvent un temps plus long pour trouver une caution ; c'est possible. Mais en droit il ne saurait être question de plus ou de moins. Une exécution immédiate par l'usufruitier des deux obligations dont l'accomplissement doit précéder son entrée en possession, est presque toujours impossible. Voilà le fait. Or la loi ne veut pas que le délai nécessaire en pareil cas lui soit préjudiciable. Les art. 585 et 586 suffisent pour nous indiquer son intention à cet égard, soit pour l'une, soit pour l'autre obligation. Si elle s'est expliquée au sujet de l'obligation de donner caution, cela tient à ce qu'autrefois la question pour ce cas était controversée, circonstance qui ne se rencontrait pas pour l'obligation de faire dresser état ou inventaire. Mais comme il n'est pas besoin pour appliquer une règle qu'elle soit reproduite à chaque hypothèse, qu'il suffit au contraire que la loi n'en ait pas expressément écarté l'application, celle des art. 585 et 586 reste applicable au cas prévu par l'art. 600, quoique ce dernier article ne la rappelle pas. La seule conséquence dès-lors à tirer des termes de l'art. 600, c'est que le propriétaire peut s'opposer à ce que l'usufruitier prenne possession des choses avant d'avoir fait dresser état ou inventaire. Il peut donc jusque-là refuser de s'en dessaisir, si elles sont entre ses mains ; et si elles sont entre les mains d'un tiers et que l'usufruitier en réclame la remise, intervenir pour s'opposer à sa demande. Mais s'il perçoit des fruits, il en doit compte à l'usufruitier. — En conséquence, si l'usufruitier demande contre lui sa mise en possession avant d'avoir fait dresser état ou inventaire, il ne doit pas pour cela seul être déclaré non recevable quant à présent. Il y a seulement lieu, tout en ordonnant le délaissement en sa faveur, de le condamner à remplir au préalable cette formalité (1).

175. L'inventaire et l'état doivent être faits « en présence du propriétaire ou lui dûment appelé » (600). En effet, ils sont destinés à lui servir de moyens de preuve contre l'usufruitier. Or, s'ils pouvaient être faits hors sa présence et à son insu, ils ne présenteraient aucune garantie d'exactitude ou de sincérité. — Si le propriétaire se présente sur une invitation amiable, la loi est satisfaite; car l'opération aura lieu en sa présence. S'il ne se présente pas, il devra être appelé par exploit d'huissier ; et, en ce cas, alors même qu'il ne se présenterait pas, la loi est encore satisfaite , car il aura été dûment appelé. En effet, le refus, l'impossibilité même où serait le propriétaire de se présenter, ne doivent pas retarder ou empêcher la prise de possession de l'usufruitier.

176. La loi ne s'explique pas sur la forme de l'inventaire ni de

---

(1) Bordeaux, 14 mai 1841. Dijon, 2 juillet 1842. Contr. Proudhon, n. 798, 814. Demolombe, p. 446 Toulouse. 28 août 1820 et 29 juillet 1829. Nîmes, 5 janv. 1838.

l'état. Il faut donc s'en tenir à cet égard aux principes généraux. — L'inventaire et l'état ne sont que des moyens de preuve. Or, si le propriétaire et l'usufruitier sont tous deux capables et d'accord, ils peuvent les dresser amiablement entre eux, comme bon leur semble. Un écrit n'est même nécessaire qu'autant que les choses soumises à l'usufruit dépassent la valeur de 150 francs (1341). En cas d'incapacité, ils seront représentés, le mineur ou interdit par le tuteur, la femme mariée par son mari, si c'est le mari qui a l'administration de ses biens. Car puisqu'il s'agit, non de créer, d'éteindre ou de modifier des droits, mais simplement de constater un fait, l'opération ne constitue qu'une sorte de mesure conservatoire, un acte d'administration, et à ce titre, elle rentre dans les pouvoirs d'un administrateur ou mandataire général, tel qu'un tuteur ou un mari. — Si les parties ne sont pas d'accord, ou si le propriétaire ne se présente pas, l'usufruitier doit se procurer un inventaire et un état authentiques, parce qu'il ne saurait se faire un titre à lui-même. Il devra donc alors faire dresser l'inventaire par un notaire, et l'état par des experts, que, sur sa requête, le tribunal commettra à cet effet. Il est clair que le propriétaire qui se présente peut exiger que l'inventaire et l'état soient ainsi dressés (1).

L'usufruitier doit avoir le choix du notaire, parce que, chargé de faire dresser l'inventaire, il a par là même le pouvoir de faire tout ce qui est nécessaire pour cela, et qu'il est nécessaire notamment de requérir un notaire. — Quant aux experts, que l'usufruitier les ait ou non dans sa requête désignés au choix du tribunal, ils ne recevront leurs pouvoirs que de la commission du juge ; car il n'y a pas dans notre société de personnes ayant pouvoir général de faire des expertises ou états authentiques, tandis que les notaires ont de droit pouvoir de donner l'authenticité aux actes, notamment aux inventaires.

177. La loi n'exige pas que l'inventaire soit fait avec prisée. Or, on ne doit pas être plus exigeant que la loi. Une estimation en effet n'est pas indispensable pour atteindre le but qu'on se propose. Ce but est de déterminer ce que l'usufruitier devra restituer un jour (n. 173). Il suffit pour cela de constater le nombre, l'espèce et la qualité des objets mobiliers qui doivent lui être remis (2).

---

(1) Proudhon, n. 788, 792. Duranton, n. 579, 595. Marcadé. — (2) Contr. Proudhon, n. 789.

178. Si le titre constitutif porte que les effets mobiliers seront estimés et que l'usufruitier restituera l'estimation, une estimation sans doute devient nécessaire. Mais alors l'inventaire ne l'est plus ; car il n'est pas besoin de détailler les objets ; il suffit de les estimer en bloc, puisque c'est l'estimation que le propriétaire doit recouvrer. — Il en est de même pour les choses faisant l'objet d'un quasi-usufruit.

Lorsque l'usufruit est établi par donation entre-vifs sur des effets mobiliers, l'état estimatif prescrit par l'art. 948 pour la validité de la donation dispense d'un inventaire ; car il fournit la preuve que l'inventaire est destiné à procurer dans les autres cas. Cela résulte même expressément de l'art. 950 pour le cas où des effets mobiliers ont été donnés avec réserve d'usufruit.

De même, si l'usufruit ne porte que sur des créances, des rentes, et que ces créances ou rentes soient spécifiées dans le titre constitutif, il n'y a pas lieu à inventaire ; car un inventaire n'en dirait pas plus que le titre constitutif. — Il en est de même si l'usufruit porte sur une somme d'argent.

179. Dans le cas de l'art. 1442, le défaut d'inventaire fait perdre à l'usufruitier son usufruit (n. 335). Mais c'est là une déchéance ; elle doit donc être restreinte à l'espèce même de cet article, parce que les déchéances ne peuvent s'étendre. — Et s'il est vrai qu'en règle générale, l'absence même d'inventaire n'emporte pas déchéance contre l'usufruitier, à plus forte raison l'omission de l'une des formalités requises dans les inventaires ne l'emporte-t-elle pas non plus (1).

L'entrée en jouissance sans inventaire ou état n'étant pas prévue par une disposition de loi, reste sous l'empire des principes généraux. Or voici ce que paraissent demander les principes : — Tant que l'usufruit n'est pas éteint, le propriétaire peut, soit exiger que l'usufruitier fasse dresser l'inventaire et l'état prescrits, soit les faire dresser lui-même en présence de l'usufruitier ou lui dûment appelé. Il peut même, si c'est sans son consentement que l'usufruitier s'est mis en possession, le faire condamner à restituer les choses ; car un usufruitier n'a pas le droit de les avoir à sa disposition, tant qu'il n'a pas satisfait à l'obligation que lui impose l'art. 600. Le propriétaire pourrait aussi requérir en ce cas toutes mesures conservatoires, par exemple, l'apposi-

____

(1) Cass. 23 fév. 1836.

tion des scellés sur le mobilier, la mise en séquestre des biens meubles et immeubles, ou se faire autoriser à prendre lui-même l'administration des biens jusqu'à ce que l'usufruitier se soit conformé à la loi (1). — Si l'usufruit s'éteint sans que le propriétaire ait réclamé, comme c'est à ce dernier qu'incombe la charge de la preuve, attendu sa qualité de demandeur, à défaut d'inventaire et d'état, il ne peut que recourir aux moyens de preuve que fournit le droit commun. Et sa position à cet égard varie selon qu'il s'agit de meubles ou bien d'immeubles, et en ce qui concerne les meubles, les moyens de preuve diffèrent suivant les circonstances. S'agit-il de meubles? S'il n'a pas dépendu de lui que l'inventaire fût dressé, si, par exemple, à l'ouverture de l'usufruit, il était malade, absent, il aura droit, pour établir la consistance des effets mobiliers, à tous les moyens de preuve admis par les lois, même à la preuve par témoins et par présomptions de l'homme, ce qui entraîne la preuve par commune renommée. Ce serait même sans doute le cas pour le juge de lui déférer le serment supplétoire; car l'existence de l'usufruit étant prouvée, on le suppose, sa demande n'est pas dénuée de preuve. S'il a dépendu de lui de se procurer un inventaire, si, par exemple, il a délivré les choses à l'usufruitier, il ne peut plus recourir à la preuve testimoniale ni aux présomptions. Il lui faut une preuve littérale, preuve qu'il puisera, par exemple, dans les papiers de famille, dans des reconnaissances ou déclarations émanées de l'usufruitier, s'il en trouve. C'est ainsi qu'un état détaillé présenté à l'enregistrement par l'usufruitier et le propriétaire, et reconnu exact pour les créances, a été présumé l'être également pour le reste du mobilier (2). Faute de pareils documents, la seule ressource du propriétaire est de déférer le serment à l'usufruitier. Du reste, il serait évidemment mal fondé à prétendre que tout le mobilier possédé par l'usufruitier lors de l'extinction de l'usufruit, est celui qui lui a été primitivement délivré, ou qu'il doit du moins le représenter (3). — S'il s'agit d'immeubles, l'usufruitier doit être présumé les avoir reçus en bon état, sauf à lui à faire la preuve du contraire. Telle est la règle admise contre un locataire ou fermier (1731). Or il y a ici même raison (4). Il est probable en effet

-----

(1) Proudhon, n. 793. Cass. 23 février 1836. Dijon, 2 juillet 1842. Grenoble, 27 mars 1824. — (2) Poitiers, 24 avril 1850. — (3) Même arrêt. — (4) Zachariæ, 2, p. 128. Marcadé. Proudhon, n. 795 et s. Nancy, 28 novembre 1824.

que celui qui reçoit une chose à condition de la rendre non détériorée par sa faute, ne manquerait pas, si elle est déjà en mauvais état lors de la délivrance, de faire constater cette circonstance. La preuve que la chose était déjà en mauvais état lors de la délivrance, doit, comme de juste, se faire d'après les règles générales sur la preuve. Si, par exemple, la valeur de l'objet grevé d'usufruit dépasse 150 fr., la preuve testimoniale ne sera admissible que s'il y a commencement de preuve par écrit ; car non seulement l'usufruitier pouvait, il devait même se procurer une preuve littérale (1).

180. L'usufruitier peut-il être dispensé de faire dresser état ou inventaire ? L'affirmative n'est mise en doute que pour l'usufruit conféré par legs ou donation. Dans cette hypothèse, les uns regardent la dispense comme toujours nulle. D'autres ne la déclarent nulle qu'autant que l'usufruit est établi sur des biens réservés.

La validité de la dispense était de jurisprudence dans l'ancien droit, et elle fut expressément reconnue lors de la discussion (2). Elle est en effet la conséquence de ce principe qu'un propriétaire peut faire, soit entre-vifs, soit pour après la mort, toutes les dispositions qui ne sont pas prohibées par les lois, ce qui comprend le pouvoir d'établir un usufruit dispensé des charges ordinaires, puisque la loi n'a pas interdit cette dispense.

Ceux qui regardent la dispense comme nulle, mais dans le cas seulement où l'usufruit porte sur des biens réservés, ne se rendent pas un compte exact de son véritable caractère. L'obligation imposée à l'usufruitier de faire dresser état ou inventaire n'est autre chose au fond que la charge pour lui de procurer à ses frais au nu-propriétaire la preuve écrite constatant l'étendue précise de l'obligation où il est de restituer les choses à la fin de l'usufruit. La dispense de cette charge ne le dégage point de l'obligation de restituer. Elle n'équivaut donc nullement à une donation des choses mêmes. Elle laisse à la disposition sa nature de disposition en usufruit, et par conséquent ne tombe pas sous le coup de la prohibition dont la loi frappe les dispositions en propriété, les seules qui dépouillent les héritiers.

---

(1) Même arrêt. — (2) Serres, Inst. p. 310. Catelan, liv. 2, chap. 13. Fenet, p. 181. Merlin, Rep. v° Usuf. § 2, n. 2. Bruxelles, 20 juin 1811. Contr. Duranton, n. 598. Marcadé.

Ceux qui la soutiennent nulle dans tous les cas, argumentent de ce que la loi autorise la dispense de fournir caution (601), tandis qu'elle se tait sur la dispense de faire état ou inventaire. Mais puisque dans la discussion, on l'a tenue pour valable, on ne saurait tirer de la rédaction de l'art. 601, étranger à cette matière, une présomption d'intention contraire. D'ailleurs, si l'art. 601 autorise expressément la dispense de fournir caution, c'est parce qu'elle n'était pas permise autrefois et que le législateur avait besoin de s'expliquer sur une innovation. Cet article ne prouve donc nullement que l'on ait entendu prohiber la dispense de faire inventaire. Loin de là ; de ce qu'au sujet de l'obligation de fournir caution, on rentrait dans le système de la liberté, en reconnaissant au disposant un pouvoir que lui refusait le droit ancien, il est déraisonnable de conclure qu'au sujet de l'obligation de faire inventaire, on ait abandonné le système de liberté déjà consacré autrefois, et retiré au disposant une faculté dont il jouissait déjà. L'art. 601 ne fait qu'appliquer le droit commun, puisque de droit commun on peut disposer comme on l'entend. Il faut donc en argumenter *a pari* et non *a contrario*. L'argument *a contrario* porte tellement à faux que la loi ne dit pas non plus que l'usufruitier peut être dispensé des charges annuelles, des contributions, par exemple, et pourtant on ne met pas en doute la validité de cette dispense, expressément écrite dans le droit romain (1). Quelle raison d'ailleurs pourrait s'opposer au fond à ce que l'usufruitier pût être dispensé de procurer à ses frais une preuve écrite au nu-propriétaire? Il ne s'agit là que d'un intérêt privé, que les parties peuvent par conséquent régler à leur gré. Proudhon, n. 802, et M. Demolombe, p. 411, il est vrai, voient dans l'art. 600 une mesure exigée par des motifs d'ordre public. Mais ce qu'ils ajoutent qu'elle a pour but d'empêcher l'usufruitier de dilapider les biens du nu-propriétaire et de prévenir des contestations entre eux à la fin de l'usufruit, prouve qu'elle ne concerne que l'intérêt du nu-propriétaire, ce qui est bien un intérêt privé. Au fond, la dispense de fournir caution expose bien davantage les intérêts du nu-propriétaire ; car il peut toujours, comme on va le voir n. 181, faire dresser lui-même à ses frais l'état ou l'inventaire ; il ne peut remplacer une caution. L'état ou l'inventaire ont même précisément pour cela une importance tellement secondaire

---

(1) ff. 52, *de usuf.*

que le droit romain, qui obligeait l'usufruitier à donner caution, ne l'obligeait pas à faire dresser d'état ni d'inventaire. Un jurisconsulte (1) se borne à conseiller cette formalité.

181. Le seul effet de la dispense est de décharger l'usufruitier de l'obligation de fournir à ses frais au nu-propriétaire un état ou inventaire. Elle n'ôte pas à ce dernier la faculté, soit de faire dresser lui-même ces actes à ses frais, soit de se procurer une preuve équivalente. — Peu importerait même à cet égard qu'un testateur eût interdit cette mesure à son héritier. L'usufruitier n'aurait aucun intérêt légitime à ce que cette interdiction eût effet. Or l'intérêt est la mesure des droits. Il faut donc bien se garder de confondre une interdiction portée contre l'héritier avec une dispense accordée à l'usufruitier. La dispense est valable ; l'interdiction est nulle (2). Et cette nullité a lieu alors même que l'usufruit porte sur des biens non réservés. Elle produit aussi cette conséquence que si le testateur appose une clause pénale à la défense de faire inventaire, la clause pénale est également nulle, et cela, pour les motifs développés par moi dans mon Traité des Partages d'ascendants, n. 19 (3).

L'héritier qui voudra se procurer une preuve, n'est pas nécessairement tenu de faire un inventaire et un état authentiques. Il est en droit, lorsque l'usufruitier lui demandera la délivrance de son legs, d'exiger que celui-ci, de son côté, lui signe, s'il peut effectivement signer, un récépissé des meubles et un état des immeubles. L'héritier qui délivre un legs est un débiteur qui accomplit son obligation. Il est donc en droit de réclamer une preuve constatant sa libération. Or cette preuve constatera en même temps, si le propriétaire le veut, la consistance du mobilier et l'état des immeubles. Ce n'est que dans le cas où l'usufruitier ne pourrait signer, que l'héritier devra faire les frais d'un acte authentique. Et c'est en ce cas, mais en ce cas seulement, que la dispense accordée à l'usufruitier aggrave la disposition en usufruit, et que, par suite, les principes sur la réserve peuvent recevoir une application. Voici dans quelle mesure. Les frais de la délivrance d'un legs sont à la charge de la succession, mais sans qu'il puisse en résulter de réduction de la réserve (1016). Or les frais que né-

---

(1) ff. 1, § 4, *usuf. quem. cav.* — (2) Proudhon, n. 801. Duranton, n. 599. Marcadé. Poitiers, 29 avril 1807. Bastia, 26 février 1840. Caen, 30 avril 1855. — (3) Toulouse, 23 mai 1831.

cessitera le récépissé ou la quittance qu'un légataire doit donner, sont des frais de délivrance ; l'héritier n'est donc tenu de les supporter qu'autant qu'ils n'entament pas sa réserve.

182. Peu importe pour la validité de la dispense comment et en quels termes elle aura été faite. Il suffit, comme dans toute autre manifestation de la volonté en général, que l'intention ait été exprimée ou qu'elle résulte des circonstances et de l'ensemble des clauses de l'acte. Seulement, en de cas doute, on doit interpréter dans le sens de l'obligation, puisque c'est l'obligation qui forme la règle.

La clause portant que l'usufruitier devra restituer les immeubles en bon état, vaut elle, à elle seule, dispense pour lui d'en faire dresser l'état ? Cette clause donne lieu de penser que le constituant, ignorant les obligations que la loi elle-même impose à l'usufruitier dans l'intérêt du nu-propriétaire, a cru utile de dire qu'il devrait restituer les choses en bon état. Mais on ne saurait induire de là qu'il entendît le dispenser d'une mesure propre à garantir l'accomplissement de cette obligation ; car la confection d'un état tendant précisément au but qu'il se proposait, devant assurer l'exécution de sa volonté, loin d'être incompatible avec cette volonté, y est au contraire tout à fait conforme (1).

183. « Il (l'usufruitier) donne caution de jouir en bon père de famille, s'il n'en est dispensé par le titre constitutif de l'usufruit. » (601). — Cette obligation a pour but de garantir le nu-propriétaire contre l'insolvabilité possible de l'usufruitier. En droit romain, l'usufruitier ne pouvait être dispensé de fournir caution, lors au moins que l'usufruit résultait d'un legs (2). Faute d'ailleurs par lui de donner caution, il ne pouvait entrer en jouissance (3). Ces deux dispositions auront paru trop sévères à notre législateur, car il les a abrogées (601-603).

184. Le pouvoir de dispenser l'usufruitier de fournir caution, s'explique, suivant des auteurs, par l'adage qui peut le plus, peut le moins. Le disposant eût pu donner la propriété même ; il a pu, à plus forte raison, en conférant l'usufruit, dispenser l'usufruitier des charges ordinaires. De là, ils concluent que la dispense n'est plus permise lorsque l'usufruit est établi sur des biens réservés, parce qu'on ne peut, en pareil cas, donner la propriété. Cette

---

(1) Contr. Poitiers, 20 janv. 1857. Pourvoi admis. V. Journal l'*Audience*, du 26 décembre 1857. - · (2) L. 7, C. *ut in poss.* L. 1, C. *de usuf.* — (2) ff. 13, pr. *de usuf.*

opinion prévalait autrefois. Ainsi, dans les coutumes où le don mutuel entre conjoints n'était permis qu'en usufruit, l'époux donataire ne pouvait être dispensé de fournir caution (1). Si la même décision devait être admise sous le Code, elle ne pourrait toujours s'appliquer qu'à deux cas : 1° lorsqu'un époux laissant des enfants communs donne à son conjoint 1/4 en propriété, 1/4 en usufruit ; 2° lorsque laissant pour héritiers des ascendants, il donne à son conjoint, outre la propriété de la quotité disponible, l'usufruit de la réserve des ascendants. Il ne pourrait dispenser son conjoint de fournir caution, au premier cas pour le quart en usufruit, au deuxième pour la réserve des ascendants. Hors de là, si une disposition en usufruit porte sur des biens réservés, les réservataires doivent ou abandonner la quotité disponible en propriété, ou exécuter la disposition en usufruit, et alors, bien entendu, l'exécuter telle qu'elle est, par conséquent avec la dispense de fournir caution (2). Mais les prémisses du raisonnement sur lequel se fonde cette opinion ne conduisent nullement à la conséquence. Sans doute, en règle générale, qui peut le plus, peut le moins. Mais de ce qu'on ne peut le plus, s'ensuit-il qu'on ne puisse le moins? Evidemment non. Eh bien ! comme d'un côté les restrictions à la faculté de disposer sont limitatives, et que d'un autre côté une disposition en usufruit ne devient pas, au moyen de la dispense de fournir caution, une disposition en propriété, qu'elle reste toujours une disposition en usufruit, elle ne tombe pas sous le coup des prohibitions dont sont frappées, dans l'intérêt des héritiers à réserve, les dispositions qui les dépouillent de la propriété. Mais, dit-on, la dispense de fournir caution peut, sinon en droit, au moins en fait, anéantir la réserve, puisque l'usufruitier peut devenir insolvable. Si ce résultat devait nécessairement avoir lieu, l'objection aurait de la force. Mais il n'en est point ainsi. Dans l'immense majorité des cas, les usufruitiers sont solvables, et, en tous cas, ne perdent pas les choses grevées d'usufruit. Une éventualité de nature à ne se réaliser que fort rarement, doit-elle faire écarter l'application des principes? D'ailleurs, le nu-propriétaire peut, si l'usufruitier abuse, le faire condamner à lui donner des garanties, ou faire prononcer sa déchéance (618). Une disposition en usufruit avec dispense de fournir caution ne peut donc, ni en droit, ni en fait,

---

(1) Ricard, *Don mutuel*, n. 207, 208. Lacombe, v° *Don mutuel*, part. 2, sect. 2, n. 12. — (2) Douai, 14 juin 1852.

être assimilée à une disposition en propriété. Cela étant, reste le principe qu'un propriétaire peut disposer comme bon lui semble, sauf les restrictions établies par la loi. Le droit romain ne permettait pas de dispenser l'usufruitier de fournir caution. C'était une restriction au pouvoir de disposer. Cette restriction, le Code la lève. Il en revient donc sur ce point au droit commun, c'est-à-dire au pouvoir pour un disposant de disposer à sa volonté. Et comme d'ailleurs, en permettant de dispenser l'usufruitier de fournir caution, il ne distingue pas si l'usufruit porte ou non sur des biens réservés, on ne doit pas admettre cette distinction ; ce serait introduire dans la loi une exception qui n'y est pas. Ce qui confirme cette interprétation, c'est que le législateur lui-même permet, dans le cas de l'art. 1094, 2ᵉ al., de grever d'usufruit la réserve entière, sans soumettre l'usufruitier à aucune condition spéciale. Donc, même alors, il n'est soumis qu'aux règles formant le droit commun. De même, l'usufruit légal du survivant des père et mère porte sur la réserve qui appartient aux enfants dans les biens du prédécédé, et il n'en est pas moins dans tous les cas dispensé de caution. Le survivant, qui ne peut acquérir la réserve, peut donc très-bien en avoir l'usufruit sans être astreint à donner caution ; ce qui prouve bien que les principes sur la réserve n'exigent nullement que l'usufruitier de biens réservés fournisse caution (1).

L'usufruit légal des père et mère étant dispensé de caution, même en tant qu'il porte sur la réserve, toutes les fois qu'un usufruit aura été accordé par titre à des père et mère ayant d'ailleurs droit à l'usufruit légal, le titre pouvant bien augmenter leurs droits, mais ne pouvant les amoindrir, on convient que la dispense de caution ne saurait être critiquée tant que dure l'usufruit légal.

185. La dispense de fournir caution n'est assujettie à aucune forme. La volonté à cet égard peut être expresse ou tacite. V. n. 182 (2). — En cas de doute, on devra interpréter dans le sens de l'obligation de fournir caution, puisque c'est l'obligation qui forme la règle.

La clause portant que l'usufruitier devra fournir caution pour

---

(1) Cass. 1ᵉʳ juin 1847. V. *Journal du Palais*, 1858, p. 680, où sont citées les autorités pour et contre. — (2) Proudhon, n. 823. Hennequin, 2, p. 384.

certains biens, vaut dispense pour les autres ; car puisque l'atten-
tion du constituant s'est portée sur ce point et qu'il n'a imposé la
garantie du cautionnement que pour certains biens, c'est que sa
volonté n'était pas qu'on l'exigeât pour d'autres (1).

La dispense de faire inventaire ne vaut pas dispense de fournir
caution, et réciproquement ; car ces deux obligations ont un but
distinct (2).

186. La loi dispense elle-même de fournir caution (601) :

1° Les père et mère ayant l'usufruit légal des biens de leurs enfants (601). On ne doit pas leur faire l'injure de présumer qu'ils
puissent détériorer ou négliger de conserver le bien de leurs enfants (3) ;

2° Le vendeur ou donateur sous réserve d'usufruit (601). On ne
saurait présumer que celui qui aliène la nue-propriété en se réservant l'usufruit, entende s'obliger à fournir caution à l'acheteur
ou au donataire. — La loi se sert des mots vendeur ou donateur.
Mais le mot vendeur comprend quiconque aliène à titre onéreux,
parce qu'il y a même raison ;

3° Le mari usufruitier des biens de sa femme (1550). La con-
fiance que la femme accorde à l'homme qu'elle épouse, exclut l'intention de l'astreindre à une caution. D'ailleurs, les droits de la
femme sont déjà garantis par une hypothèque légale (2121).

187. L'obligation de fournir caution forme la règle (601). Or,
une règle s'applique à tous les cas qui n'en sont pas expressément
exceptés. Tout usufruitier, donc, est tenu de donner caution dès
qu'il n'en est pas dispensé par le titre constitutif ou par une disposition de loi. Les dispenses légales étant des exceptions, ne
doivent pas être étendues d'un cas à un autre. — Ainsi, par
exemple, un acheteur d'usufruit est tenu de donner caution, s'il
n'en est dispensé par le titre constitutif, parce que la loi n'en dispense que le vendeur sous réserve d'usufruit. Il ne faut pas dire :
dans l'un et l'autre cas, on est censé avoir consenti la dispense
par cela seul qu'on n'a point prescrit le cautionnement. Car
lorsqu'on ne s'explique pas, on est présumé vouloir rester dans le
droit commun (4). — De même, la dispense accordée aux père et
mère ne concerne que l'usufruit résultant pour eux de la puissance
paternelle. Dans tout autre cas donc, ils restent tenus comme des

(1) Poitiers, arrêt cité n. 182. — (2) Bourges, 13 messidor an XIII. —
(3) Fenet, p. 222. — (4) Zachariæ, Annot., p. 151. Demolombe, n. 491.
Marcadé. Contr. Proudhon, n. 830.

étrangers (1). — Par suite des mêmes principes, l'usufruitier qui a loué, ne peut se dispenser de fournir caution, par le motif que le preneur est solvable (2).

188. L'usufruitier dispensé de fournir caution n'en est pas moins tenu, cela est clair, de jouir en bon père de famille. Si même il abuse, il peut être condamné à donner caution. Cela résulte virtuellement de la disposition qui autorise les juges en cas d'abus de sa part à le déclarer déchu de l'usufruit (618). En effet, si on peut lui retirer tout son droit, on peut aussi ne lui en retirer qu'une partie (3). On pourrait aussi, par la même raison, lui appliquer les dispositions des art. 602 et 603, faites pour le cas où l'usufruitier, d'ailleurs tenu de donner caution, n'en trouve pas ; et, par exemple, s'il a par son fait diminué les sûretés qu'il présentait originairement, ordonner que les sommes soient placées avec le concours du nu-propriétaire (4).

189. Mais hors ce cas, le nu-propriétaire ne peut, à raison d'un changement dans les circonstances, soit exiger une caution de l'usufruitier qui en est dispensé, soit recourir aux mesures autorisées par les art. 602 et 603, soit enfin, si l'usufruit porte sur des créances ou rentes, s'opposer à ce que les débiteurs remboursent entre les mains de l'usufruitier. Ainsi, l'insolvabilité même de l'usufruitier ne suffirait pas à elle seule pour l'obliger à donner caution, lorsqu'il en est dispensé. La loi en permettant ou en accordant elle-même cette dispense, a nécessairement statué même pour le cas où l'usufruitier deviendrait insolvable, puisque le cautionnement a précisément pour but de garantir le nu-propriétaire de cette insolvabilité. Donc, ne pas tenir en ce cas compte de la dispense, ce serait, contrairement à l'intention de la loi ou du disposant, imposer à l'usufruitier une obligation que son état de gêne le mettrait le plus souvent dans l'impossibilité de remplir. L'usufruitier est un débiteur. Mais à ce titre il n'est tenu de fournir des sûretés nouvelles, que s'il a diminué par son fait celles qu'il aurait données par le titre constitutif. Hors ce cas, la dispense de caution lui donne des droits aussi étendus que ceux qu'il aurait si, obligé de donner caution, il avait satisfait à cette obligation (5).

---

(1) Proudhon, n. 828. Zachariæ, Annot. ibid. Marcadé. — (2) Contr. Aix, 28 janv. 1808. Hennequin, 2, p. 373. — (3) Proudhon, n. 863 et s. Duranton, n. 611. Aix, 29 mars 1817. — (4) Douai, 11 janv. 1848. — (5) Nancy, 23 mars 1843. Merlin, Rep. v° *Usuf.*, § 2.

Si des immeubles grevés d'usufruit viennent à être convertis en un capital mobilier, sans que d'ailleurs il y ait eu en cela faute de l'usufruitier, comme si, par exemple, il y a saisie de la pleine propriété, partage, cette conversion ne saurait avoir pour résultat de restreindre le droit que l'usufruitier tient de son titre. La dispense de caution doit donc s'étendre aux nouveaux objets ou aux capitaux qui tiennent la place des immeubles. Il en est de même de tout autre changement qui surviendrait dans la nature des biens. La dispense, dit-on, n'a été établie que pour un état de choses qui a été changé. Mais qu'en sait-on? N'est-il pas possible, présumable même, que le disposant, qui entendait évidemment favoriser l'usufruitier, a voulu le dispenser de caution à tout événement? En tout cas, dans le doute, tenons-nous-en à ce qu'il a dit (1). La loi du 3 mai 1841 veut qu'en cas d'expropriation pour cause d'utilité publique, l'usufruitier donne caution pour le montant de l'indemnité; elle n'en dispense que les père et mère ayant l'usufruit légal des biens de leurs enfants. Mais c'est là une exception; on ne saurait donc l'étendre.

La réunion des deux circonstances sus-indiquées, c'est-à-dire de l'insolvabilité de l'usufruitier survenue depuis l'ouverture de l'usufruit et de la conversion en capitaux mobiliers de l'immeuble sur lequel portait son droit, ne saurait non plus lui faire perdre le bénéfice de la dispense de fournir caution; car il y a même raison en présence des deux circonstances réunies qu'en présence d'une seule (2).

190. Suivant des auteurs, la dispense de fournir caution est une faveur personnelle, dont, par suite, un cessionnaire ne peut profiter. Mais le cessionnaire, en acquérant l'usufruit, l'acquiert tel qu'il est (n. 101, 102), par conséquent avec la dispense de caution, à moins bien entendu qu'on n'ait entendu dans le titre constitutif que cette dispense serait en effet personnelle. — On a jugé que la dispense ne devait pas profiter au créancier qui saisit et fait vendre un usufruit appartenant à son débiteur (3). Les motifs de la décision permettent de penser que c'est à raison des termes mêmes du titre, et par conséquent en fait, que la dispense a été reconnue personnelle à l'usufruitier. En droit, un bien saisi par

______

(1) Paris, 25 août 1848. Bordeaux, 9 juillet 1846. Contr. Proudhon, n. 863 et s. Lyon, 15 janv. 1836. — (2) Contr. Rouen, 2 févr. 1855. — (3) Paris, 3 août 1857.

les créanciers est vendu tel qu'il est, et, partant, dans l'espèce, avec la dispense de caution, sauf au nu-propriétaire la faculté d'agir en cas d'abus (n. 188).

191. Chacun peut renoncer à son droit. Il est donc loisible au nu-propriétaire de renoncer au cautionnement que l'usufruitier lui doit. Mais cette renonciation ne doit pas se présumer légèrement : ainsi le veulent les principes généraux. Par conséquent, le nu-propriétaire qui laisse l'usufruitier entrer en jouissance ou même lui fait délivrance sans exiger préalablement caution, ne doit pas pour cela seul être présumé renoncer au droit d'en exiger une par la suite (1).

192. S'il y a plusieurs co-usufruitiers, comme la loi n'établit pas de solidarité pour ce cas (1202), chacun d'eux n'est tenu de donner caution que pour sa part dans la jouissance. Toutefois, en cas d'accroissement, celui auquel accroît la part d'un autre, doit donner un nouveau cautionnement pour cette part, si le premier est restreint à celle qu'il avait recueillie par le concours. — Si le titre constitutif établit l'usufruit au profit de plusieurs pour en jouir successivement, les jouissances successives constituant des usufruits distincts, chacun de ceux qui recueilleront devra donner caution pour son propre compte, la caution de l'un ne répondant point des faits de l'autre. Et en ce cas chaque usufruitier jouissant à son tour de la chose entière, doit donner caution pour la jouissance totale (2).

193. L'obligation d'une caution a la même étendue que celle du débiteur principal. Or l'usufruitier, qui est ici le débiteur principal, est tenu envers tous ceux qui ont intérêt à ce qu'il jouisse en bon père de famille. Cet intérêt existe d'abord pour le propriétaire actuel, et, si la chose appartient à plusieurs, pour chacun d'eux en raison de son droit dans la propriété. Il existe également pour un propriétaire et même pour un usufruitier conditionnels (3). En conséquence, non seulement la caution, une fois qu'elle s'est engagée, est tenue envers eux ; mais ils ont même qualité pour la contester lorsqu'elle est offerte ; car la contestation est une mesure conservatoire, mesure que peuvent dès-lors exercer tous ceux qui ont un droit conditionnel au moment de la présentation de la

____

(1) ff. 7, pr. ff. 12, *usuf. quem.* Proudhon, n. 815. Zachariæ, Annot. 2, p. 219. — (2) Proudhon, n. 816. — (3) ff. 9 § 4, *usuf. quem. cav.* Proudhon, n. 818, 423.

caution (1180). La caution doit même leur être présentée aussi bien qu'au propriétaire actuel. Du moins, celui des intéressés auquel elle ne l'aurait pas été, conserverait le droit de la contester plus tard ; car l'un d'eux ne représente pas les autres. — La caution sera même tenue envers ceux qui acquerraient la chose postérieurement à son engagement, puisque l'usufruitier est incontestablement tenu envers eux. Peu importerait à cet égard qu'elle eût déclaré nommément s'engager envers le propriétaire actuel. Cette déclaration ne devrait pas être entendue comme restreignant son obligation à la personne de ce propriétaire ; car les actes doivent s'interpréter d'après leur but. Or le cautionnement dont s'agit est destiné à garantir d'une manière générale et absolue la conservation de la chose contre les abus de jouissance de l'usufruitier. Ainsi les veulent les termes mêmes de la loi. « Il donne caution de jouir en bon père de famille. »

194. La caution à fournir par l'usufruitier est une caution légale, puisque c'est la loi qui la prescrit. Elle doit donc 1° être capable de contracter ; 2° avoir un bien suffisant pour répondre de l'objet de l'obligation ; 3° être domiciliée dans le ressort de la cour impériale où elle doit être donnée (2018, 2019, 2040 combinés).

Elle doit avoir un bien suffisant pour répondre de l'objet de l'obligation. — L'obligation à cautionner ici est celle imposée à l'usufruitier de jouir en bon père de famille. C'est là une obligation de faire, qui se résoudra en dommages-intérêts en cas d'inexécution (1142). C'est donc de ces dommages-intérêts que répond la caution. Or, on ignore au moment où elle doit s'engager à quelle somme ils s'élèveront. Si le nu-propriétaire prétend que le bien de la caution offerte est insuffisant, le tribunal appréciera. Du reste, il y aurait trop de sévérité à exiger que le bien de la caution représentât la valeur entière des choses pour lesquelles elle doit être donnée. Sans doute, il est des choses que l'usufruitier peut facilement détruire ou perdre en entier. Mais ce danger est impossible pour les propriétés foncières. Il peut d'ailleurs n'être guère à craindre pour les bâtiments ou les meubles à raison du caractère soigneux de l'usufruitier. Il y a donc là une question de fait et d'appréciation discrétionnaire (1). A l'égard des sommes d'argent, comme elles sont acquises à l'usufruitier à charge de

---

(1) Duranton, n. 602. Marcadé. Zachariæ, Annot. 2, p. 129.

restituer pareille quantité, le montant de son obligation est déterminé. Par conséquent, la caution offerte doit avoir un bien d'une valeur suffisante pour répondre de cette quantité.

La caution doit être domiciliée dans le ressort de la cour impériale où elle doit être donnée. — La loi n'a pas déterminé le lieu où l'usufruitier doit donner caution. Ce point reste donc sous l'empire des principes. Or, d'après les principes, une obligation doit être accomplie au domicile du débiteur (1247). C'est donc à son propre domicile que l'usufruitier doit donner caution. Par conséquent, la caution doit être domiciliée dans le ressort de la Cour impériale où l'usufruitier est domicilié lui-même.

195. En droit romain, si l'usufruitier ne trouvait pas de caution, le nu-propriétaire pouvait s'opposer à sa jouissance (n. 183). Notre loi a su concilier pour ce cas les droits de l'usufruitier avec les intérêts du nu-propriétaire. Elle prescrit en effet des mesures de nature à garantir à ce dernier la conservation de la chose, tout en laissant au premier, au moins en partie, les émoluments de la jouissance. Du reste, l'usufruitier qui ne trouve pas de caution, peut sans doute donner à la place un nantissement suffisant. C'est là, en effet, une faculté qui appartient de droit commun à ceux qui sont obligés de donner caution (2041). L'usufruitier doit donc en jouir, si la loi ne l'en prive pas. Or ce serait interpréter judaïquement l'art. 602 et faire prévaloir la lettre de cet article sur son esprit, que d'admettre que par ces expressions : « si l'usufruitier ne trouve pas de caution », il a entendu le priver du bénéfice de l'art. 2041, interprétation qui serait d'ailleurs d'autant moins rationnelle que ce dernier article est postérieur. Partout où la loi prescrit une caution sans déroger expressément aux règles générales qu'elle a établies pour les cautions légales, elle entend que ces règles reçoivent leur application ; et cela, parce qu'au fond il y a même raison. Ainsi, elle ne se propose dans les art. 602 et 603 que de garantir les intérêts du nu-propriétaire, lorsque l'usufruitier ne lui donne pas de sûretés. Or, un nantissement les garantit mieux encore qu'une caution, *plus est cautionis in re quam in persona*. Il serait absurde de refuser le plus pour exiger le moins. Et tel est même le motif de la disposition de l'art. 2041, disposition fort sensée ; car dès qu'un créancier reçoit une garantie suffisante, peu lui importe en quoi elle consiste. D'après cela, l'usufruitier pourrait même faire entrer dans le nantissement qu'il offrirait, une somme qui lui appartiendrait en nue-propriété et que le nu-propriétaire des biens grevés d'usufruit aurait entre les

mains, en étant lui-même usufruitier (1). L'usufruitier devrait
même être admis à donner une hypothèque. L'hypothèque sans
doute n'est pas comprise dans la lettre de l'art. 2041 ; mais elle
est comprise dans son esprit, car la garantie résultant d'une hypothèque vaut celle qui résulterait d'un gage. Cette interprétation
est confirmée par les dispositions des art. 602 et 603, qui, on va
le voir, démontrent que la loi entend que l'usufruitier jouisse, dès
que la nue-propriété est garantie d'une manière quelconque. Elle
veut, par exemple, que si l'usufruitier ne trouve pas de caution,
les sommes comprises dans l'usufruit soient placées. Or, un placement hypothécaire étant assurément l'un des plus solides, quelle
raison sérieuse s'opposerait à ce que l'usufruitier fournît ce placement sur ses propres immeubles (2)?

Ainsi, les dispositions des art. 602 et 603 ne doivent être ap-
pliquées à l'usufruitier qu'autant qu'il ne donne ni caution, ni
nantissement, ni autre sûreté suffisante, parce qu'alors seulement
cette application est indispensable à la garantie des droits du nu-
propriétaire.

196. « Si l'usufruitier ne trouve pas de caution, les immeubles
sont donnés à ferme ou mis en séquestre ; les sommes comprises
dans l'usufruit sont placées ; les denrées sont vendues, et le prix
en provenant est pareillement placé ; les intérêts de ces sommes
et le prix des fermes appartiennent, dans ce cas, à l'usufruitier »
(602). — « A défaut d'une caution de la part de l'usufruitier, le
propriétaire peut exiger que les meubles qui dépérissent par l'u-
sage soient vendus, pour le prix en être placé comme celui des
denrées, et alors l'usufruitier jouit de l'intérêt pendant son
usufruit » (603). — Les intérêts et les loyers ou fermages, qui
sont des fruits, revenant à l'usufruitier, ce dernier conserve la
jouissance. D'un autre côté, comme il n'a pas les choses à sa disposition, le nu-propriétaire n'a aucun abus à craindre de sa part.

« Les immeubles sont donnés à ferme, etc. (602), ou plutôt, le
nu-propriétaire peut exiger qu'ils soient donnés à ferme, etc.
C'est en ce dernier sens, et avec raison, qu'est rédigé l'art. 603,
qui continue la pensée commencée dans l'art. 602. Il est clair, en
effet, que les dispositions de ces articles sont établies en faveur

---

(1) Cass., 18 mars 1835. — (2) Duranton, n. 603. Marcadé. Demolombe, n. 505. Limoges, 12 mars 1851. Contr. Proudhon, n. 846 et s.
Ponsot, n, 326.

du propriétaire seul, qui peut dès-lors y renoncer et laisser par conséquent les choses à la disposition de l'usufruitier.

La loi n'a point dit par qui ni comment devaient être faits les baux des immeubles, ni les placements des sommes, ni la vente des denrées ou autres objets. Les opérations doivent être faites du consentement du propriétaire et de l'usufruitier, parce qu'elles intéressent l'un et l'autre.

Du reste, il n'est pas nécessaire que les baux ou les ventes se fassent aux enchères, puisque la loi ne l'a pas prescrit (1).

Les sommes placées par application des art. 602 et 603 ne peuvent être valablement remboursées à l'usufruitier seul ; car la loi ne veut pas qu'elles soient mises à sa disposition. Il faut pour le paiement le concours du nu-propriétaire.

197. Si les sommes ainsi placées périssent par l'insolvabilité du débiteur, sans qu'il y ait faute à imputer ni à l'usufruitier ni au nu-propriétaire, aucun d'eux ne doit répondre de la perte envers l'autre ; car n'étant point acquises à l'usufruitier, elles doivent, dans ses rapports avec le nu-propriétaire, être considérées comme un corps certain, dont la perte, ainsi que dans tout autre cas, retombe sur tous ceux qui y ont droit et dans la mesure des droits de chacun, par conséquent ici, sur le propriétaire pour le capital et sur l'usufruitier pour la jouissance. On ne peut appliquer en ce cas les règles du quasi-usufruit, c'est-à-dire mettre les risques au compte de l'usufruitier, parce que si, dans le quasi-usufruit, les choses sont à ses risques, c'est uniquement parce qu'alors il en a la libre disposition et qu'il devient débiteur d'une quantité. L'application des art. 602 et 603 soumet les choses à des principes autres que ceux du quasi-usufruit, puisque l'usufruitier n'en acquiert pas la propriété et l'entière disposition, acquisition qui forme le caractère essentiel du quasi-usufruit (2). — Cette solution doit donc avoir lieu même pour les sommes qui, dès l'origine, faisaient l'objet d'un quasi-usufruit, celles, par exemple, qui existaient primitivement ou qui proviennent de la vente de denrées (3).

198. « Et cependant l'usufruitier pourra demander, et les juges pourront ordonner, suivant les circonstances, qu'une partie des meubles nécessaires pour son usage lui soit délaissée, sous sa

---

(1) Proudhon, n. 835. Demolombe, n. 507. Turin, 29 août 1807. —
(2) Demolombe, n. 506. — (3) Contr. Duranton, n. 606.

simple caution juratoire, et à la charge de les représenter à l'extinction de l'usufruit (603). » — Cette disposition a été portée en vue
les petites fortunes. Un époux, par exemple, laisse à son conjoint
survivant l'usufruit du peu de meubles qui composaient leur ménage et peut-être tout leur patrimoine. Si, en pareil cas, on ven-
lait ces meubles, les intérêts du prix ne formeraient qu'une bien
faible rente qui n'équivaudrait pas pour l'usufruitier aux avantages
qu'il eût retirés de l'usage des meubles. Il importe donc de se régler par l'intention du disposant, et de maintenir dans leur réalité les avantages qu'il a entendu procurer (1).

Les meubles nécessaires à l'usage de l'usufruitier ne lui sont
laissés sous sa simple caution juratoire (c'est-à-dire, sous son
simple serment de jouir en bon père de famille) « qu'à la charge
de les représenter en nature ». — Il ne faut pas interpréter ces
dernières expressions à la lettre, et en conclure que les meubles
en question sont aux risques de l'usufruitier, de telle sorte que
s'ils périssaient, la perte serait pour lui. La loi a simplement
voulu énoncer ici la conséquence qu'amène pour l'usufruitier la
remise qu'on lui fera des choses en question, à savoir, l'obligation de les restituer. Il ne répondra donc de la perte que comme
tout autre débiteur de corps certain, c'est-à-dire dans le cas
seulement où cette perte proviendrait de sa faute. Il n'y a aucune
raison pour que le défaut de caution mette les cas fortuits au
compte de l'usufruitier (2).

199. Les art. 602 et 603 autorisent le propriétaire à prendre
contre l'usufruitier des mesures qui modifient le mode de jouissance de ce dernier. S'il n'y recourt pas, les règles ordinaires
conservent leur application ; car ce serait de l'arbitraire que de
soumettre les parties contre leur gré à un état de choses qui ne
serait l'application ni des règles ordinaires ni des règles spéciales
prescrites par les art. 602 et 603. Des auteurs prétendent pourtant
que si le nu-propriétaire n'exige pas que les meubles qui dépérissent par l'usage soient vendus, il n'est pas tenu pour cela de
les laisser à la disposition de l'usufruitier ; qu'il peut être autorisé
à les retenir, sauf à payer à l'usufruitier l'intérêt de l'estimation
qui en sera faite (3). — Dans les circonstances ordinaires,
l'usufruitier a le droit de se servir des meubles en question. S'il
ne trouve pas de caution, le propriétaire peut les faire vendre par

____

(1) Fenet, p. 182. — (2) Contr. Duranton. — (3) Proudhon, n. 841.
Demolombe, n. 516.

mesure conservatoire. Mais là se borne son droit. Si donc il ne requiert pas la vente, il doit laisser l'usufruitier s'en servir. En ce cas, comme dans tout autre, il n'y a que deux règles possibles, la règle ordinaire indiquée par l'art. 589, ou la règle exceptionnelle prescrite par l'art. 603.

200. La loi se tait sur les suites du défaut de caution relativement aux objets mobiliers non susceptibles de dépérir par l'usage, tels que glaces, tableaux, argenterie, etc. D'après les principes, l'usufruitier n'est recevable à exercer son droit qu'autant qu'il remplit ses obligations. Si donc il ne donne pas caution, alors qu'il y est obligé, il est, ainsi que le décidait le droit romain pour tous les cas sans distinction (n. 183), non recevable à exiger la délivrance des choses grevées d'usufruit. Cette conséquence, il doit la subir pour les choses à l'égard desquelles il n'y est pas soustrait par les art. 602 et 603.

La loi ne parle pas non plus des créances ou des rentes comprises dans l'usufruit. Comme en ce cas les capitaux sont déjà, au moment où s'ouvre l'usufruit, entre les mains d'un tiers, le défaut de caution doit avoir pour seul résultat d'autoriser le propriétaire à s'opposer à ce que les débiteurs remboursent entre les mains de l'usufruitier, tant que celui-ci n'aura pas donné caution.

201. Souvent, dans les actes, l'usufruitier est dispensé, non seulement de fournir caution, mais encore de faire emploi des valeurs mobilières. Cette dernière dispense est simplement explicative de la première ; car elle n'a d'autre effet que de donner à l'usufruitier le pouvoir de disposer à son gré des capitaux mobiliers, sans que le nu-propriétaire ait droit d'exiger que les sommes soient, ou placées comme le veut l'art. 603, ou employées en acquisition d'immeubles. Or ce droit qu'a le nu-propriétaire contre un usufruitier qui, tenu de donner caution, n'en donne pas, il ne l'a plus dès que l'usufruitier est dispensé de caution. Donc, la dispense de caution rend inutile la dispense d'emploi. — L'acte porte quelquefois dispense de caution pour les immeubles et d'emploi pour les valeurs mobilières. En ce cas encore, la dispense d'emploi équivaut à une dispense de caution ; car si l'usufruitier était dispensé de donner caution pour les valeurs mobilières, il serait par là même dispensé d'en faire emploi (1). La dispense de caution remplit donc suffisamment, à elle seule, pour les valeurs mobilières, les intentions bienveillantes du constituant.

____

(1) Bourges, 29 juin 1841.

202. On était divisé autrefois sur le point de savoir si l'usufruitier pouvait prétendre aux fruits avant d'avoir donné caution. Le Code consacre l'affirmative : « le retard de donner caution ne prive pas l'usufruitier des fruits auxquels il peut avoir droit; ils lui sont dus du moment où l'usufruit a été ouvert » (604). — Sur le sens de ces derniers mots, v. n. 93, 94.

§ 2. — *Obligations de l'usufruitier pendant sa jouissance.*

203. En résumé, l'usufruitier est tenu pendant sa jouissance, 1° des obligations de tout débiteur de corps certain ; 2° de jouir en bon père de famille, et, partant, d'entretenir la chose ; 3° d'acquitter les charges des fruits ; 4° de supporter les intérêts des dettes du patrimoine grevé d'usufruit, lorsque l'usufruit est universel ou à titre universel.

204. L'usufruit proprement dit porte sur un corps certain. L'usufruitier est donc d'abord tenu des obligations qui incombent à tout débiteur de corps certain. Ainsi, il doit veiller à la garde et à la conservation des choses soumises à l'usufruit, et apporter à cette surveillance tous les soins d'un bon père de famille (1136, 1137). Le Code abrogeant la distinction des fautes (1137), il n'y a plus à rechercher, comme le font les anciens auteurs, si l'usufruitier est tenu même des fautes très-légères. — L'usufruitier doit la garde, dit le droit romain (1). Il répond donc, non seulement des pertes ou détériorations provenant de son fait, mais encore de celles qu proviendraient de sa négligence.

205. En conséquence, il doit veiller à la garde de la chose, même à l'encontre des tiers, de manière à la garantir autant que possible de tous dommages et à en prévenir le vol. Il doit même prendre des précautions contre le maraudage des fruits sur pied, ou des arbres compris dans une coupe non abattue, puisque par le fait ces fruits ou ces arbres peuvent revenir au nu-propriétaire.

L'art. 614 fait une application de ces principes : « Si, pendant la durée de l'usufruit, un tiers commet quelque usurpation sur le fonds, ou attente autrement aux droits du propriétaire, l'usufruitier est tenu de le dénoncer à celui-ci : faute de ce, il est responsable de tout le dommage qui peut en résulter pour le propriétaire, comme il le serait de dégradations commises par lui-même. » — Un tiers attente autrement que par des usurpations aux droits du

---

(1) ff. 7, § 2, *usuf. quem. cav.* Proudhon, n. 56.

propriétaire, si, par exemple, il fait indument acte de servitude, s'il trouble la possession par un nouvel œuvre.

L'art. 1768, en imposant la même obligation au preneur d'un bien rural, veut que l'avertissement soit donné dans le même délai que celui qui est réglé en cas d'assignation suivant la distance des lieux. Les délais sont chose arbitraire, et à ce titre ne peuvent être suppléés. On ne saurait donc, dans le silence de l'art. 614, soumettre l'usufruitier à l'observation de celui qui est prescrit au preneur. Ce sont les principes généraux qu'il faut lui appliquer. Or le principe qui a dicté l'art. 614, c'est que l'usufruitier doit veiller à la garde de la chose. Il n'est donc responsable qu'en cas de négligence, par conséquent, lors seulement que le retard par lui mis à faire la dénonciation, constitue en effet une faute, question toute de fait et d'appréciation.

Si l'usufruitier, ayant agi lui-même, comme il en a le droit (n. 152), contre l'auteur de l'atteinte portée à la propriété, en fait cesser les résultats, la dénonciation devient inutile. Mais s'il n'agit pas, ou s'il perd son procès, ou si l'ayant gagné, le jugement ne reçoit pas son exécution par le rétablissement des choses en leur état primitif, alors l'obligation de dénoncer conserve sa force.

La dénonciation prescrite par l'art. 614 n'est soumise à aucune forme. Elle pourrait donc se faire même verbalement ou par lettre. Mais comme en cas de dénégation par le propriétaire, elle ne pourrait se prouver par témoins, l'usufruitier fera bien de s'en faire donner une reconnaissance ou de la faire par exploit d'huissier, à ses frais bien entendu, puisque c'est là de sa part l'accomplissement d'une obligation (1248).

206. Par application de la règle que l'usufruitier doit veiller à la garde de la chose, le droit romain le déclare responsable des prescriptions qu'il eût pu empêcher et de l'extinction par non usage des servitudes dont il connaissait l'existence (1). Cette décision est parfaitement applicable sous le Code à l'extinction des servitudes par non usage et à la prescription des créances et des rentes. Ainsi, l'usufruitier d'une rente, pour en prévenir la prescription, peut et doit, après 28 ans de la date du dernier titre, contraindre le débiteur à en fournir un nouveau (2263). Quant à la prescription des immeubles, il suffit sans doute à l'usufruitier

---

(1) ff. 2, *usuf. quem. cav.* ff. 15, § *ult. de usuf.*

pour mettre sa responsabilité à couvert, de dénoncer au propriétaire les actes attentatoires à son droit. C'est à celui-ci, une fois prévenu, à interrompre la prescription. Telle est l'induction qui se tire de l'art. 614. Sans doute, l'art. 1562 déclare le mari responsable de la prescription de tous biens dotaux sans distinction. Mais cela tient à ce que lui seul a qualité pour agir contre les tiers (1549, 2° al.), ce qui fait qu'il ne mettrait pas sa responsabilité à couvert en dénonçant les usurpations à sa femme.

207. On peut, par analogie de ce que décide l'art. 614 et par une conséquence du principe que l'usufruitier doit veiller à la conservation de la chose, principe dont l'art. 614 n'est qu'une application, admettre que s'il survient à la chose des accidents ou dégradations qui nécessitent une grosse réparation, et que le propriétaire ne soit pas à même de s'en apercevoir parce qu'il n'est pas sur les lieux ou pour toute autre cause, l'usufruitier doit l'en avertir, afin de lui donner la possibilité d'empêcher par une prompte réparation des dépérissements plus considérables (1).

Par suite des mêmes principes, l'usufruitier d'une créance doit prendre ou renouveler les inscriptions, recourir à toutes les autres mesures que peuvent réclamer les circonstances, par exemple, faute de paiement à l'échéance, prendre jugement afin d'acquérir au moins une hypothèque judiciaire, produire dans les distributions par voie d'ordre ou de contribution, ainsi que dans sa faillite. Lorsqu'il n'y a eu aucune négligence de sa part, il n'est tenu de restituer que ce qu'il a réellement touché (2).

208. Comme débiteur de corps certain, l'usufruitier répond bien de son dol et de sa faute, mais non des cas fortuits ni de la force majeure. La chose grevée d'usufruit reste donc aux risques du nu-propriétaire. — C'est par application de ce principe que 1° si l'usufruit porte sur des choses qui se détériorent peu à peu par l'usage, l'usufruitier n'est tenu de les rendre, à la fin de l'usufruit, que dans l'état où elles se trouvent, non détériorées par son dol ou par sa faute (589, n. 125). Par exemple, si des meubles dotaux, dont la propriété reste à la femme, ont dépéri par l'usage et sans la faute du mari, celui-ci ne sera tenu de rendre que ceux qui resteront et dans l'état où ils se trouveront (1566); — 2° si un animal grevé d'usufruit vient à périr sans la faute de l'usufruitier, celui-ci n'est pas tenu d'en rendre un autre ni d'en payer l'estima-

____

(1) Dumoulin, sur Paris, tit. 4, § 1, gl. 1. Proudhon, n. 1473. — (2) Pothier, *donat. entre époux*, n. 217, 218. Proudhon, n. 1550.

tion (615); — 3° Si un troupeau grevé d'usufruit périt entièrement par accident ou maladie, et sans la faute de l'usufruitier, celui-ci n'est tenu envers le propriétaire que de lui rendre compte des cuirs ou de leur valeur (616); — 4° si une créance, une rente grevée d'usufruit, périt ou subit des retranchements qu'on ne puisse imputer à la négligence de l'usufruitier, il n'en sera point responsable (1567).

209. Les art. 453 et 950 dérogent-ils à ces principes?

L'art. 453, en autorisant les père et mère, tuteurs et ayant l'usufruit légal des biens de leurs enfants mineurs, à garder les meubles au lieu de les faire vendre, ajoute qu'il les feront alors estimer et rendront la valeur estimative de ceux qu'ils ne pourraient représenter en nature. Il ne distingue pas si l'impossibilité où seraient les père et mère de représenter les meubles provient ou non de leur faute. Et la lettre de la loi à cet égard paraît conforme à son esprit. Les règles de la tutelle ont pour but de conserver intacte la fortune du mineur. C'est pour cela qu'en principe les meubles doivent être vendus, la vente étant le moyen de conserver la valeur qu'ils représentent. Si les père et mère faisaient vendre, conformément à la règle ordinaire, ils jouiraient du prix et le restitueraient plus tard en entier. On consent à ce qu'ils jouissent en nature, s'ils le préfèrent; mais c'est à la condition que cette manière de jouir ne devienne pas plus onéreuse pour le mineur, qu'elle n'entraîne pas perte ou diminution de son capital mobilier, résultat auquel on n'arrive qu'autant que, si à la fin de la jouissance des père et mère, les meubles ont péri, sont hors de service, le mineur recouvre en argent la valeur qu'ils avaient lors de l'estimation. S'il en était autrement, le mineur qui a pour tuteur son père ou sa mère, serait, relativement à la conservation de son capital, dans une position plus mauvaise que s'il avait un autre tuteur. Or, ce résultat n'est pas rationnel; car la circonstance que les biens sont frappés de l'usufruit légal, ne doit lui enlever que la jouissance, et rester sans influence sur la conservation des capitaux. Au surplus, et par application du droit commun, qui reste applicable dès que la loi n'y a pas dérogé, si l'usufruitier légal représente les objets euxmêmes, il ne répond pas des dépréciations provenant de cas fortuits. Cette règle a été appliquée à une action ou intérêt dans la propriété d'un journal (1).

____

(1) Paris, 14 mai 1853.

D'après l'art. 950, lorsqu'une donation d'effets mobiliers a eu lieu avec réserve d'usufruit, le donataire est tenu, à l'expiration de l'usufruit, de prendre les effets donnés qui se trouvent en nature, dans l'état où ils sont ; et il a action contre le donataire ou ses héritiers, pour raison des objets non existants, jusqu'à concurrence de la valeur qui leur a été donnée dans l'état estimatif.

Dans sa première partie, cet article raisonne en vue des cas fortuits ; il ne s'occupe pas des fautes de l'usufruitier. Prétendre le contraire, ce serait lui faire dire qu'un donateur, obligé de restituer au donataire les objets donnés après en avoir joui comme doit le faire un usufruitier, c'est-à-dire en bon père de famille, peut impunément les rendre détériorés par sa faute. Or, une telle doctrine serait contraire à tous les principes, et elle est d'autant plus inadmissible dans l'espèce qu'elle laisserait au donateur la faculté d'amoindrir sa donation, contrairement à la règle donner et retenir ne vaut. Entendu au contraire dans l'hypothèse de cas fortuits, l'art. 950 applique le droit commun ; car en obligeant le donataire (nu-propriétaire) à prendre à la fin de l'usufruit les objets qui se trouveront en nature, dans l'état où ils seront, il consacre la règle ordinaire, que si pendant sa jouissance comme usufruitier, les objets donnés se détériorent par cas fortuit ou par l'effet de l'usage, le donateur n'a point à tenir compte des détériorations. Or, puisque la première disposition de l'art. 950 ne s'occupe pas des fautes de l'usufruitier, qu'elle ne statue qu'en vue des cas fortuits, on doit croire qu'il en est de même de la seconde, laquelle par conséquent décide que si des objets périssent par suite de cas fortuits ou du simple usage, le donateur ou son héritier devra en restituer l'estimation au donataire. Ainsi entendue, cette disposition est, il est vrai, comme celle de l'art. 453, contraire aux principes sur la responsabilité des débiteurs de corps certains. Mais elle est destinée à assurer l'application de la règle donner et retenir ne vaut. Dans la crainte que le donateur ne fasse disparaître les objets par lui donnés, et cela peut-être, au milieu de circonstances qui pourraient avoir l'apparence de cas fortuits, on l'oblige à restituer la valeur de ceux qu'il ne représente pas, sans qu'il soit alors admis à alléguer des cas fortuits, afin de couper court aux questions de fait. Mais pourquoi répond-il de la perte fortuite, tandis qu'il ne répond des détériorations qu'autant qu'elles proviennent de sa faute, conformément au droit commun ? C'est que, dès qu'il représente les objets, il est certain qu'il ne se les est pas indirectement appropriés, qu'il n'en a pas disposé, en un mot, qu'il n'a pas violé la règle donner et retenir ne vaut. Cette certitude manque lorsqu'il ne les représente pas. C'est là sans doute traiter bien sévèrement un donateur. Mais on sait que la règle sus-indiquée entraîne souvent des conséquences rigoureuses. Cette interprétation de l'art. 950 est donc conforme et à la lettre et à l'esprit de la loi.

L'art. 950 ne s'occupe pas des fautes du donateur usufruitier. Elles restent donc régies par le droit commun, c'est-à-dire que le donateur répond même des simples détériorations, si elles proviennent de sa négligence.

210. Les art. 1733 et 1734 sont-ils applicables à l'usufruitier ? Ces articles établissent contre les preneurs, le premier une présomption de faute, le second, la solidarité. Or les présomptions ni la solidarité ne peuvent être étendues au-delà du cas prévu. Les dispositions des art. 1733 et 1734 doivent donc être restreintes aux preneurs, puisqu'aucune disposition de loi ne les étend aux usufruitiers. Suivant des auteurs, l'art. 624, qui suppose que la destruction d'un bâtiment par incendie ou autre accident éteint simplement l'usufruit, s'opposerait même formellement à ce que l'art. 1733 fût appliqué à l'usufruitier. C'est aller trop loin et l'art. 624 peut s'entendre de la destruction résultant d'un incendie que l'usufruitier prouverait être le résultat d'un cas fortuit (1).

211. L'usufruitier est tenu de jouir en bon père de famille (601). En effet, s'il pouvait mésuser, il dépendrait de lui de détériorer et même de détruire les choses ; tandis que son titre d'usufruitier l'astreint au contraire à les conserver pour les restituer au propriétaire à l'extinction de son droit. — L'obligation pour l'usufruitier de jouir en bon père de famille l'astreint en général à exercer son droit de manière à ne pas détériorer et à faire tout ce que ferait un propriétaire soigneux qui tiendrait à conserver sa chose en bon état. Si donc il est négligent pour ses propres biens, cela ne l'autorise point à l'être pareillement pour ceux dont il a l'usufruit (2).

Ainsi, il doit s'abstenir de tout ce qui peut exposer la chose à périr ou à se détériorer plus rapidement, de tout ce qui, par exemple, peut rendre une habitation moins saine. Il ne doit donc pas déposer ou emmagasiner dans les bâtiments des choses dont

---

(1) Proudhon, n. 1551 et s. Contr. Toulouse, 15 mai 1837. — (2) ff. 9, pr. *de usuf.* ff. 1, § 5, 6, *usuf. quem. cav.*

la présence offre des dangers, telles que de la poudre, des matières corrosives ou de nature à infecter les lieux. Il ne doit pas
non plus y exercer une profession déshonorante (1).

Ainsi encore, il ne doit pas exercer de mauvais traitements sur
les animaux. Il doit leur donner une nourriture convenable et
suffisante conformément aux usages du pays, les faire traiter en
cas de maladie, et cela à ses frais (2).

212. Le locateur d'un fonds peut contraindre le fermier à cultiver, parce qu'il a intérêt à ce que le fonds produise des fruits
qui soient affectés au paiement des fermages. Mais cette considération n'existe pas pour le nu-propriétaire, qui n'a aucun droit
aux fruits. Le nu-propriétaire ne peut contraindre l'usufruitier à
exploiter que si le défaut d'exploitation a pour résultat de lui
nuire, comme si l'usufruitier abandonne la culture d'un fonds au
point que la chose se trouve par là en mauvais état et exige désormais des travaux plus considérables que d'ordinaire. Un domaine rural non cultivé vaut moins pour le nu-propriétaire que
s'il était cultivé. De même, si l'usufruit porte sur un fonds de
commerce, l'obligation où est l'usufruitier de conserver la chose
afin de la restituer dans l'état où il l'a reçue, entraîne pour lui
celle d'exploiter le fonds de commerce, puisque c'est le seul
moyen de le conserver. Par la même raison, l'usufruitier d'une
usine ne doit pas la laisser chômer, si le chômage peut en diminuer la clientelle. Du reste, pour que l'usufruitier soit tenu de
continuer l'exploitation d'un commerce, d'une fabrique, il n'est
pas nécessaire qu'il ait aussi l'usufruit du fond de roulement employé à l'achat des marchandises, des matières premières et des
dépenses journalières. Cette condition, en effet, est tout aussi
inutile que dans l'usufruit d'un domaine rural dont l'exploitation
exigerait des avances considérables. L'usufruitier est toujours
obligé de conserver la substance. S'il trouve la charge trop lourde,
qu'il renonce à l'usufruit (3). — Si le défaut d'exploitation d'une
chose ne lui fait aucun tort, le nu-propriétaire n'a rien à dire;
car ses intérêts ne sont pas lésés.

213. L'usufruitier doit entretenir la chose. Le Code ne formule
point cette obligation d'une manière générale. Mais il l'applique
expressément à plusieurs cas particuliers, comme on va le voir.

---

(1) ff. 27, § 1, *de usuf.* Proudhon, n. 1111, 1469, 1471. — (2) ff. 17,
§ 1. ff. 23, § 1. ff. 45, *de usuf.* — (3) Contr. Massé, 3, n. 460 et s.

Elle a d'ailleurs toujours été de doctrine constante. Elle est en effet commandée par la position même de l'usufruitier. L'usufruitier devant conserver les choses dans leur substance, afin de pouvoir les rendre un jour au propriétaire telles qu'il les a reçues, est par là même tenu de faire généralement tout ce qu'il faut pour les entretenir, puisque sans cela elles se détérioreraient ou même périraient; de sorte que le propriétaire, ou ne les recouvrerait pas du tout, ou du moins ne les recouvrerait qu'en mauvais état.

Mais l'usufruitier est simplement tenu d'entretenir. La loi ne l'oblige pas à augmenter, à améliorer, à renouveler. On ne saurait donc le contraindre, par exemple, à terminer une construction commencée avant l'ouverture de l'usufruit. Et si le propriétaire l'achève pendant l'usufruit, l'usufruitier n'a pas à contribuer à la dépense, parce que l'achèvement d'une construction étant facultatif même pour le propriétaire, ne constitue point une de ces charges imposées sur la propriété auxquelles l'usufruitier doit contribuer. n. 609 (1).

Par suite de l'obligation générale où il est d'entretenir, l'usufruitier doit notamment :

1° Remplacer les arbres fruitiers qui meurent, ceux qui seraient arrachés ou brisés par accident, ainsi que les plants qu'il tire d'une pépinière (594 et 590. n. 138, 139) ;

2° Dans une vigne, remplacer les ceps qui périssent (2), sans qu'il ait toutefois à replanter la vigne si elle périt en entier par accident ou de vétusté, parce que ce n'est plus une affaire d'entretien, mais bien un renouvellement intégral de la chose, renouvellement qui n'entre pas dans les obligations de l'usufruitier (3) ;

3° Dans un fonds, une usine, un établissement quelconque, remplacer les objets servant à l'exploitation et considérés comme accessoires de la chose, par exemple, les bestiaux et ustensiles servant à faire valoir les terres, objets qu'il doit rendre dans leur ensemble, tels qu'il les a reçus, ainsi que la loi s'en explique au sujet du grevé de restitution, qui, à l'ouverture du droit des appelés, est tenu envers eux des mêmes obligations qu'un usufruitier ;

4° Dans un bois, se conformer lors des coupes aux règles prescrites par les lois forestières et aux usages établis par le pro-

---

(1) Caen, 27 fév. 1849. — (2) ff. 13, § 2, *de usuf.* Inst. *de rer. div.* Orléans. 6 janv. 1848. — (3) Orléans, 6 janv. 1848.

priétaire pour le repeuplement du bois, par conséquent, laisser le nombre d'arbres nécessaires à cet effet. V. n. 133 (1);

5° Faire les réparations d'entretien (n. 214);

6° Dans un troupeau, remplacer par le croît les têtes qui périssent (n. 229).

214. Parlons des réparations d'entretien. Réparer, c'est rétablir en son premier état une chose détériorée (2). — Il semble que l'obligation d'entretenir une chose devrait emporter l'obligation de la réparer toutes les fois qu'il en est besoin. Le Code, toutefois, à l'exemple du droit antérieur, n'assujettit l'usufruitier qu'aux réparations qui n'ont pas une grande importance, *modica refectio,* dit le droit romain, et que l'on qualifie de réparations d'entretien et aussi réparations usufructuaires, parce qu'elles sont à la charge de l'usufruitier (1409 4°). — Quant aux réparations importantes, que l'on appelle grosses, la loi les laisse à la charge du propriétaire.

« L'usufruitier n'est tenu qu'aux réparations d'entretien. Les grosses réparations demeurent à la charge du propriétaire, à moins qu'elles n'aient été occasionnées par le défaut de réparations d'entretien depuis l'ouverture de l'usufruit, auquel cas l'usufruitier en est aussi tenu » (605). — Il est assez équitable, en effet, que l'obligation de réparer n'incombe à l'usufruitier que si on peut la considérer comme une charge correspondante à la jouissance. Le revenu d'une chose est diminué par plusieurs charges qu'on acquitte ou qu'on est réputé acquitter sur le produit brut ; et de ce nombre sont ces réparations modiques nécessaires à l'entretien de la chose. Or, puisque c'est l'usufruitier qui perçoit tous les produits, il est juste qu'il entretienne la chose à ses frais. Par là, il aura en définitive le revenu net ni plus ni moins, et c'est bien tout ce que peut rapporter le droit de jouir, soit entre les mains d'un usufruitier, soit entre les mains du propriétaire. Quant à ces réparations considérables, dont la nécessité ne se présente que rarement, ce ne sont plus là de ces charges qui puissent et qui par conséquent doivent s'acquitter par un prélèvement sur le revenu brut. Il serait donc par trop dur que l'usufruitier en fût tenu, parce qu'elles pourraient absorber, dépasser même son émolument, et faire que l'usufruit, loin de lui procurer du profit, lui devînt onéreux, résultat contraire au but que l'on se propose dans

____

(1) Proudhon, n. 1168. — (2) ff. 1, § 6, *de riv.*

le titre constitutif. Suivant Proudhon, n. 1615, l'une des considérations qui ont fait mettre les réparations modiques à la charge de l'usufruitier, c'est qu'elles ont une durée qui se rapproche de la vie de l'homme, et que dès-lors c'est surtout à l'usufruitier qu'elles doivent servir. J'avoue ne pas voir d'analogie entre la durée des réparations d'entretien et celle de la vie humaine. Cette analogie existât-elle, qu'elle n'expliquerait rien : car l'usufruit ne prend pas l'usufruitier au berceau pour le suivre jusqu'à la tombe. D'ailleurs, de ce que ces réparations seraient surtout dans son intérêt, il pourrait bien s'en suivre pour lui le droit, mais non l'obligation de les faire. Une personne n'est jamais obligée dans son propre intérêt.

215. « Les grosses réparations sont celles des gros murs et des voûtes, le rétablissement des poutres et des couvertures entières; celui des digues et des murs de soutènement et de clôture aussi en entier. Toutes les autres réparations sont d'entretien. » (606) Ainsi, d'après cette disposition, les réparations d'entretien seraient toutes celles que la loi ne qualifie pas grosses réparations. On a voulu prévenir l'incertitude et l'arbitraire en cette matière. Mais ce but n'a pas été atteint, parce qu'à l'exception du rétablissement des digues et des clôtures, le Code, imitant en cela les législations antérieures (1), ne s'occupe que des réparations à faire aux bâtiments. Ce n'est que pour cette espèce de biens qu'il détermine limitativement les grosses réparations. Faute de préciser ainsi la portée de l'art. 606, on serait amené à décider (et il se trouve effectivement des arrêts en ce sens) que toutes les réparations à faire aux choses mobilières ou immobilières autres que les bâtiments, sont des réparations d'entretien et, partant, à la charge de l'usufruitier, quelle qu'en soit l'importance, ce qui est évidemment contraire à l'intention du législateur.

Mais comment, à l'égard des choses autres que les bâtiments, distinguer les deux classes de réparations? Les auteurs anciens en ont cherché les caractères généraux. Ainsi, suivant eux, la nécessité des réparations d'entretien revient fréquemment. Ces réparations n'excèdent pas d'ordinaire les revenus ; du moins elles n'entraînent pas une dépense considérable. Elles ont pour but la jouissance de la chose. — Les grosses réparations pré-

---

(1) ff. 7, § 2, *de usuf.* Paris, art. 262.

sentent les caractères opposés et intéressent l'existence même de
la chose. Un autre caractère généralement présenté comme distinct, c'est que les réparations d'entretien ont une durée à peu près
égale à la vie de l'homme, ce qui les faisait autrefois appeler
viagères.

Tout cela laisse dans le vague et l'incertitude. D'abord, ces
divers caractères des réparations n'ont par eux-mêmes rien de
fixe, ni de précis. Souvent tel caractère présenté comme distinctif d'une réparation d'entretien se rencontre dans une grosse
réparation, et réciproquement. Par exemple, un navire n'atteint
guère la durée de la vie humaine. Comment dès-lors les réparations dont ils ont besoin pourraient-elles la dépasser? Impossible
pourtant de soutenir que ces réparations sont toujours d'entretien. Quand il s'agit de réparations à faire aux choses dont le
Code ne parle pas, le plus sûr moyen de se conformer à l'esprit
du législateur, c'est de les mettre en regard de celles qui concernent les bâtiments et sont désignées dans l'art. 606, afin de rechercher par comparaison avec quelle classe de réparations elles
présentent le plus d'analogie, sauf à tenir aussi quelque compte
des divers caractères ci-dessus désignés. Sans doute il y aura
toujours là une appréciation difficile qui ne fera pas cesser toute
incertitude. Mais au moins restera-t-on fidèle à l'esprit du législateur, puisqu'on décidera avant tout par analogie des dispositions qu'il a établies pour les bâtiments, dispositions qui,
indiquant sa pensée essentielle, doivent en effet servir de guide
dans les autres cas. — Il est clair que toutes les menues réparations qui sont à la charge d'un locataire et qu'on appelle pour
cela locatives, sont à la charge de l'usufruitier. Du reste, pour
le détail des réparations, voyez Desgodets, *Lois des Bâtiments*,
annoté par Goupy, v^{is} *Réparations* et *Usufruit*.

Le remplacement de la meule d'un moulin constitue-t-il une réparation d'entretien? Ceux qui s'en tiennent à la lettre de l'art. 606,
sont amenés à en conclure que, comme le remplacement dont il
s'agit n'est pas qualifié par cet article grosse réparation, il constitue
une réparation d'entretien. Mais si l'on reconnaît que l'art. 606
ne se préoccupe pas des réparations à faire aux moulins, on rejet-
tera un pareil raisonnement, et on décidera la question, non par
la lettre de cet article, mais par son esprit et par les caractères de
la réparation. Cela posé, on peut dire : la meule d'un moulin est
une partie sans laquelle le moulin ne peut moudre. Elle est donc
aussi essentielle que l'est dans un bâtiment une poutre, un gros

mur, ou la couverture. Son remplacement est donc une grosse réparation. Toutefois, le remplacement d'une meule n'intéresse nullement l'existence du moulin. Elle ne concerne que l'exploitation actuelle. Elle est d'ailleurs la suite naturelle de l'usage. Aussi est-ce une dépense qui se renouvelle plusieurs fois pendant l'existence du moulin, et qui d'ailleurs n'est pas en disproportion avec les revenus ordinaires. Ces caractères assez tranchés me paraissent devoir la faire considérer comme une réparation d'entretien (1).

216. L'obligation pour l'usufruitier de faire les réparations d'entretien, ne concerne que celles dont la nécessité survient depuis son entrée en jouissance. Cela résulte de ce que, d'après l'art. 600, il prend les choses dans l'état où elles sont, et doit faire constater cet état, disposition qui ne peut avoir qu'un sens, à savoir qu'il n'est tenu de rendre les choses que dans l'état où il les a reçues; d'où cette conséquence qu'il n'est pas obligé de réparer ce qui était en mauvais état à cette époque, par exemple, des planchers qui étaient déjà dans un état de dégradation complète à raison de leur vétusté. Il serait injuste en effet de l'obliger à rendre les choses en meilleur état qu'on ne les lui a remises (2). C'est comme si un testateur ayant légué l'usufruit d'un troupeau de 300 bêtes et un accident en ayant fait périr 100 avant l'ouverture du legs, on prétendait que l'usufruitier doit employer le croît à ramener le troupeau au nombre de 300. L'obligation de l'usufruitier est simplement d'entretenir ce qu'il a reçu (3), et par conséquent de réparer ce qui se détériore après son entrée en jouissance. C'est d'après ces principes qu'il faut interpréter l'art. 605 qui déclare l'usufruitier tenu des grosses réparations « lorsqu'elles ont été occasionnées par le défaut de réparations d'entretien depuis l'ouverture de l'usufruit, » c'est-à-dire des réparations d'entretien dont la nécessité est survenue depuis l'ouverture de l'usufruit.

217. La loi ne dit pas simplement que l'usufruitier doit payer la dépense des réparations d'entretien. Elle dit qu'il est tenu des réparations elles-mêmes. C'est donc lui qui doit fournir tout ce qu'elles exigent, par conséquent, et la main-d'œuvre et les maté-

---

(1) Orléans, 21 février 1821. Contr. Proudhon, n. 1641, 1669. — (2) Duranton, n. 621. Zachariæ, 2, p. 140. Demolombe, n. 554. Cassat., 10 décembre 1828. Contr. Proudhon, n. 1658, 1659. — (3) ff. 44, *de usuf.*

riaux nécessaires. Sans doute, si le domaine à réparer lui offre des matériaux, il peut s'en servir. L'art. 592 s'en explique (n. 135). Mais cette disposition même prouve qu'en tout autre cas, il doit se procurer les matériaux à ses frais, puisqu'autrement elle serait inutile (1).

Mais les matériaux qu'il remplace doivent lui rester. C'est ce que le Code décide expressément pour les arbres fruitiers arrachés ou brisés par accident (594, n. 138), et ce que le droit romain décidait aussi, soit pour les arbres morts, soit pour les bêtes hors de service qu'il remplace dans un troupeau (2). Or, il y a ici même raison. — Ces matériaux lui appartiennent du moment où ils sont détachés; car c'est de ce moment qu'ils deviennent meubles (532), de ce moment dès lors qu'ils entrent comme tels dans le patrimoine de l'usufruitier. Les matériaux nouveaux qu'il emploie en réparations ou améliorations ne perdent leur caractère de meubles et ne cessent dès lors de lui appartenir à ce titre, qu'à mesure qu'ils sont employés. Jusque-là donc, ses créanciers peuvent les saisir comme objets mobiliers, fussent-ils déjà sur place pour être employés. Quant à ceux que l'usufruitier ne détache que pour les replacer, ils continuent, nonobstant cette séparation momentanée, de faire partie des ouvrages dans la composition desquels ils entraient, et par conséquent ne changent même momentanément ni de caractère ni de maître. Ils restent donc sans interruption au nu-propriétaire.

218. En principe, l'usufruitier n'est point tenu des grosses réparations, lesquelles « demeurent à la charge du propriétaire » (605). Le soin d'y pourvoir ne le concerne donc en rien; tellement qu'il n'est pas même obligé de les faire pour le compte et aux frais du propriétaire. Les grosses réparations en effet seraient dans une certaine mesure à sa charge, s'il était tenu de les faire pour le compte du propriétaire. Aussi la loi le déclare bien responsable des détériorations qu'entraînerait le défaut de réparations d'entretien, mais non de celles qui proviendraient du défaut de grosses réparations, preuve que le soin de pourvoir à ces dernières lui reste tout à fait étranger, en tant qu'usufruitier, bien entendu, et à part le cas où il serait en outre chargé de l'administration, comme le sont d'ordinaire les père et mère ayant l'usufruit légal des biens de leurs enfants, et le mari qui, par suite du régime

---

(1) Proudhon, n. 1614. — (2) ff. 18, 69, *de usuf.*

matrimonial, aurait l'administration et la jouissance des biens de sa femme.

219. L'usufruitier n'est tenu des grosses réparations qu'autant qu'elles ont été « occasionnées par le défaut de réparations d'entretien depuis l'ouverture de l'usufruit » (605). Dans ce cas en effet, c'est lui qui les a rendues nécessaires en ne faisant pas ce qu'il était tenu de faire. Or, il répond, comme tout autre débiteur, du préjudice qu'il a causé par l'inexécution de ses obligations. — Du reste, il faut généraliser ce principe et décider que l'usufruitier est tenu des grosses réparations toutes les fois qu'elles sont occasionnées par sa faute. Ainsi, il n'est tenu des grosses réparations qu'à raison de sa faute. Il est au contraire tenu des réparations d'entretien par sa seule qualité d'usufruitier, et, partant, alors même qu'elles ne sont occasionnées par aucune faute de sa part.

L'usufruitier est toujours tenu de rétablir ce qui a péri par sa faute. Si donc un bâtiment faisant partie d'une propriété ou d'une universalité grevée d'usufruit, a été en effet détruit par la faute de l'usufruitier, celui-ci, non seulement peut, mais doit même le reconstruire. Du reste, après l'avoir reconstruit, il a le droit d'en jouir (n. 64, 65).

220. « L'usufruitier n'est pas tenu de rebâtir ce qui est tombé de vétusté ou a été détruit par cas fortuit » (607). Des auteurs trouvent cette disposition inconciliable avec celle de l'art. 605, qui impose à l'usufruitier toutes les réparations d'entretien sans distinction, par conséquent, celles mêmes qui ne sont point occasionnées par sa faute ; et ils vont jusqu'à n'en tenir aucun compte. Mais on ne saurait mettre de côté un article précis de loi, qui a été présenté au corps législatif comme étant la conséquence de ce principe, que l'usufruitier prend la chose, en jouit et la laisse dans l'état où elle se trouve (1). On peut d'ailleurs, tout en appliquant l'art. 605, faire encore la part de l'art. 607. L'usufruitier est tenu des réparations d'entretien, alors même qu'elles ne proviennent point de sa faute. Il en est donc tenu, alors même qu'elles sont simplement, ce qui est fréquent, la conséquence naturelle et ordinaire du temps et de l'usage (605). Mais il n'est pas tenu de rétablir ce qui est tombé de vétusté ou a été détruit par cas fortuit (607). La vétusté se distingue de la conséquence naturelle et ordinaire du temps, parce qu'il y a des choses qui ont besoin d'être réparées

____

(1) Fenet, p. 223.

ou renouvelées après un certain temps , sans que pour cela elles tombent de vétusté. Du reste, l'art. 607, en tant qu'il dispense l'usufruitier des réparations d'entretien provenant de vétusté ou de cas fortuit, paraît peu en harmonie avec les art. 594 et 616 qui l'obligent à remplacer, l'un, les arbres arrachés ou brisés par accident , l'autre, les têtes de bétail qui ont péri par accident ou maladie.

221. Une réparation d'entretien a pu être occasionnée par le fait d'un tiers. Ce fait est pour l'usufruitier un cas fortuit. Il n'est donc pas tenu de la réparation (607). Il a même en ce cas , ainsi que le propriétaire, action contre l'auteur de la détérioration. — Si la nécessité de la réparation provenait du fait du propriétaire, non seulement l'usufruitier n'en serait pas tenu, mais il aurait même action contre lui, puisque ce dernier ne doit pas plus qu'un tiers, nuire aux droits de l'usufruitier.

222. Si le propriétaire, en l'absence de l'usufruitier, fait des réparations qui étaient à la charge de ce dernier, celui-ci, par application des principes de la gestion d'affaires, lui doit compte de la dépense. Sans doute, le propriétaire fait en ce cas une chose qui est dans ses intérêts à venir, ce qui pourrait donner lieu de douter s'il peut être considéré comme faisant l'affaire d'autrui. Mais il acquitte en définitive une dette de l'usufruitier et fait par conséquent sous ce rapport l'affaire de ce dernier (1).

223. Un travail de réparation est indivisible. Si donc il y a plusieurs co-usufruitiers, ils sont tenus chacun pour le tout des réparations d'entretien, ainsi que des grosses réparations nécessitées par le défaut de réparations d'entretien , défaut imputable à tous puisque tous devaient réparer. Quant aux grosses réparations nécessitées par la faute d'un seul, elles ne sont dues que par celui qui est en faute ; car la loi ne déclarant pas les co-usufruitiers solidaires, chacun d'eux ne répond que de sa propre faute.

224. « Les grosses réparations demeurent à la charge du propriétaire » (605). Des auteurs concluent de ces termes que le propriétaire est obligé de faire ces réparations ; de sorte que l'usufruitier peut l'y contraindre. A l'appui de cette interprétation, on argumente de ce que le propriétaire n'est pas tenu de rebâtir ce qui est tombé de vétusté ou a été détruit par cas fortuit (607). Hors de là donc, dit-on, il est tenu de faire les grosses réparations.

---

(1) ff. 48, *de usuf.* Proudhon, n. 1631.

— Cette solution présenterait un grave inconvénient, celui d'astreindre le propriétaire à faire des avances considérables, peutêtre au-dessus de ses moyens, et dont souvent il ne pourrait jouir que dans un avenir éloigné. Elle est heureusement contraire aux principes et ne résulte pas suffisamment du texte de l'art. 605. D'après les principes, l'usufruitier a bien un droit sur la chose ; mais il n'a pas de droit contre la personne du propriétaire (n. 159). D'où, entr'autres conséquences, cette disposition de l'art. 600 qu'à son entrée en jouissance, il prend les choses dans l'état où elles sont ; ce qui signifie indubitablement qu'il ne peut contraindre le propriétaire à faire aucune des réparations qui se trouveraient nécessaires à cette époque. Or, si le propriétaire n'est point obligé de réparer à l'ouverture de l'usufruit, il ne peut pas davantage l'être par la suite ; car sa condition ne change point. S'il y avait pour lui obligation de réparer, cette obligation s'appliquerait aux réparations dont la chose peut avoir besoin au commencement de l'usufruit, tout comme à celles dont la nécessité surviendrait pendant son existence et qui ne sont pas du nombre de celles que la loi impose à l'usufruitier. L'art. 605 peut parfaitement s'interpréter en ce sens. En effet, on dit très-bien que les réparations à faire aux choses constituent une charge de la propriété ; et pourtant un propriétaire n'est pas obligé de les faire. Mais on veut dire qu'il le doit, s'il tient à conserver sa chose. Donc, par ces expressions : « les grosses réparations demeurent à la charge du propriétaire », la loi veut dire qu'il n'en est pas de ces réparations comme de celles d'entretien. La condition des réparations d'entretien change par le fait même de l'existence de l'usufruit. Ces réparations, qui étaient, comme toutes les autres, à la charge du propriétaire, n'y demeurent plus ; elles passent à l'usufruitier. Les grosses réparations au contraire demeurent, continuent d'être à la charge du propriétaire, comme si la chose n'était pas grevée d'usufruit ; de sorte que, s'il tient à ce qu'elles soient faites, c'est à lui à les faire. Ce n'est pas le cas d'argumenter *a contrario* de l'art. 607. Cet article en effet n'est guère que la reproduction d'une loi romaine (1). Or, il est certain qu'en droit romain, l'usufruitier n'a aucune action pour contraindre le propriétaire à faire les grosses réparations. Cette loi ne doit donc pas être restreinte à ce qui tombe de vétusté,

______

(1) ff. 7, § 2, *de usuf.*

mais s'appliquer à toutes les grosses réparations. Il en doit dès lors être de même chez nous de l'art. 607, qui se borne à traduire la loi romaine. Si cet article, en tant qu'il s'applique au propriétaire, ne fait qu'appliquer les principes généraux, il faut en argumenter *a pari* et non *a contrario*, parce que les seules dispositions dont on doive argumenter *a contrario*, sont celles qui dérogent à ces principes. D'ailleurs, les grosses réparations sont ordinairement nécessitées par la vétusté ou un cas fortuit. Et c'est même ce qui peut expliquer les termes de la loi romaine, dont le rédacteur, quoiqu'ayant en vue une règle générale, n'a parlé que de ce qui se présente communément. Si donc on interprétait l'art. 605 comme posant en règle que le nu-propriétaire est tenu de faire les grosses réparations, cette prétendue règle serait d'une application infiniment moins étendue que l'exception. Quelle raison d'ailleurs y aurait-il au fond pour que le propriétaire fût tenu des unes et dispensé des autres (1) ?

Si c'est par le fait du nu-propriétaire que des réparations ou reconstructions deviennent nécessaires, il est sans nul doute tenu de les faire. Mais c'est alors à raison de son délit ou quasi-délit, qui l'oblige à réparer le dommage que sa faute a causé, et non à raison de sa seule qualité de nu-propriétaire.

Si l'on admettait que le nu-propriétaire est tenu de faire les grosses réparations, comme un travail de réparation est indivisible, s'il y avait plusieurs co-propriétaires, chacun d'eux en serait tenu en totalité, solution qui, du reste, recevra naturellement son application, si le titre constitutif les oblige à réparer, ou si c'est par leur faute que des réparations sont devenues nécessaires (2).

225. Du reste, le nu-propriétaire a le droit de faire les grosses réparations, parce qu'il lui est permis de faire tout ce qui est nécessaire pour empêcher le dépérissement ou la perte de sa chose. — Et il en est ainsi alors même que les travaux gêneraient la jouissance de l'usufruitier. L'équité ne permet pas que ce dernier s'oppose à des réparations sans lesquelles la chose se détériorerait ou périrait. Il ne pourrait d'ailleurs réclamer aucune

---

(1) Duranton, n. 615. Demolombe, n. 584. Proudhon, n. 1632, 1675. Marcadé. Douai, 2 déc. 1834. Caen, 7 nov. 1840, 15 mars 1850. Contr. Delvincourt. Benoît, Traité de la *Dot.*, n. 179. Lepage, Lois des bâtim., 2, p. 207. Salviat, art. 62. — (2) Cass. 11 janv. 1825.

indemnité pour empêchement à sa jouissance, parce qu'il y a là un cas fortuit dont doivent souffrir également les deux parties sur lesquelles il tombe, le propriétaire, pour la dépense qu'il lui occasionne, l'usufruitier, pour l'entrave apportée à sa jouissance. Ce n'est point le cas d'appliquer l'art. 1724, qui, étant fondé sur ce que le locateur est tenu de faire jouir le preneur, ne saurait s'étendre au cas d'usufruit, le nu-propriétaire n'étant pas tenu de cette obligation envers l'usufruitier.

La circonstance que le propriétaire aurait fait quelques grosses réparations, ne saurait à elle seule l'obliger à en faire d'autres ; car une obligation ne se présume pas. Bien plus, alors même qu'il se serait engagé à faire telle réparation, cela ne l'obligerait pas à en faire d'autres ; car un engagement ne saurait être étendu au-delà de ses termes (1).

226. Si le propriétaire fait une grosse réparation, il doit laisser l'usufruitier en jouir (n. 65). Mais peut-il le faire contribuer à la dépense ? — Il en est qui, appliquant en cela l'art. 609, obligent l'usufruitier à tenir compte au propriétaire des intérêts de la dépense. Mais l'art. 609 est étranger aux réparations, d'abord, parce que les réparations ne sont pas au nombre « des charges extraordinaires qui peuvent être imposées sur la propriété » ; ensuite, et surtout, parce qu'elles sont l'objet de dispositions spéciales (605, 607), dispositions qui amènent à décider qu'on ne peut contraindre l'usufruitier à contribuer en quoi que ce soit à la dépense des grosses réparations, puisque ce serait dans une certaine mesure les mettre à sa charge (2).

Tout ce qui a été dit des grosses réparations, à savoir, que le propriétaire n'est pas obligé de les faire, mais qu'il en a le droit, sans pouvoir toutefois faire contribuer l'usufruitier à la dépense, est applicable à celles des réparations d'entretien dont l'usufruitier n'est pas tenu, et partant, à toutes celles dont il est tenu de droit commun, mais dont le titre constitutif le dispenserait (3).

227. L'usufruitier aussi peut toujours faire celles même des réparations dont il n'est pas tenu, parce qu'il a le droit de faire généralement tout ce qui est nécessaire pour pouvoir jouir, et que souvent il ne pourrait jouir ou jouirait moins avantageusement,

____

(1) Caen, 15 mars 1850. — (2) Pothier, Don. entre époux, n. 240. Proudhon, n. 1647, 1697. Duranton, n. 618. Demolombe, n. 596. Contr. Marcadé. — (3) Caen, 15 mars 1850.

s'il ne réparait pas. D'ailleurs, le propriétaire est sans intérêt et par conséquent sans droit pour s'opposer à ce que l'usufruitier répare, puisque les réparations ne peuvent qu'améliorer sa chose. Une opposition ne serait donc de sa part qu'une pure méchanceté. En conséquence, si une maison faisant partie d'une propriété ou d'une universalité grevée d'usufruit, périt par un cas fortuit, tel que le feu du ciel, l'usufruitier a le droit de la rebâtir et ensuite d'en jouir (n. 64).

228. Lorsque l'usufruitier a fait une réparation dont il n'était pas tenu, est-il fondé à demander compte de la dépense au propriétaire, soit immédiatement, soit à l'extinction de l'usufruit? Si le propriétaire était obligé de faire ces réparations, il devrait compte à l'usufruitier, et cela immédiatement, parce que son obligation aurait été acquittée par ce dernier. On appliquerait en ce cas les principes de la gestion d'affaires, comme au cas où le propriétaire a fait une réparation qui était à la charge de l'usufruitier (n. 222.) Mais s'il est vrai que le propriétaire est libre pendant l'existence de l'usufruit, comme il l'était auparavant, de ne pas réparer (n. 224), l'usufruitier ne doit pas pouvoir, même après l'extinction de l'usufruit, l'obliger à lui tenir compte de la dépense, parce que ce serait l'obliger indirectement à réparer. Il impliquerait contradiction que le propriétaire eût à tenir compte d'une dépense qu'il n'est pas obligé de faire. D'ailleurs, l'art. 599 refuse expressément à l'usufruitier tout droit à indemnité pour amélioration (n. 306). Toutefois, on a toujours distingué entre les dépenses simplement utiles ou d'amélioration et les dépenses nécessaires. Si donc il s'agit d'une dépense nécessaire dans le principe, qui par conséquent a conservé la chose, et que l'utilité en subsiste encore à la fin de l'usufruit, l'usufruitier a en définitive fait l'affaire du propriétaire, ce qui doit obliger ce dernier à l'indemniser. Ainsi le veulent les principes généraux, principes qui restent applicables, puisque ce n'est plus le cas prévu par l'art. 599 (1). — Des auteurs accordent l'indemnité pour le montant de la dépense. Mais c'est admettre en fin de compte que le propriétaire est tenu de faire la réparation pour l'avantage même de l'usufruitier. L'indemnité ne peut avoir pour base qu'une gestion d'affaires. Elle

---

(1) L. 7, C. *de usuf.* Pothier, Douaire, n. 276. Douai, 2 déc. 1834. Proudhon, n. 1684 et s., 2598 et s. Demolombe, n. 591 et s. Marcadé, art 605. Contr. Coulon, Quest. de Droit, 1, p. 267.

ne doit donc dépasser ni l'utilité que le propriétaire retire de la dépense, ni la somme réellement dépensée par l'usufruitier.

L'usufruitier qui répète une dépense nécessaire doit, comme de raison, justifier et de la dépense et de sa nécessité. Il fera donc prudemment, lorsque la chose aura besoin d'une réparation de cette sorte, de dénoncer le fait au propriétaire et de le requérir de déclarer s'il entend la faire, en ajoutant que, dans le cas contraire, il se propose d'y pourvoir lui-même ; puis, sur son refus ou son silence, de faire constater l'état des lieux contradictoirement avec lui. Quant à la dépense, pour le cas où ce serait la dépense entière qui devrait être remboursée (l'utilité qui en résulte excédant la somme dépensée), les quittances des ouvriers et fournisseurs pourraient en faire foi, sauf au propriétaire à en discuter la sincérité (1).

Lorsque l'usufruitier est en même temps administrateur pour le nu-propriétaire, il peut incontestablement en cette dernière qualité se faire tenir compte, non seulement de ses impenses nécessaires, mais même de ses impenses utiles. Ainsi, un père qui, ayant l'usufruit légal, reconstruit, même sans autorisation du conseil de famille, un édifice incendié durant sa jouissance, a droit au remboursement des frais de reconstruction, si cette reconstruction est utile à l'enfant (2).

229. L'usufruitier d'un troupeau doit le tenir au complet en remplaçant par le croît les têtes qui périssent, dit l'art. 616, ajoutons avec le droit romain, et celles qui deviennent hors de service (3). — Et il en est ainsi, alors même qu'une partie du troupeau aurait péri par accident ou maladie et sans la faute de l'usufruitier (616). — Cette décision, l'une des conséquences de l'obligation où est l'usufruitier d'entretenir la chose (n. 213), est rationnelle. Il est dans la nature des choses qu'un troupeau s'entretienne de lui-même à l'aide du croît. Donc, l'usufruitier, qui n'en jouit qu'à la charge d'en conserver la substance, doit laisser dans le troupeau un nombre de jeunes têtes suffisant pour remplir les vides qui s'y font. Si le nombre des jeunes têtes excède celui des têtes à remplacer, l'usufruitier emploie au remplacement le nombre nécessaire et garde le surplus comme fruit du troupeau. Il y a donc là pour lui une sorte de répartition à faire. Le

---

(1) Proudhon, n. 1695. — (2) Colmar, 13 janv. 1831. — (3) ff. 69, *de usuf.* Proudhon, n. 1094.

remplacement est donc une chose de fait ; il ne saurait résulter de l'intention seule de l'usufruitier (1). — D'après cela, jusqu'à ce que le remplacement soit effectué, les jeunes têtes sont toutes aux risques de l'usufruitier (2). En effet, Il y a là pour lui une obligation alternative, puisque, pour compléter le troupeau, il peut prendre, parmi les jeunes têtes, les unes ou les autres à son choix. Or, dans les obligations alternatives, la perte de l'une ou de quelques-unes des choses comprises dans l'obligation est pour le débiteur, qui reste tenu de donner les autres. — Mais alors s'il y a quelque action à intenter contre les tiers à raison de la perte, comme si une jeune tête a été tuée ou volée par un tiers, cette action appartient à l'usufruitier.

Les têtes à remplacer reviennent à l'usufruitier. C'est la décision du droit romain (3), décision qui est aussi dans l'esprit du Code, puisqu'il admet (594) que les arbres arrachés ou brisés par accident lui appartiennent à charge de remplacement. Il y a en effet analogie parfaite entre les deux hypothèses (n. 138). De là il suit que s'il y a quelque action contre un tiers à raison de la perte des têtes à remplacer, cette action appartient à l'usufruitier.

230. Si au moment des naissances, le troupeau est au complet, mais qu'ensuite il s'opère des vides, est-ce avec le croît à venir seulement qu'il est tenu de les combler, ou bien doit-il prendre à cet effet même sur le croît né antérieurement, à tel point que s'il l'avait consommé ou aliéné, il dût se procurer d'autres têtes pour compléter le troupeau ? Un produit une fois acquis à l'usufruitier lui est irrévocablement acquis. Or le croît né à une époque où il n'y a pas de tête à remplacer, lui est à l'instant même acquis, puisque vu l'état actuel du troupeau, il n'est pas grevé de la charge du remplacement. Il entre donc dans le patrimoine de l'usufruitier, et par conséquent, alors même qu'il s'y trouverait encore au moment où des vides se font dans le troupeau, il ne pourrait toujours plus être considéré comme une portion de ce troupeau. Autre est la condition du croît qui naît à une époque où le troupeau n'est pas au complet. Celui-là n'est pas fruit en totalité ; il ne l'est que pour ce qui en restera après que l'usufruitier aura employé un nombre suffisant de têtes pour combler les vides. C'est donc cet excédant seul qui sera pour lui (4). Quant

---

(1) ff. 70, § ult. *de usuf.* — (2) § 2, *eod.* — (3) ff. 69, *eod.* — (4) C'est ce qu'exprime très-bien le ff. 10, § 3, *de jur. dot.* : le croît d'un troupeau

à la portion nécessaire pour combler les vides, comme elle doit rester dans le troupeau, elle en fait véritablement partie et dès lors n'entre pas dans le patrimoine de l'usufruitier.

Ceux qui obligent l'usufruitier à compléter le troupeau même à l'aide du croît qu'il a perçu antérieurement, argumentent de ce qu'il serait bien tenu de faire les réparations d'entretien, alors même que la chose à réparer ne produirait pas par la suite de quoi l'indemniser de sa dépense. Mais la différence s'explique par la nature des choses. Un troupeau s'entretient de lui-même à l'aide du croît ; c'est là le fait naturel que consacre la loi en obligeant l'usufruitier à laisser dans le troupeau, à mesure des naissances, le nombre de jeunes têtes nécessaires pour le tenir au complet. Pour les autres choses, pareil mode d'entretien étant impossible, on oblige l'usufruitier à entretenir la chose à ses frais. Il n'y a donc point alors à se préoccuper des fruits qu'il peut en retirer avant ou après les réparations (1).

Suivant M. Demolombe, l'usufruitier qui a aliéné le croît, n'est pas obligé de se procurer d'autres têtes pour compléter le troupeau ; mais il est tenu d'employer à cet effet les jeunes têtes qu'il a encore à sa disposition au moment où s'opèrent des vides. — Il y a là une inconséquence. S'il est vrai que le croît né à une époque où le troupeau est au complet, se trouve irrévocablement acquis à l'usufruitier comme fruit, il se confond avec ses autres biens, et échappe par là même pour toujours au propriétaire. Il n'y a pas à rechercher quel en est ultérieurement le sort. Si l'usufruitier a pu le vendre, comme l'admet M. Demolombe, c'est qu'il ne le devait pas au propriétaire ; et s'il ne le devait pas au propriétaire, ce dernier ne saurait y prétendre pour la reconstitution du troupeau, alors même qu'en fait, l'usufruitier l'aurait encore à sa disposition. Si, au contraire, il l'avait dû au propriétaire pour combler les vides qui pouvaient s'opérer plus tard, il n'aurait pu l'aliéner au préjudice de cette obligation. On ne se libère pas en aliénant ou en consommant l'objet de son obligation.

231. « L'usufruitier est tenu, pendant sa jouissance, de toutes les charges annuelles de l'héritage, telles que les contributions et

---

dotal revient au mari, sauf à lui toutefois « à compléter d'abord le troupeau, de manière que, les têtes mortes une fois remplacées par le croît, il ait le reste à titre de fruit. » V. mon Traité, p. 222 et s.

(1) Zachariæ, Annot. p. 157. Duranton, n. 630. Marcadé. Contr. Proudhon, n. 1093. Salviat, art 67, n. 8.

autres qui dans l'usage sont censées charges des fruits » (608). —
Ayant en effet seul droit aux émoluments de la jouissance, il est
juste qu'il supporte les diverses charges qui s'acquittent ou sont
censées s'acquitter sur les revenus. Par exemple, les contributions,
que cite le Code, sont une charge des fruits en ce sens que c'est
sur les fruits ou revenus qu'elles se prennent ou sont censées se
prendre. Par l'impôt, l'Etat nous demande une portion de nos
revenus pour nous garantir une jouissance paisible. Et comme
c'est l'usufruitier qui a droit de percevoir tous les revenus, c'est
naturellement lui qui doit supporter la contribution due à l'Etat (1).
— Puisque c'est l'usufruitier qui est tenu des contributions, c'est
son nom à lui qui doit figurer sur les rôles.

L'usufruitier doit également supporter 1° les centimes additionnels, qui constituent un impôt dû au département ou à la commune (2);

2° Une redevance pour concession emphytéotique ou pour bail
à long terme (3) ;

3° Une rente ou pension qui, d'après le titre qui l'a établie,
devrait se prendre sur la chose grevée d'usufruit. Et c'est surtout
lorsque la rente a été établie en nature qu'elle est évidemment à la
charge de l'usufruitier. Une rente en nature en effet est par la force
même des choses, une charge de la jouissance des biens sur lesquels elle doit se prendre. Elle diminue le produit total de ces biens.
— Peu importe que la rente fût déjà établie avant l'usufruit ou l'ait
été en même temps. Peu importe également que la rente et l'u-
sufruit aient été établis par le même constituant, par exemple,
par un testateur qui lègue la rente à une personne et l'usufruit à
une autre, ou bien par deux constituants distincts, comme si le
propriétaire, qui constitue un usufruit sur un fonds, était tenu
lui-même d'une rente sur ce fonds (4). Dans tous les cas, la rente
est une charge du revenu.

4° La redevance annuelle due par celui qui exploite une mine
au propriétaire de la surface ; car elle représente une portion
des produits de la mine (L. 21 avril 1810, art. 6).

Ce qui met une charge au compte de l'usufruitier, c'est le
caractère de charge des fruits. Il n'est pas nécessaire qu'elle soit
annuelle. Si l'art. 608 semble exiger cette condition (« de toutes les

---

(1) ff. 7, § 2. ff. 52, *de usuf.* — (2) *Eod.* Proudhon, n. 1792. — (3)
Dict. ff. 7, § 2. — (4) *Eod.* Nîmes, 17 juin 1856.

charges annuelles, ») c'est que les charges des fruits sont généralement annuelles, comme les fruits eux-mêmes. Le rédacteur de
la loi s'est préoccupé de ce qui est le plus ordinaire. Il se peut
qu'une charge, sans être annuelle ni même périodique, soit néanmoins réputée charge des fruits ; et ce caractère la met certainement au compte de l'usufruitier. Ainsi, c'est l'usufruitier qui
devrait fournir les prestations en nature que l'Etat, le département ou la commune imposerait, dans le cas, par exemple, de
grande disette. — Il en est de même des réquisitions en nature
frappées par un corps d'armée à son passage. Ce sont là évidemment des charges qui par leur objet même doivent s'acquitter
sur les produits (1).

Le logement militaire et les prestations pour l'entretien des
chemins vicinaux, sont à la charge de tout habitant (loi 10 juillet
1791, art. 5 ; loi 21 mai 1836, art. 3). Il n'y a donc pas à rechercher à ce sujet si on habite à titre d'usufruitier ou à tout autre
titre.

L'usufruitier est tenu (608). Il y a donc là pour lui une obligation personnelle. L'exécution peut dès lors en être poursuivie
sur tous ses biens présents et à venir (2092). L'action des créanciers n'est pas limitée à la chose grevée d'usufruit (2).

232. C'est « pendant sa jouissance » (608) que l'usufruitier est
tenu des charges des fruits, c'est-à-dire, qu'elles ne lui incombent
qu'autant qu'elles coïncident avec le temps de sa jouissance,
parce qu'alors seulement en effet elles correspondent à son émolument. Toutefois il devrait supporter la charge, alors même qu'il
ne recueillerait pas les fruits. Les contributions publiques, par
exemple, courent jour par jour. C'est donc jour par jour que
l'usufruitier en devient débiteur, absolument comme il devient
jour par jour créancier des fruits civils (n. 85). Il les doit dès
lors la première et la dernière année de sa jouissance en proportion du temps pendant lequel son droit aura duré dans le cours de
l'une et l'autre année, et ce, alors même que les fruits de ces
années seraient recueillis par le propriétaire. De même, s'il s'agit
d'un bois, il se peut que l'usufruitier ait à supporter les contributions de plusieurs années sans faire de coupes. Mais réciproquement, il se peut qu'au commencement ou à la fin de l'usufruit
il recueille les fruits de l'année entière, et ne supporte pourtant

---

(1) ff. 27, § 3, *de usuf.* — (2) Proudhon, n. 1783.

qu'une portion des contributions de cette année. La même re-marque est applicable aux autres charges des fruits. Il y a donc pour les charges une chance semblable à celle qui existe pour les frais de labours et semences (n. 83.)

233. « A l'égard des charges qui peuvent être imposées sur la propriété pendant la durée de l'usufruit, l'usufruitier et le propriétaire y contribuent ainsi qu'il suit :

Le propriétaire est obligé de les payer, et l'usufruitier doit lui tenir compte des intérêts. — Si elles sont avancées par l'usufruitier, il a la répétition du capital à la fin de l'usufruit » (609). — Il s'agit ici de charges qui portent, non plus sur les fruits, mais sur la chose même, sur le droit entier de propriété. Une charge de cette nature, si elle n'était acquittée en argent, le serait par la vente de la chose ou d'une portion de la chose jusqu'à due concurrence, vente dont le résultat serait de faire perdre au propriétaire la propriété et à l'usufruitier la jouissance de la valeur nécessaire pour acquitter la charge. Or, l'acquittement de la charge au moyen d'une somme d'argent, doit produire un résultat équivalent au point de vue économique, c'est-à-dire faire perdre au propriétaire la propriété et à l'usufruitier la jouissance de cette somme. Et tel est bien le résultat que consacre l'art. 609. En effet, ou le propriétaire verse la somme due, et alors l'usufruitier doit lui en payer l'intérêt pendant la durée de l'usufruit ; ce qui, d'un côté , fait perdre au propriétaire le capital qu'il a déboursé, car l'usufruitier ne le lui remboursera pas, et d'un autre côté, prive l'usufruitier de la jouissance de ce même capital, puisqu'il doit compte au propriétaire, jusqu'à la fin de l'usufruit, des intérêts qui en sont le produit. — Ou l'usufruitier avance la somme, et alors le propriétaire la lui rembourse à la fin de l'usufruit, mais sans lui tenir compte de l'intérêt pendant sa durée, ce qui fait encore perdre au propriétaire la propriété et à l'usufruitier la jouissance de ce même capital.

C'est le propriétaire qui, d'après l'art. 609, est obligé de payer. Et cela est rationnel ; car la charge portant sur la chose, si on ne l'acquittait pas volontairement, cette chose serait vendue jusqu'à due concurrence et le prix employé à acquitter la charge. Or, en ce cas, c'est bien du patrimoine du propriétaire que sortirait la valeur nécessaire pour cet acquit. C'est donc également sur son patrimoine qu'elle doit être prise, si l'on veut empêcher la vente par un paiement volontaire.

Si l'usufruitier n'avance pas le capital nécessaire pour acquitter la charge, le propriétaire peut-il, comme au cas de l'art. 612.

faire vendre jusqu'à due concurrence une partie du bien grevé d'usufruit? Pour la négative, on argumente *a contrario* de l'art. 612, qui donne cette faculté au propriétaire, tandis que l'art. 609 ne la lui donne pas. Mais lorsqu'une disposition ne fait que consacrer les principes généraux, on doit en argumenter *a pari* et non *a contrario*. Or tel est le caractère de la disposition de l'art. 612, puisque, de droit commun, un débiteur peut, pour désintéresser ses créanciers, prévenir par une vente volontaire la vente forcée qu'ils auraient le droit de provoquer. Donc, pour que cette faculté appartienne au propriétaire dans l'espèce de l'art. 609, il n'est pas besoin que le Code la lui accorde expressément ; il suffit qu'il ne la lui refuse pas. Loin d'ailleurs qu'il existe aucune raison pour la lui refuser, il y a, pour la lui laisser, les mêmes raisons que dans l'espèce de l'art. 612.

234. Quelles sont les charges qui portent sur la propriété ? Il serait difficile d'en donner une définition complète. On voit seulement, en comparant l'art. 609 avec l'art. 608, qu'il s'agit dans l'art. 609 de charges exceptionnelles et extraordinaires qui, à raison, soit des circonstances qui leur donnent naissance, soit de leur importance, soit de leur but, ne peuvent être réputées porter sur les revenus. On peut citer comme exemples :

Les contributions de sommes capitales qui seraient imposées sur les propriétés par quelque acte de l'autorité pour des besoins extraordinaires de l'État, du département ou de la commune, tel qu'un emprunt forcé (1) ;

Les condamnations prononcées contre une commune en vertu de la loi du 10 vend., an IV ;

Une subvention de guerre en argent (2);

L'obligation qui serait imposée par l'autorité municipale de construire dans chaque maison d'habitation, des latrines, un égoùt ou conduit pour les eaux pluviales ou ménagères;

L'indemnité à payer aux entrepreneurs pour travaux de desséchement de marais ordonnés par le gouvernement, pour ouverture de canaux, de routes, pour construction de digues ou tous autres ouvrages destinés à retenir les eaux, à arrêter une inondation de mines (Loi 14 flor. an II, 16 septemb. 1807, décr. 15 mai 1813). — Au cas de desséchement de marais, on peut se libérer, soit en remboursant le prix des travaux, remboursement qui serait l'ap-

______

(1) Proudhon, n. 1866. — (2) Id. n. 1867.

plication de l'art. 609, soit en constituant une rente à 4 p. 0|0, ce qui établirait une charge annuelle régie par l'art. 608, soit en abandonnant une partie proportionnelle du fonds.

L'indemnité due pour accession mobilière (566 et s.);

Le remboursement dû à un possesseur évincé, pour constructions, plantations et ouvrages (555); — ou à un acheteur contre qui le propriétaire et l'usufruitier exercent le réméré, ou contre qui ils ont fait prononcer la rescision de la vente pour cause de lésion ; ou, à l'inverse, le supplément à payer au vendeur pour empêcher la rescision d'une vente pour cause de lésion ;

Le prix d'acquisition de la mitoyenneté d'un mur ;

Et généralement toutes les charges qui ont pour cause, comme la plupart des espèces que je viens d'indiquer, des impenses faites pour la conservation, l'augmentation, l'amélioration ou le recouvrement de la chose; car l'équité veut qu'une dépense retombe à la charge de ceux à qui en revient l'utilité (1).

Le droit de mutation dû par l'héritier de la nue-propriété, quoique portant sur la valeur de la pleine propriété, reste à sa charge exclusive. Le donataire ou légataire d'usufruit n'a pas à y participer, et cela parce qu'il a lui-même à payer un droit de mutation pour son propre compte à raison de l'acquisition de son droit. Il suit de là 1° que l'héritier n'est pas en droit de faire vendre les objets dépendant de la succession pour faire face à cette dépense ; 2° que si l'usufruitier en fait l'avance, il peut se faire rembourser sans attendre la fin de l'usufruit (2).

235. Suivant des auteurs, un impôt extraordinaire, comme celui des 45 centimes, décrété le 16 mars 1848, est une charge qui porte sur la propriété et est dès-lors régie par l'art. 609. Mais ce n'est là qu'une augmentation de l'impôt de l'année, et, partant, une portion même de cet impôt. Or la partie étant soumise à la même règle que le tout, doit dans l'espèce, être régie par l'art. 608, puisque c'est cet article qui régit l'impôt. L'art. 609 ne s'applique qu'aux impôts extraordinaires qui seraient sans relation avec l'impôt annuel. Car dès qu'une charge est réputée porter, non sur la propriété, mais sur le revenu, c'est à l'usufruitier qu'elle incombe ; peu importe que ce soit une charge ordinaire ou non,

---

(1) Proudhon, n. 1865, 1868, 1872, 1878. — (2) Proudhon, n. 1874. Merlin, Quest. v° Enregistrement. Champ. et Rig. 4, n. 3882. Cass. 9 juin 1813.

perpétuelle ou temporaire, qu'elle existât déjà ou non avant l'ouverture de l'usufruit (1).

Suivant Proudhon, n. 1792 et s., les frais de premier établissement ou de grosses réparations de fontaines ou puits publics, bâtiments ou tous autres ouvrages communaux ou départementaux,
tombent sous l'application de l'art. 609, tandis que les frais d'entretien de ces divers objets sont régis par l'art. 608. Les frais
d'entretien sans doute sont toujours régis par l'art. 608. Quant
aux frais d'établissement et à ceux de grosses réparations, ils
ne sont régis par l'art. 609 qu'autant que l'on y pourvoit au
moyen d'un emprunt à la charge des propriétés. Mais si, comme
cela se pratique d'ordinaire maintenant, c'est au moyen d'un
emprunt fait par la commune ou le département, emprunt qui se
rembourse par annuités et à l'aide de centimes additionnels, il
n'y a plus là qu'une charge annuelle, qui retombe sur l'usufruitier pendant sa jouissance, bien qu'il soit par là exposé, si sa
jouissance dure longtemps, à supporter seul la charge entière.

Si le fonds grevé d'usufruit se trouve enclavé dans d'autres
fonds appartenant à des tiers, l'indemnité due pour le passage est,
suivant Proudhon, n. 553, à la charge du propriétaire, en vertu
du principe que devant délivrer l'usufruit, il doit, par voie de
conséquence, fournir ce qui est nécessaire pour en rendre l'exercice possible (n. 68). Mais ce n'est pas le cas d'appliquer ce principe, c'est-à-dire d'obliger le propriétaire à lui procurer un
passage. Car le passage appartient de droit au fonds ; seulement,
il ne lui appartient qu'à charge d'indemnité (682). L'indemnité
constitue donc une charge imposée sur la propriété. — Si elle est
réglée en une redevance annuelle, l'usufruitier la supportera
pendant sa jouissance, comme toute autre redevance pareille,
sans qu'il y ait à distinguer si le règlement a eu lieu avant ou
après l'ouverture de l'usufruit. Si l'indemnité consiste en une
somme fixe une fois payée et que le règlement en soit fait pendant
l'usufruit, c'est le cas d'appliquer l'art. 609. Si le règlement a eu
lieu antérieurement, quand même la somme serait encore due,
l'usufruitier n'aurait pas à en payer l'intérêt, parce qu'alors l'usufruit se serait trouvé établi sur une chose non grevée de la charge
d'une indemnité, le règlement en ayant fait une dette personnelle
au propriétaire (n. 236).

236. L'usufruitier ne contribue aux charges de la propriété

____

(1) ff. 28, *de usuf. leg.* Proudhon, n. 1785.

qu'autant qu'elles sont « imposées pendant la durée de son droit »
(609). Faut-il à cet égard considérer l'époque où est née la charge,
ou bien celle de son échéance ou exigibilité? Il ne serait pas sûr de
poser pour tous les cas une seule et même règle absolue. Il faut
peut-être s'attacher, tantôt à l'une, tantôt à l'autre des époques ci-
dessus indiquées, la solution pouvant dépendre des circonstances
et de l'intention présumable du constituant. Supposons, par
exemple, un emprunt forcé imposé sur la propriété avant l'ouverture de l'usufruit et dont une portion ne devient exigible que
pendant son cours. Y a-t-il lieu d'appliquer pour cette portion
l'art. 609? C'est là avant tout une question d'intention et d'interprétation d'acte, dans les rapports du propriétaire et de l'usufruitier, bien entendu; car vis-à-vis de l'autorité à qui est dû
l'impôt, la charge suit la chose en quelques mains qu'elle passe. Si,
dans l'hypothèse, le propriétaire avait, postérieurement à l'établissement de l'emprunt, aliéné la propriété même, la portion restant à payer serait-elle de droit et en l'absence de toute convention, à la charge de l'acquéreur de la propriété? Il serait difficile
de le soutenir. Or, l'acquéreur de l'usufruit peut-il davantage
être tenu de droit et en l'absence de toute convention, de contribuer au paiement de cette même portion?

237. Un patrimoine ne doit s'estimer que déduction faite des
dettes. *Bona non intelliguntur nisi deducto œre alieno.* Les dettes
diminuent le patrimoine de ce qu'il faudra prendre sur les biens
pour payer les créanciers. Du reste, ce n'est pas sur tel bien plutôt que sur tel autre que l'on doit prendre pour ce paiement.
Aussi dit-on que les dettes portent sur l'universalité et non sur
tel ou tel objet en particulier. De là cette règle, que les dettes
qui grèvent un patrimoine sont à la charge des acquéreurs de l'universalité ou d'une quote-part et non à la charge des acquéreurs
d'objets particuliers. D'où les conséquences suivantes, selon que
l'usufruit est à titre particulier ou bien à titre universel :

238. 1° L'usufruitier à titre particulier ne contribue en rien
aux dettes. En effet, dès que les dettes ne portent pas sur tel ou tel
objet particulier, elles ne sont pas plus pour lui une charge de
la chose dont il a l'usufruit, qu'elles ne le sont pour un acquéreur de la propriété, ainsi que la loi s'en explique au sujet du
légataire particulier (1024). Cette solution, outre qu'elle résulte
de principes incontestables, ressort virtuellement, d'abord de
l'art. 612, qui n'oblige à contribuer aux dettes que l'usufruitier
universel ou à titre universel, ensuite de l'art. 611, qui porte que

l'usufruitier à titre particulier n'est pas tenu des dettes auxquelles le fonds est hypothéqué, ce qui suppose qu'il n'est pas davantage tenu des autres, puisqu'à l'égard de ces dernières il n'y a pas même le motif de douter que l'on aurait pu tirer de l'hypothèque. — L'hypothèque n'a point pour effet de déplacer l'obligation personnelle, de la faire passer sur la tête du détenteur du bien hypothéqué. Sans doute le détenteur peut être poursuivi hypothécairement. Mais la dette doit toujours en fin de compte être supportée par le débiteur personnel. C'est pour écarter le doute que pouvait faire naître le droit qu'a le créancier de poursuivre le détenteur, que la loi s'est expliquée en ce sens au sujet de celui qui détient à titre particulier, soit comme propriétaire, soit comme usufruitier (1024, 611, 2178). « L'usufruitier à titre particulier n'est pas tenu des dettes auxquelles le fonds est hypothéqué : s'il est forcé de les payer, il a son recours contre le propriétaire, sauf ce qui est dit à l'art. 1020. » (611). — Le renvoi à l'art. 1020 supposerait que cet article modifie l'art. 611, c'est-à-dire prévoit un cas où l'usufruitier actionné hypothécairement n'aurait pas de recours. Mais il n'en est rien. Les art. 611 et 1020 règlent des cas différents.

Si le propriétaire n'est pas le débiteur, il est clair que l'usufruitier a aussi un recours contre le débiteur. En ce cas, son recours a lieu contre le débiteur et pour le capital et pour les intérêts qu'il aura payés, contre le propriétaire pour le capital seulement ; car la dette hypothécaire constitue alors dans les rapports du nu-propriétaire et de l'usufruitier une charge imposée sur la propriété, charge qui n'incombe au propriétaire que pour le capital (n. 233), sauf à lui d'ailleurs son recours contre le débiteur.

La règle que l'usufruitier à titre particulier n'est pas tenu des dettes, s'applique même aux rentes foncières, puisque depuis la loi du 11 brumaire an VII, qui a mobilisé toute espèce de redevances, les rentes même foncières ne constituent qu'une dette personnelle et mobilière, et qu'à ce titre elles sont dues par la personne et non par la chose (1). — Elle s'applique aussi, et cela sans aucun doute, aux rentes constituées même avec hypothèque sur le fonds grevé d'usufruit, puisque ni le caractère de rente, ni l'hypothèque n'empêchent la dette d'être personnelle (2).

---

(1) Zachariæ, Annot. p. 143. Contr. Proudhon, n. 1834. — (2) Bruxelles, 9 déc. 1812.

239. 2° L'usufruitier universel ou à titre universel doit, en vertu du principe posé n. 237, contribuer aux dettes avec le propriétaire. Ce point est réglé par l'art. 612, qui établit d'abord le principe de la contribution, puis en détermine la mesure et en règle l'application.

Principe. L'usufruitier universel contribue avec le propriétaire à la totalité des dettes et l'usufruitier à titre universel en proportion de la quote-part dont il a l'usufruit. Tel est le sens de l'art. 612, 1er et 2e al. « L'usufruitier, ou universel, ou à titre universel, doit contribuer avec le propriétaire au paiement des dettes, ainsi qu'il suit : on estime la valeur du fonds sujet à usufruit ; on fixe ensuite la contribution aux dettes à raison de cette valeur. » — « On estime la valeur du fonds sujet à usufruit. » Cette rédaction est doublement inexacte. D'abord aucune estimation n'est nécessaire pour fixer la contribution de l'usufruitier, lorsque l'usufruit porte sur tous les biens ou sur une quote-part de tous les biens. L'usufruitier doit contribuer aux dettes en totalité dans le premier cas, en proportion de sa quote-part dans le second cas, comme l'exprime très-bien l'art. 610 pour une hypothèse particulière. Le seul cas où il soit besoin d'estimation pour déterminer la part contributoire de l'usufruitier, est celui où l'usufruit porte sur tous les meubles ou sur tous les immeubles, ou sur une quote-part soit des meubles soit des immeubles, ce qui, je l'ai déjà dit n. 61, et la disposition même qui nous occupe en est encore une preuve, constitue un legs à titre universel. Alors en effet il devient nécessaire d'estimer la valeur des biens soumis à l'usufruit comparativement à celle des autres. Si, par exemple, l'usufruit porte sur tous les meubles, il faut bien estimer séparément les meubles et les immeubles, afin de connaître quelle est la valeur des meubles dans le patrimoine entier. Et si les immeubles valent 60 et les meubles 40, le patrimoine entier étant ainsi de 100, l'usufruitier contribuera pour 2/5. D'ailleurs, même dans le cas où il est besoin d'estimation, ce n'est pas la valeur d'un fonds qu'il s'agit d'estimer. Car si l'usufruit portait sur un fonds, comme alors il serait à titre particulier, il n'entraînerait aucune obligation aux dettes, et ne nécessiterait dès-lors aucune estimation (1).

L'estimation, lorsqu'elle est nécessaire, doit, comme de raison, être faite avec la participation des deux intéressés, c'est-à-dire de l'usufruitier et du propriétaire (2).

---

(1) Proudhon, n. 1894. Marcadé. — (2) Proudhon, n. 1897.

240. Voici en quoi consiste la contribution de l'usufruitier. « Si l'usufruitier veut avancer la somme pour laquelle le fonds (ou mieux, les biens grevés d'usufruit) doit contribuer, le capital lui en est restitué à la fin de l'usufruit sans aucun intérêt. — S'il ne veut pas faire cette avance, le propriétaire a le choix , ou de payer cette somme, et, dans ce cas, l'usufruitier lui tient compte des intérêts pendant la durée de l'usufruit, ou de faire vendre jusqu'à due concurrence une portion des biens soumis à l'usufruit. » (612). — Ces dispositions sont bien la conséquence du principe que les dettes diminuent d'autant le patrimoine et doivent dès-lors avoir pour résultat en fin de compte de faire perdre au propriétaire la propriété et à l'usufruitier la jouissance d'une portion de biens égale au montant de ce qui doit être payé aux créanciers. En effet, si l'usufruitier veut avancer le capital qui leur est dû , ce capital lui sera remboursé par le propriétaire à la fin de l'usufruit, mais sans intérêt jusque-là. Il en aura donc perdu la jouissance. Le propriétaire de son côté en perdra la propriété, puisqu'il en devra le remboursement. — Si l'usufruitier ne veut pas avancer le capital, le propriétaire peut payer lui-même les créanciers, et alors l'usufruitier doit lui tenir compte pendant la durée de l'usufruit des intérêts de la somme payée, ce qui a encore pour résultat d'en enlever au propriétaire la propriété et à l'usufruitier la jouissance ; — ou bien faire vendre jusqu'à concurrence des dettes une portion des biens soumis à l'usufruit, vente qui fera perdre au propriétaire la propriété et à l'usufruitier la jouissance des biens vendus, ainsi que le ferait une vente forcée. — D'après cela, les dettes sont exactement pour le patrimoine entier ce qu'est pour un objet particulier, d'après l'art. 609, une charge imposée sur la propriété pendant l'existence de l'usufruit. Dans l'un et l'autre cas, en effet, le propriétaire doit supporter le capital et l'usufruitier les intérêts.

241. L'usufruitier, on le voit, contribue pour les intérêts ; et cette contribution peut s'acquitter de trois manières.

Première manière. Si les dettes produisent des intérêts, tant qu'elles ne sont pas échues , l'usufruitier en est débiteur, et ce, même envers les créanciers. Cela résulte de l'esprit de l'art. 612, et est de plus prouvé *a pari* par l'art. 610.

Deuxième manière. Il avance le capital, lequel ne lui est remboursé qu'à la fin de l'usufruit et sans intérêt jusque-là (612). Du reste, même à cette époque, l'intérêt ne peut courir à son profit que par une demande, conformément à la règle générale, puisque la loi n'y a pas dérogé ici (1153). — L'avance du capital n'est d'ailleurs que facultative pour lui, puisqu'il n'est tenu que des intérêts, et c'est bien en ce sens qu'est rédigé l'art. 612. « Si l'usufruitier veut.., s'il ne veut pas avancer le capital. »

Troisième manière. Le propriétaire paie les créanciers. L'usufruitier en ce cas lui doit l'intérêt des sommes payées, et il le lui doit alors même que les dettes n'en produisaient pas ; car son obligation résulte, non des titres des créanciers, mais de l'art. 612, qui lui impose l'intérêt et le lui impose évidemment de plein droit (1). — Toutefois, comme le propriétaire ne peut faire à l'usufruitier une condition plus dure que ne le comportent les titres, s'il paie avant le terme une dette non productive d'intérêt, l'usufruitier ne lui en devra qu'à partir du terme. — L'intérêt dû par l'usufruitier au propriétaire est un intérêt légal, car c'est la loi qui l'établit. Il est donc, en France, de 5 p. 0|0 (L. 3 septembre 1807), la dette payée fût-elle commerciale ; car entre l'usufruitier et le propriétaire la matière est civile et l'obligation nouvelle. En Algérie, il est de 10 p. 0|0 (Ord. 7 déc. 1835). — Il se prescrit par cinq ans, suivant la règle générale (2277).

242. Lorsque l'usufruitier ne veut pas avancer le capital des dettes, le propriétaire a la faculté à son choix ou de le payer lui-même ou de faire vendre à cet effet une portion des biens (612). Du reste, l'usufruit ne l'obligeant pas envers l'usufruitier (n. 159), celui-ci n'a aucune action pour le contraindre à prendre l'un ou l'autre de ces deux partis (2). Sans doute, si l'usufruitier avance le capital, il est subrogé aux droits des créanciers ; car il est tiers détenteur, le patrimoine dont il a l'usufruit étant affecté aux dettes. Mais son action en remboursement ne s'ouvre qu'à la fin de l'usufruit. Et puisque, dans ses rapports avec l'usufruitier, le propriétaire a seul le pouvoir de faire vendre, s'ils ne sont pas d'accord sur le choix des objets à mettre en vente, c'est sa volonté à lui propriétaire, qui doit l'emporter, à moins de malice de sa part. L'usufruitier peut seulement exiger que la vente ait lieu aux enchères, cette forme étant de nature à produire un meilleur prix.

Quant aux créanciers, ils ont, comme de raison, action contre le propriétaire pour la dette entière, par conséquent et pour le capital et pour les intérêts, sauf à lui son recours contre l'usu-

---

(1) Toulouse , 9 déc. 1853.— (2) Rom. 12 fév. 1850. Cass. 9 juillet 1855.

fruitier pour les intérêts. Le propriétaire et l'usufruitier sont donc tenus des intérêts envers les créanciers chacun pour le tout, mais sans solidarité, la loi ne les déclarant pas solidaires. — Les créanciers peuvent d'ailleurs , cela va de soi, faire saisir et vendre les biens soumis à l'usufruit.

243. L'usufruitier n'est point tenu de payer le capital. Les créanciers conservent d'ailleurs leur action pour le paiement contre le propriétaire. De ces deux règles il résulte que si l'usufruitier est lui-même créancier, il peut en cette dernière qualité exiger son paiement à l'échéance, sans être tenu d'attendre l'extinction de l'usufruit, sauf à lui à servir ensuite au propriétaire l'intérêt de la somme qu'il aura touchée ; et, par voie de conséquence, s'il n'agit pas, la prescription courra contre lui. La prescription en effet court contre toute personne, à moins qu'elle ne soit dans quelque exception établie par la loi (2251). Or la circonstance que le créancier a l'usufruit des biens de son débiteur, n'est point considérée par la loi comme suspendant la prescription. Ainsi jugé contre une veuve qui, restée usufruitière des biens de son mari, avait laissé passer 30 ans sans réclamer sa dot contre les héritiers (1). Proudhon, n. 760 et s. et 1909, combat cette solution. La prescription, dit-il, ne saurait courir contre celui qui jouit de sa créance. Or l'usufruitier universel jouit de sa créance, puisqu'il profite des intérêts qu'il est censé se payer à lui-même, ainsi que l'y oblige sa qualité. Ce raisonnement est plus ingénieux qu'exact. Dans l'espèce, l'usufruitier ne recueille pas les intérêts de sa créance ; car l'obligation d'intérêts est éteinte par confusion, la qualité de créancier et celle de débiteur étant réunies dans la même personne. La dette du capital seul subsiste. Cela étant, l'usufruitier ne saurait jouir de sa créance qu'en recevant, en acquérant le capital. Or, le reçoit-il, l'acquiert-il en jouissant comme usufruitier ? Evidemment non ; car, comme usufruitier, il jouit de choses appartenant à autrui, choses qu'il devra rendre, tandis que, comme créancier, il a droit d'acquérir à toujours la somme ou la chose qui lui est due. Sa jouissance comme usufruitier ne constitue donc pas une jouissance, un exercice de son droit de créance, droit qui dès-lors est prescrit, si 30 ans s'écoulent ainsi.

244. Ce que l'art. 612 décide pour les intérêts est applicable aux arrérages des rentes. Cela ne pouvait faire doute pour les arré-

____

(1) Cass , req. 17 août 1819.

rages de rentes perpétuelles, lesquels ressemblent tout à fait aux intérêts des sommes exigibles. Aussi la loi n'en parle-t-elle pas. Mais il en est encore ainsi des arrérages de rentes ou pensions viagères. La loi s'en explique, parce qu'on aurait pu prétendre qu'en pareil cas les arrérages ou prestations constituent le capital même de la rente ou pension, le débiteur n'ayant pas autre chose à payer ; d'où l'on aurait conclu que l'usufruitier n'en doit pas être tenu. La loi assimile les arrérages des rentes même viagères aux intérêts des sommes exigibles ; d'où il résulte, au point de vue actif, que l'usufruitier d'une rente viagère en perçoit les arrérages sans être tenu à aucune restitution (588, n. 122), et, au point de vue passif, que si le propriétaire est tenu d'une rente ou pension viagère, les arrérages et prestations en sont à la charge de l'usufruitier universel pour la totalité, et de l'usufruitier à titre universel en proportion de sa quote-part dans la jouissance, absolument comme s'il s'agissait d'intérêts. C'est ce que porte l'art. 610, qui est dès-lors dans le même système que l'art. 588 « Le legs fait par un testateur, d'une rente viagère ou pension alimentaire, doit être acquitté par le légataire universel de l'usufruit dans son intégrité, et par le légataire à titre universel de l'usufruit dans la proprotion de sa jouissance, sans aucune répétition de leur part. »

Cet article suppose une rente viagère ou pension alimentaire résultant de legs ainsi que l'usufruit, et de legs fait par le même testateur. Mais la décision n'étant que la conséquence du principe général posé par l'art. 612, doit s'appliquer à toutes les rentes ou pensions viagères même non alimentaires que le nu-propriétaire devrait pour une cause quelconque. Il ne faut en excepter que les redevances, viagères ou perpétuelles, peu importe, qui devraient, d'après le titre constitutif, se prendre sur un bien dont l'usufruitier n'aurait pas le droit de jouir, comme si elles portent sur un immeuble et que l'usufruit ne porte que sur les meubles (1).

245. C'est par application des principes posés dans les art. 610 et 612 que la communauté, usufruitière universelle des biens propres des époux, est tenue des intérêts et arrérages seulement des rentes et dettes passives qui leur sont personnelles (1409 3°).

246. Le principe de l'art. 612 s'applique à toutes les charges qui affectent un patrimoine grevé d'usufruit ; ainsi, en cas de legs d'usufruit, à toutes les charges de la succession, par conséquent

_____

(1) Proudhon, n. 1812. Pothier, Douaire, n 54.

même aux frais funéraires, à ceux de scellés, d'inventaire, bien plus, aux legs de sommes d'argent, ces legs diminuant le patrimoine tout aussi bien que les dettes, enfin aux frais de la demande en délivrance des legs quels qu'ils soient (1). — Quant aux frais funéraires, s'il convient à l'héritier de dépenser à cet égard des sommes exagérées, l'usufruitier peut de son côté ne lui tenir compte que des intérêts d'une dépense en rapport avec les facultés et la position sociale du défunt (2).

Lorsque l'usufruit résulte d'une disposition à cause de mort, l'art. 612 doit s'appliquer même aux dettes du défunt envers l'héritier, ce dernier eût-il accepté purement. La confusion en la personne de l'héritier des qualités de créancier et de débiteur n'empêche pas que la dette ne doive être prise en considération pour le calcul de la succession, toutes les fois que ce calcul présente un intérêt, comme la loi le montre elle-même au cas de vente de droits successifs (1698). Une succession n'arrive à l'héritier que diminuée du montant de sa créance. Si, par exemple, le défunt a laissé un actif brut de 100, mais qu'il dût 50 à son héritier, son patrimoine n'étant réellement que de 50, l'usufruitier ne peut jouir d'un actif de 100 qu'en tenant compte à l'héritier des intérêts de sa créance de 50 (3).

Suivant Proudhon n. 1818, 1819, la dette légale d'aliments se transmet avec les biens ; de sorte que les prestations périodiques sont à la charge de l'usufruitier universel ou à titre universel. Mais cette dette tenant à la qualité même des personnes s'éteint au décès. La décision de Proudhon ne peut donc avoir lieu que dans l'hypothèse d'un enfant naturel incestueux ou adultérin, cet enfant ayant droit à des aliments sur la succession de ses père et mère (762).

247. Suivant Marcadé, il n'y a que l'usufruitier à titre gratuit qui soit tenu de contribuer aux dettes. — En fait, l'usufruit universel ou à titre universel ne s'établit guère à titre onéreux ; mais en droit rien ne s'y oppose. L'usufruit de la communauté, qui entraîne cette contribution, peut même passer pour établi à titre onéreux, ainsi que l'usufruit du mari sur les biens de sa femme sous le régime exclusif de communauté et même celui des père et mère sur les biens de leurs enfants mineurs. En tout cas, l'art. 612 ne distin-

---

(1) Proudhon, n. 1898, 1899. Marcadé. Montpellier, 13 nov. 1828. — (2) Proudhon, ibid. — (3) Tribunal de Bergerac, 18 mai 1852, infirmé à tort par Bordeaux, 19 fév. 1853.

guant point, il n'y a pas à distinguer. Sans doute, un acquéreur à
titre onéreux n'est pas tenu des dettes de son auteur, à moins de
convention contraire. Mais comme la loi oblige expressément
l'usufruitier à payer les intérêts de celles qui grèveraient l'universalité dont il jouit, les parties qui établissent un usufruit même à
titre onéreux, doivent être présumées avoir tacitement traité sous
cette condition, dès qu'elles n'ont pas dit le contraire.

248. On a jugé qu'un testateur ne peut dispenser un légataire
universel en usufruit de supporter les intérêts des dettes de sa
succession (1). Ce serait vouloir en effet, peut-on dire, donner la
jouissance de plus de biens qu'on n'en laissera réellement,
puisque les dettes diminuent virtuellement le patrimoine d'autant
et donnent nécessairement aux créanciers et au nu-propriétaire
le pouvoir de faire vendre les biens jusqu'à due concurrence pour
l'acquit des charges, vente qui amoindrit forcément la jouissance
de l'usufruitier, comme le ferait la charge des intérêts. — Mais
on peut léguer l'usufruit de tous ses biens et en outre une somme
d'argent quelconque, égale, par exemple, au montant des intérêts
des dettes. Ces deux legs, certainement permis en faveur de deux
personnes, s'ils ne dépassent pas la valeur entière du patrimoine,
le sont également en faveur d'une seule (sauf dans l'un et l'autre
cas l'application de l'art. 917, s'il y a des réservataires). Sans
doute, un légataire ne peut recevoir le droit de jouir que des biens
existants. Mais il peut recevoir en outre une redevance annuelle
en argent, ou, ce qui revient au même, être dispensé d'en payer
une; et c'est précisément le cas.

249. Les intérêts ou arrérages courent jour par jour au profit
de l'usufruitier d'une rente ou d'un capital exigible. Réciproquement, c'est jour par jour, à partir de l'ouverture jusqu'à l'extinction de son droit qu'ils doivent courir contre lui dans le cas des
art. 610 et 612 (2). Toutefois, s'il est vrai qu'un légataire d'usufruit
n'a droit aux fruits ou intérêts que du jour de la délivrance demandée ou consentie (n. 94), les intérêts ou arrérages ne doivent
également courir contre lui qu'à partir de cette même époque;
car il ne saurait être tenu des charges de la jouissance pour un
temps où il ne jouit pas encore. Les intérêts ou arrérages courus
avant son entrée en jouissance restent à la charge du propriétaire,
semblables en cela aux capitaux.

---

(1) Montpellier, 12 janv. 1832. — (2) Proudhon, n. 1800.

250. Les intérêts moratoires encourus par le propriétaire postérieurement à l'ouverture de l'usufruit pour le non paiement du capital, n'étant dus que par sa faute, ne sont point à la charge de l'usufruitier. L'usufruitier n'étant pas tenu du capital ne saurait être en demeure de le payer. Il ne peut encourir de demeure que pour les intérêts à sa charge, et, par là, être tenu des intérêts de ces intérêts (1154). Du reste, comme la loi n'établit pas de solidarité entre lui et le propriétaire pour l'obligation des intérêts (n. 242), la mise en demeure du propriétaire ne produit pas effet contre l'usufruitier, même pour les intérêts.

251. Si le capital d'une rente perpétuelle est devenu exigible à défaut de paiement des arrérages pendant deux années, le nu-propriétaire actionné en remboursement a son recours en garantie contre l'usufruitier, lequel devait servir la rente à sa décharge. — Et puisque le propriétaire, obligé de rembourser le capital, aurait le droit de se le faire restituer par l'usufruitier, le rentier peut lui-même, comme exerçant ses droits, poursuivre directement l'usufruitier en remboursement. Proudhon n. 1803 paraît croire qu'en effectuant lui-même le remboursement ou en indemnisant le nu-propriétaire qui l'aura fait, l'usufruitier sera subrogé au rentier en vertu de l'art. 1251 3°. Mais l'espèce n'est pas celle de l'art. 1251 3°. Il n'y a donc pas de subrogation aux droits du rentier. La rente est purement et simplement éteinte au moyen du remboursement du capital. Seulement, comme c'est l'argent de l'usufruitier qui en a libéré le nu-propriétaire, il y a là gestion d'affaires. Le nu-propriétaire devra donc, à l'extinction de l'usufruit, servir à l'usufruitier une redevance égale aux arrérages de la rente, sinon lui restituer une somme égale au capital ; de manière que l'usufruitier ait ainsi action contre le nu-propriétaire jusqu'à due concurrence de l'utilité qu'il lui a procurée, conformément aux principes de la gestion d'affaires.

252. « L'usufruitier n'est tenu que des frais des procès qui concernent la jouissance, et des autres condamnations auxquelles ces procès pourraient donner lieu. » (613). — On suppose des procès avec des tiers. Peu importe, du reste, que le tiers soit demandeur ou défendeur.

Si le procès ne concerne que la jouissance, c'est l'affaire de l'usufruitier seul. Lui seul dès-lors doit en subir les conséquences. — En cette matière, un procès ne concerne que la jouissance, lorsque c'est l'intérêt seul de l'usufruitier, c'est-à-dire son droit ou quelqu'une de ses obligations, qui est en question. Tel est le procès avec un tiers qui lui conteste son droit d'usufruit sans contester au nu-propriétaire son droit de propriété, ou le trouble dans sa possession à titre d'usufruitier, ou lui a causé quelque dommage dans sa jouissance, ou réclame de lui quelque obligation à sa charge, par exemple, des intérêts ou arrérages par lui dus dans le cas des art. 609, 610, 612.

Si le procès ne concerne que la nue-propriété, l'usufruitier n'a point à en supporter les conséquences. Le propriétaire étant alors seul intéressé dans la contestation, il est juste que lui seul en subisse les résultats. Aussi, la loi ne lui impose-t-elle que ceux des procès qui concernent la jouissance seulement (1). — Tel est le procès avec un tiers qui, sans contester à l'usufruitier son droit d'usufruit, conteste au nu-propriétaire (ou présumé tel) le droit de propriété, ou le trouble dans sa possession à titre de propriétaire.

Le procès peut intéresser la pleine propriété. Du reste, une instance ne porte jamais que sur les intérêts des parties en cause, et, par suite, la chose jugée ne peut nuire ou profiter à des tiers. Un usufruitier ne peut donc être tenu de contribuer aux frais ou autres condamnations qui seraient prononcées dans une instance où il n'aurait pas figuré, puisque le jugement lui reste étranger (2). Un procès ne concerne donc la pleine propriété que si le nu-propriétaire et l'usufruitier y figurent. En ce cas, les condamnations au fond doivent être supportées par chacun d'eux dans le rapport de son intérêt. Ainsi, la condamnation au délaissement de la chose sera ordonnée contre celui qui détient ; celle à la restitution des fruits, contre celui qui les a perçus; celle en dommages-intérêts, contre celui dont le fait a nui au demandeur. Quant aux frais, ils seraient, suivant des auteurs, à la charge du nu-propriétaire pour le capital et de l'usufruitier pour les intérêts, en vertu de l'art. 609 (3). Mais les frais ne constituent point une charge imposée sur la propriété. Ceux que fait chaque partie constituent une dépense faite dans l'intérêt de sa défense. Toutes les fois donc qu'il y a plusieurs demandeurs ou plusieurs défendeurs, la quotité de leur intérêt respectif dans l'instance est indifférente en ce qui concerne les dépens; car la nécessité de leur défense a toujours entraîné pour eux la même procédure. Cela étant, les dépens communs

______

(1) Proudhon, n. 1750. — (2) Contr. Proudhon, n. 1758. — (3) Proudhon, n. 1751. Marcadé, art. 613.

doivent se diviser par portions égales, aucune disposition de loi n'établissant la solidarité en matière civile pour ce cas. Les frais exclusivement faits par l'un des co-demandeurs ou co-défendeurs, doivent aussi rester exclusivement à sa charge (1). — De ces principes, il résulte que, dans les instances concernant la pleine propriété, l'usufruitier et le propriétaire doivent supporter par portions égales les frais des actes qui leur sont communs, sauf leur recours contre leur adversaire, s'ils gagnent leur procès. La solution est la même pour les frais de l'adversaire, s'ils perdent. La condamnation aux dépens est la réparation du tort causé au gagnant par les perdants. Or, quelle que soit la quotité de l'intérêt respectif des perdants, la faute de chacun d'eux en soutenant un procès injuste cause toujours un tort égal au gagnant ; c'est donc par portions égales qu'ils doivent être condamnés aux dépens.

On peut citer comme exemples d'instance concernant la pleine propriété, la revendication d'un tiers qui se prétend plein propriétaire de la chose, une action en partage ou en bornage dans laquelle figurent et l'usufruitier et le propriétaire.

Du reste, si l'usufruit a été établi à titre onéreux, l'usufruitier qui supporte des frais ou subit des condamnations au fond, a son recours tel que de droit contre le constituant (qui peut ne pas être le nu-propriétaire), et cela, que le procès concerne la jouissance seulement ou bien la pleine propriété.

253. La raison veut que les obligations de l'usufruitier pendant sa jouissance puissent donner action contre lui, même avant l'extinction de l'usufruit et dès que le nu-propriétaire a intérêt. Ce point ne pourrait être mis en doute relativement aux réparations imposées à l'usufruitier, aux charges des fruits, aux intérêts des charges extraordinaires, ou des dettes dont le capital aurait été avancé par le propriétaire. Mais il faut généraliser le principe, parce qu'il y a même raison. Si donc l'usufruitier détériore la chose, s'il en néglige l'entretien, en un mot, s'il ne jouit pas en bon père de famille, le propriétaire peut agir immédiatement contre lui, sans attendre l'extinction de l'usufruit. Il peut, dit le droit romain, agir aussitôt et toutes les fois que l'usufruitier ne jouit pas en bon père de famille (2). Effectivement, dès que le fait

___

(1) Chauveau sur Carré, art. 150, C. pr. — (2) ff. 1 § 5, 6, *usuf. quem. cav.* ff. 13 § 1, 2, *de usuf.* Ferrière, sur Paris, art. 262. Proudhon, n. 872, 1478, 1479, 1648. Zachariæ, p. 141. Cass. 27 mai 1825, Montpellier, 7 juin 1831. Contr. Amiens, 1er juin 1822.

ou la négligence de l'usufruitier a diminué la valeur de la chose, le propriétaire éprouve immédiatement un préjudice, et doit dès-lors avoir immédiatement droit de contraindre l'usufruitier à exécuter ses obligations, ou à payer des dommages-intérêts représentant la moins value de la chose. L'article 618 est bien dans ce sens, puisqu'il permet aux créanciers de l'usufruitier dont la déchéance est demandée pour abus de jouissance, d'offrir la réparation des dégradations commises. Or, puisque les tribunaux peuvent condamner simplement l'usufruitier ou ses créanciers à réparer, évidemment le propriétaire peut se borner à demander ces réparations. Qui peut demander le plus, peut demander le moins. — Si donc, par exemple, l'usufruitier abat indument des arbres de haute futaie, il ne faut pas dire qu'il n'est tenu de payer l'indemnité qu'à la fin de l'usufruit, sous le prétexte qu'ayant le droit de jouir jusque-là de ces arbres, il devrait aussi jusque-là garder l'indemnité qui les représente. Le droit de jouir ne lui donnait pas le pouvoir d'abattre les arbres. Donc, en les abattant, il a abusé, et partant, détérioré; d'où il suit qu'il doit immédiatement une indemnité représentant 1° la valeur vénale du bois qu'il a abattu, 2° le montant du préjudice qui peut en outre résulter de la détérioration, c'est-à-dire la moins value de la propriété (1).

254. Si modique que puisse être l'émolument que l'usufruitier retire de son droit, il est tenu de toutes les charges qui y sont attachées, quelque considérables qu'elles soient. Ce n'est qu'en abandonnant l'usufruit qu'il peut s'y soustraire. Mais alors s'y soustrait-il pour l'avenir seulement ? Quoique la question soit générale, c'est d'ordinaire au sujet des réparations d'entretien qu'elle est traitée par les auteurs, sans doute parce que c'est aussi à ce sujet que le droit romain s'en occupe. — D'après deux lois romaines, l'usufruitier peut, en abandonnant l'usufruit, se décharger des réparations d'entretien, (non occasionnées par sa faute ni par celle des personnes dont il est responsable); et cette disposition, suivant moi (2), s'applique aux réparations d'entretien devenues nécessaires pendant sa jouissance. Suivant des auteurs, cette faculté appartient encore à l'usufruitier sous le Code. Mais plusieurs y mettent pour condition que l'usufruitier restituera les

---

(1) Demolombe, n. 410 bis, Zachariæ, Annot. p. 135. Contr. Hennequin, 2, p. 293. Paris, 12 déc. 1811. — (2) ff. 48, 64, 65, *de usuf.* V. mon Traité, n. 228.

fruits par lui perçus, restitution qui doit, suivant les uns, comprendre tout ce qu'il a perçu depuis l'ouverture de l'usufruit, et, suivant d'autres, seulement ce qu'il a perçu depuis que les réparations sont devenues nécessaires. — Ces décisions sont inadmissibles en présence des dispositions du Code. En principe, une obligation ne peut s'éteindre que par les modes que la loi consacre. Or, en obligeant l'usufruitier à certaines charges, notamment aux réparations d'entretien, le Code, à la différence du droit romain, ne lui réserve pas la faculté de s'en décharger en abandonnant son droit. Il y aurait donc de l'arbitraire à la lui accorder ; car ce serait ouvrir à un débiteur une voie de libération que la loi ne reconnait pas. Lorsque la loi entend permettre à une personne de se soustraire par l'abandon de son droit à une obligation qui lui incombe comme charge de ce droit, elle s'en explique. C'est ce qu'elle fait, par exemple, dans les art. 656 et 699. Mais elle ne le fait pas ici. Donc, elle laisse à l'obligation les effets ordinaires, sans qu'on puisse argumenter *a pari* des art. 656 et 699, ces articles faisant exception au droit commun. Une fois donc une charge échue, elle est irrévocablement au compte de l'usufruitier. On n'en a jamais douté pour les impôts, ni pour les intérêts ou arrérages qu'il doit supporter. Mais le principe est le même pour les autres charges, notamment pour les réparations; de sorte qu'en abandonnant son droit, l'usufruitier ne se soustrait qu'aux réparations dont la nécessité surviendrait postérieurement (1).

255. L'usufruitier est-il tenu des charges d'une année pour la totalité ou bien jusqu'à concurrence seulement des revenus de cette même année ? Suivant Proudhon n. 1820-1822, certaines charges seraient naturelles et intrinsèques, par exemple, les réparations usufructuaires, les contributions, et généralement tout ce que la loi considère comme charge des fruits. Celles-là, l'usufruitier devrait les supporter en totalité, alors même qu'elles excèderaient le revenu des biens. D'autres charges seraient accidentelles et extrinsèques; telles sont les pensions viagères et autres prestations périodiques que le testateur aurait léguées à d'autres personnes. Celles-là, l'usufruitier n'en serait tenu que jusqu'à concurrence du revenu qu'il perçoit, parce qu'il n'y a que l'héritier qui en soit tenu *ultra vires*. — Cette distinction est arbitraire. Toutes

---

(1) Zachariæ, Annot. p. 141. Marcadé, art. 605. Demolombe, n. 578. — Contr. Duranton, n. 623. Delvincourt, 1, p. 151. Proudhon, n. 2184.

les charges que la loi impose à l'usufruitier lui sont imposées en faveur et à la décharge du nu-propriétaire. Il n'y a donc pas à rechercher dans quelles limites ce dernier en peut être tenu envers les tiers. En tant que charges de l'usufruit, toutes indistinctement ont été placées sur la même ligne. Donc, l'usufruitier, tant qu'il conserve la jouissance, doit les acquitter intégralement dans l'intérêt du nu-propriétaire, par cela seul que la loi les lui impose purement et simplement, sans les réduire à la mesure des revenus. — Cette règle doit s'appliquer même à l'usufruit légal des père et mère, lequel est en principe soumis aux règles générales de l'usufruit. V. n. 330 (1). — Ce n'est que dans le cas où une prestation en nature devrait se prendre sur les produits d'un fonds, que l'usufruitier ne serait tenu que jusqu'à concurrence des produits.

256. Qui de l'usufruitier ou du nu-propriétaire répond du dommage causé par la chose à un tiers?

L'usufruitier d'un animal, l'ayant à sa disposition, répond du dommage causé par cet animal, sans qu'alors le tiers lésé ait action contre le propriétaire; car l'art. 1385 impose la responsabilité ou au propriétaire de l'animal ou à celui qui s'en sert. — Quant au dommage causé par la ruine d'un bâtiment qui est tombé par une suite du défaut d'entretien ou par vice de construction, le propriétaire en répond toujours envers les tiers; car l'art. 1386 ne distingue pas. Seulement, si la chute provient du défaut de réparations à la charge de l'usufruitier, ou si l'usufruitier a connu le danger de la chute et qu'il n'en ait pas averti le propriétaire, comme alors il est en faute, il sera également tenu envers le tiers, et devra même garantir le nu-propriétaire de l'action de ce dernier (2). — Si c'est à l'usufruitier lui-même que la chute a causé du dommage et que cette chute provienne d'un vice de construction, le nu-propriétaire devra l'indemniser tout comme il devrait indemniser un tiers; car il répond des conséquences de cette chute envers toute personne, puisque la loi ne fait aucune distinction. C'est ainsi qu'en droit romain, si un esclave grevé d'usufruit commettait un délit ou quasi-délit contre l'usufruitier, celui-ci avait l'action noxale contre le nu-propriétaire, pour obtenir une réparation pécuniaire ou l'abandon de l'esclave (3).

---

(1) Pothier, *Des fiefs*, n. 347. Proudhon, 217, 188. Duranton, 5, n. 405. — (2) Proudhon, n. 1634, 1543, 1672. — (3) ff. 43, *in fine, de furt*. V. mon Traité, n. 279.

§ 3. — *Obligations de l'usufruitier à la fin de l'usufruit.*

257. L'usufruitier est tenu à la fin de l'usufruit de restituer au propriétaire les choses qui en étaient grevées, et de les restituer en aussi bon état qu'il les a reçues (n. 305).

Tout débiteur qui se prétend libéré, doit justifier le fait qui a produit sa libération (1315). Si donc, à l'extinction de l'usufruit, l'usufruitier ou son héritier prétend n'être pas tenu de restituer les choses au nu-propriétaire, s'il allégue, par exemple, qu'elles ont péri par cas fortuit ou force majeure, c'est à lui à prouver le fait (1302). — De même, s'il les restitue détériorées, c'est à lui à prouver que les détériorations ne proviennent point de sa faute.

CHAPITRE IV.

EXTINCTION DE L'USUFRUIT.

SOMMAIRE.

258. Si l'usufruit était perpétuel, la nue-propriété serait à jamais inutile, puisque l'usufruitier, et après lui ses successeurs, absorberaient toute l'utilité de la chose. Le droit de jouir perpétuellement ne serait plus un usufruit ; ce serait quelque chose

comme la propriété. On a donc soumis l'usufruit à des causes spéciales d'extinction, qui ont pour but et pour effet de le rendre essentiellement temporaire, et de le faire retourner à la propriété (1).

259. Les divers événements qui éteignent l'usufruit, indépendamment de ceux qui ne seraient que l'application des principes généraux, sont :

1° La mort de l'usufruitier ;

2° L'expiration du terme de 30 ans, lorsqu'il n'appartient pas à un particulier ;

3° L'expiration du temps pour lequel il a été accordé ;

4° La consolidation ;

5° Le non usage du droit pendant 30 ans ;

6° La perte de la chose grevée d'usufruit ;

7° La renonciation ;

8° L'abus de jouissance.

260. 1° « Mort de l'usufruitier. » (617) — C'est pour rendre à coup sûr l'usufruit essentiellement temporaire, que l'on a admis qu'il s'éteindrait à la mort de l'usufruitier. La fin de l'homme, cet événement inévitable, est aussi la fin inévitable de l'usufruit, quand elle n'est pas survenue auparavant. L'usufruit ne se transmet donc pas aux héritiers. C'est en ce sens que l'on dit qu'il est attaché à la personne, que c'est une servitude établie en faveur de la personne.

D'après le Code, l'usufruit s'éteignait, comme dans l'ancien droit, et par la mort naturelle et par la mort civile (617). La mort civile ayant été abolie par la loi du 31 mai 1854, c'est une cause d'extinction qui a cessé du jour où cette loi est devenue exécutoire.

261. Peut-on constituer un usufruit transmissible aux héritiers de l'usufruitier ? Si l'on pouvait faire passer l'usufruit aux héritiers immédiats de l'usufruitier, on pourrait également le faire passer aux héritiers de ces héritiers, et ainsi de suite ; car s'il était loisible de franchir la limite fixée par la loi, c'est-à-dire, la vie de l'usufruitier, il serait impossible de trouver un point où s'arrêter ; ce qui permettrait de rendre l'usufruit perpétuel, résultat contraire à la nature essentielle de ce droit. Proudhon n. 9 et Toullier n. 41, motivent autrement cette solution. L'usufruit,

---

(1) ff. 3 § 2, *de usuf.*

disent-ils, est la faculté de jouir du bien d'un autre. Or cette faculté s'éteint nécessairement à la mort, comme tout ce qui tient aux actes et faits de la personne. Cette raison n'est pas exacte ; car l'usufruit est un droit ; il ne consiste pas dans le fait de jouir (n. 7.)

262. Du reste, comme il est permis de constituer l'usufruit au profit de plusieurs personnes appelées à le recueillir l'une après l'autre (n. 44 et 45), on peut, en établissant l'usufruit au profit d'une personne, l'établir aussi au profit de ses héritiers (1). Mais alors l'usufruit destiné aux héritiers est distinct de celui qui est donné à leur auteur. De là les conséquences suivantes : 1° Ils devront être personnellement capables de recevoir, par conséquent, être conçus à l'époque de la mort du testateur, si l'usufruit résulte d'un legs, au moment de la donation, s'il résulte d'une donation (906). — 2° Chacun d'eux isolément devra être capable ; de sorte que si, par exemple, le premier usufruitier laisse plusieurs enfants dont les uns seulement se sont trouvés conçus à l'époque de la donation, ceux-là seuls ont droit à l'usufruit, et cela sans en devoir le rapport à leurs co-héritiers, parce qu'ils ne le tiendraient pas de leur père. — 3° Ils peuvent répudier la succession du premier usufruitier ou en être indignes, sans perdre pour cela leur droit à l'usufruit. — 4° L'usufruit leur arrive libre des charges qui ont pu le grever du chef du précédent usufruitier. — 5° Ils doivent donner caution ; car le cautionnement fourni par le précédent usufruitier ne concernait que sa propre jouissance.

Suivant des auteurs, on ne peut appeler ainsi à l'usufruit que les héritiers du premier degré. C'est limiter arbitrairement le pouvoir de disposer. En l'absence de toute restriction législative, il faut s'en tenir aux principes. Or les principes ne défendent pas de disposer en faveur des héritiers présomptifs du deuxième ou troisième degré de telle personne, si d'ailleurs ils sont capables de recevoir. Ne craignons pas qu'on éternise par là l'usufruit ; car la règle que les appelés doivent être conçus au moment de la donation ou au décès du testateur écarte ce danger. Seulement, le mot *héritiers* doit s'entendre des héritiers du premier degré, si le disposant ne s'est pas expliqué autrement, parce que tel est le sens ordinaire de ce mot. Proudhon veut même qu'il ne s'entende que des enfants et descendants. Mais c'est là une restriction

____

(1) ff. 3, *quib. mod. ususf.*

contraire au sens de ce mot. On doit prendre les termes des actes dans leur signification entière, lorsque le disposant n'en a pas lui-même restreint la portée.

Si, en établissant un usufruit, le disposant déclare vouloir que cet usufruit *passe, se transmette* aux héritiers, ou autres expressions analogues, il faut voir là, moins un usufruit unique transmissible, que deux usufruits successifs dont le dernier est établi au profit des héritiers, parce qu'en effet le disposant entend que l'usufruit leur appartienne après avoir appartenu à leur auteur. Lorsqu'une clause est susceptible de deux sens, on doit plutôt l'entendre dans celui avec lequel elle pourrait avoir quelque effet, que dans celui avec lequel elle n'en aurait aucun (1157).

Proudhon pense que, comme on peut stipuler pour ses héritiers (1122), il est permis à un stipulant, dans un acte à titre onéreux, d'établir l'usufruit au profit de ses héritiers, bien qu'ils ne soient pas encore conçus. Il lui est même permis, dit Duranton, de l'établir au profit des héritiers de ses héritiers. Cette dernière solution serait conséquente, si l'art. 1122 était applicable ; car les stipulations se transmettent aux héritiers à l'infini. Mais une pareille interprétation permettrait de rendre la propriété illusoire au moyen d'une succession indéfinie d'usufruits. L'art. 1122 n'est applicable qu'aux droits qui, de leur nature, peuvent passer aux héritiers, ainsi que le portent les termes mêmes de la loi. « On est censé avoir stipulé pour soi et pour ses héritiers, à moins que le contraire ne résulte de la nature de la convention ». La loi française ne reproduit pas en cette matière les principes du droit romain, tels qu'ils sont exposés dans mon Traité, n. 369. Si l'art. 1122 permettait de constituer l'usufruit au profit des héritiers en tant qu'héritiers, toute constitution entre-vifs même à titre gratuit (car l'art. 1122 ne s'applique pas seulement aux stipulations à titre onéreux) profiterait aux héritiers, alors même qu'elle n'aurait pas été faite expressément pour eux. Elle leur profiterait par cela seul qu'ils n'en auraient pas été expressément exclus ; car l'art. 1122 statue précisément pour le cas où le stipulant n'a parlé que de soi. « On est censé avoir stipulé pour soi et pour ses héritiers, à moins que le contraire.. ne soit exprimé. » Ce n'est que dans les donations de biens à venir prévues par les art. 1082, 1084 et 1093 que la disposition en usufruit faite au profit des futurs ou de l'un d'eux est censée faite en faveur des enfants à naître du mariage, mais seulement pour le cas où les futurs eux-mêmes ne recueilleraient pas.

263. Du reste, si, tout en déclarant donner la jouissance ou l'usufruit d'une chose, on déclarait en disposer *à perpétuité*, ou, ce qui revient au même, en faveur de telle personne et de ses héritiers à l'infini, la disposition pourrait et même devrait, en général du moins, s'interpréter comme ayant pour objet la propriété même, parce qu'un droit perpétuel à la jouissance d'une chose n'est plus un usufruit. Il faut donc bien distinguer si la jouissance est donnée à perpétuité ou bien pour un temps qui excède le terme légal assigné à l'usufruit. Au premier cas, la disposition vaut comme disposition en propriété. Au second cas, elle est nulle en tant qu'elle excède la durée légale de l'usufruit (1).

264. 2° Expiration du terme de 30 ans. — L'usufruit peut appartenir à un être moral, tel que l'Etat, une commune, un département, un établissement d'utilité publique. Or une personne morale ne meurt pas. Si donc, en pareil cas, l'usufruit subsistait autant que l'usufruitier, la propriété pourrait rester à jamais inutile. La loi a donc pour ce cas, comme le voulait Domat, limité à 30 ans la durée de l'usufruit (623). On a sans doute pensé arriver à peu près par là pour cet usufruit au résultat que produit la mortalité humaine pour l'usufruit appartenant à un particulier ; car la durée moyenne de la vie de l'homme ne dépasse guère 30 ans. Le droit romain, en pareil cas, donnait à l'usufruit une durée de 100 ans, cet espace de temps ayant paru, dit un jurisconsulte, le plus long terme de la vie humaine (2). C'était prendre un cas tout à fait exceptionnel pour base de la règle ordinaire.

265. Si les principes s'opposent à ce qu'on puisse rendre transmissible un usufruit accordé à un particulier, ils s'opposent pareillement à ce qu'on puisse prolonger au-delà de 30 ans l'usufruit accordé à un être moral ; car, s'il était permis de dépasser ce terme, on ne saurait plus où s'arrêter. Des auteurs admettent une constitution d'usufruit pour 99 ans, parce que la loi du 18 septembre 1790 permet l'emphytéose pour cet espace de temps. Mais autre chose est l'usufruit, autre chose l'emphytéose. Si donc le terme de 30 ans assigné à l'usufruit n'était pas de rigueur, celui de 99 ans ne le serait pas davantage, puisqu'il ne concerne pas l'usufruit (5).

---

(1) Proudhon, n. 8. Merlin, Quest. v° Locatairie perp. § 1. Rolland de Villarg. rep. v° Usufruit, n. 8. — (2) ff. 56, *de usuf.* — (3) Zacharia, p. 145. Demolombe, n. 669. Marcadé, art. 619. — Contr. Vazeille, Presc. n. 369. Duranton, n. 663. Proudhon, n. 331.

266. Dans un usufruit à terme, la mort de l'usufruitier survenue avant l'arrivée du terme met immédiatement fin à l'usufruit (n. 267). De même, dans l'espèce, si l'être moral cessait d'exister avant l'expiration des 30 ans, l'usufruit cesserait aussi (1). Le terme de 30 ans est un *maximum* assigné par la loi à la durée de l'usufruit (« ne dure que 30 ans »). Il constitue donc une cause particulière d'extinction, qui s'ajoute aux causes ordinaires, mais n'empêche nullement l'effet de ces dernières, s'il en survient avant le terme de 30 ans. Or la cessation de l'existence de l'usufruitier est une des causes ordinaires ; c'est même la cause la plus ordinaire, la cause régulière d'extinction. D'ailleurs, dans l'espèce, l'extinction a même forcément lieu, puisque l'être moral ayant une fois cessé d'exister, il ne se trouve personne qui puisse prétendre à l'usufruit qui lui appartenait, tandis qu'on aurait pu admettre dans l'usufruit établi à terme au profit d'un particulier que les héritiers jouiraient jusqu'au terme. — Si donc l'usufruit appartient à un être moral qui, d'après les statuts qui le régissent, doit s'éteindre avant les 30 ans, il ne durera pas 30 ans. Il s'éteindra dès que la personne morale cessera d'exister. Mais en pareil cas, si, avant l'arrivée du terme primitivement assigné à sa durée, l'existence de l'être moral vient à être prorogée, l'usufruit cessera-t-il néanmoins au terme primitif, ou bien continuera-t-il, soit jusqu'au nouveau terme, soit jusqu'au terme légal de 30 ans ? Il y a là avant tout une question d'interprétation ; car il a été permis au constituant de prolonger l'usufruit pendant une période de 30 ans. Mais si rien n'indique ce qu'il a entendu faire, ou s'il n'a pas même connu le terme primitivement assigné à l'existence de l'être moral, l'usufruit, ce me semble, ne doit pas finir à l'arrivée de ce terme ; car il ne survient alors aucune cause d'extinction. D'un côté, en effet, l'usufruitier continue d'exister. D'un autre côté, l'usufruit n'a pas encore duré 30 ans. Quel serait donc le fait qui aurait la vertu de l'éteindre ? Et je déciderais ainsi, alors même que ce serait afin de le conserver que l'on aurait prolongé l'existence de l'être moral ; car ce ne serait point là une fraude. Il n'y a pas fraude à faire, même par intérêt, une chose permise. Or c'est une chose permise que de proroger l'existence d'un corps moral, quand d'ailleurs on s'est pour cette prorogation conformé aux lois.

La réunion d'une commune à une autre lui ôte bien son exis-

---

(1) ff. 21, *quib. mod. ususf.* C'est l'opinion unanime.

tence en tant que municipalité, c'est-à-dire comme corps politique ayant son administration propre et distincte, mais laisse subsister sa personnalité au point de vue civil ; car ses habitants gardent la jouissance exclusive des biens dont les fruits étaient perçus en nature (L. 18 juillet 1837, art. 5). L'usufruit qu'elle aurait ne s'éteindrait donc pas. — Il en est de même d'une section de commune érigée en commune séparée ou réunie à une autre commune (même loi, art. 6). Dans ces deux cas, la personne civile ne cesse pas d'exister.

267. 3° Expiration du terme pour lequel il a été accordé. — L'usufruit établi pour un certain temps, finit, comme de juste, à l'expiration de ce temps (617). — Il s'éteindrait même auparavant, s'il survenait quelque cause d'extinction, si, par exemple, l'usufruitier venait à mourir. Ses héritiers n'auraient pas le droit de jouir jusqu'à l'arrivée du terme. En matière d'usufruit, le terme n'indique point une durée que le droit doive nécessairement avoir, mais une limite qu'il ne peut dépasser. Il constitue un *maximum*. C'est une chance d'extinction qui vient, non pas exclure les autres, mais s'y ajouter (1).

268. L'usufruit établi au profit d'une personne pour jusqu'à ce qu'un tiers ait atteint tel âge, finit, bien entendu, lorsque le tiers arrive à l'âge fixé. Mais s'il meurt auparavant, l'usufruit s'éteint-il immédiatement ? Continue-t-il au contraire jusqu'à l'époque où le tiers, s'il eût vécu, eût eu l'âge déterminé ? C'est en ce dernier sens que la question, qui avait divisé les jurisconsultes, fut résolue par Justinien (2), dont la décision est reproduite par l'art. 620. « L'usufruit accordé jusqu'à ce qu'un tiers ait atteint un âge fixe, dure jusqu'à cette époque, encore que le tiers soit mort avant l'âge fixé. » En effet, dit Justinien, cette époque est la durée déterminée que le constituant a eu en vue d'assigner à l'usufruit, et non la durée incertaine de la vie du tiers (3). Si donc, par exemple, on donne un usufruit à Pierre pour jusqu'à ce que Paul, qui n'a que 10 ans, en ait 25, c'est comme si on constituait l'usufruit pour 15 ans.

L'usufruit « dure jusqu'à cette époque, » en supposant qu'il ne survienne aucune cause d'extinction auparavant; car l'époque où le tiers devait avoir l'âge fixé est le terme assigné à la durée de

---

(1) Proudhon, n. 11, 1965. Delvincourt. Marcadé. — (2) L. 12, C. *de usuf.* — (3) Fenet, p. 241.

l'usufruit. Or en matière d'usufruit, le terme est un maximum de durée (n. 267). Si donc, comme le dit Justinien, l'usufruitier meurt lui-même avant l'époque où le tiers eût eu l'âge fixé, l'usufruit ne pourra passer à ses héritiers, la mort d'un usufruitier éteignant tout à fait l'usufruit.

L'art. 620 n'est, comme la constitution de Justinien, qu'un article d'interprétation. Car, comme il est loisible de restreindre la durée de l'usufruit dans telles limites que l'on veut, on pourrait dans l'espèce dire que l'usufruit s'éteindra à la mort du tiers, si le tiers meurt avant d'avoir tel âge. Seulement, en ce cas, il y aurait deux termes ; car l'usufruit devrait s'éteindre à l'époque où le tiers aurait tel âge, s'il y arrivait, et s'il n'y arrivait pas, à l'époque de sa mort.

269. Ce que la loi dit du terme, il faut avec le droit romain le dire de la condition résolutoire. L'usufruit établi pour jusqu'à ce que telle condition arrive, finit à l'arrivée de la condition. Ainsi, dit Justinien, établi pour jusqu'à ce qu'un tiers, qui est en démence, recouvre la raison, il s'éteint par la guérison de ce tiers (1). — Suivant des auteurs, l'usufruit s'éteint bien de plein droit par l'arrivée du terme, parce qu'il n'a pas reçu d'existence pour un plus long temps ; de sorte que, d'après le principe posé n. 310, l'usufruitier devrait compte des fruits au propriétaire, s'il continuait à les percevoir. Mais il ne s'éteindrait pas de plein droit par l'arrivée d'une condition résolutoire. Il faudrait alors, au moins en règle générale, recourir au juge pour faire déclarer que la condition est accomplie ; et l'usufruitier ne devrait les fruits qu'à partir de la demande en résolution (2). — Cela n'est vrai que des conditions résolutoires résultant des seules dispositions de la loi, comme celles prévues par les art. 1184, 953 et s., dont je parlerai n. 297. Quant à celles qui résultent d'une clause expresse du titre constitutif, elles ont le même effet que le terme ; car, dans un cas comme dans l'autre, l'usufruit doit s'éteindre de plein droit, puisqu'il n'a été établi que sous la clause qu'il cesserait à l'arrivée du terme ou à l'événement de la condition. Sans doute, si l'usufruitier se maintient en jouissance nonobstant l'extinction de son droit, le propriétaire est bien obligé de recourir à la justice pour le faire déguerpir. Mais il en est ainsi quel que soit le

---

(1) Dict. L. 12. Proudhon, n. 1925. Demolombe, n. 739. — (2) Proudhon, n. 2057. Salviat, art. 131, n. 3.

fait qui a mis fin à l'usufruit ; et, dans cette hypothèse, le juge n'a pas à résoudre l'usufruit, mais simplement à déclarer qu'il a été résolu et à appliquer les conséquences de cette résolution.

270. Si la condition ne se réalise pas, l'usufruit continue ; car il ne devait cesser que par l'arrivée de la condition, fait qui ne s'est pas accompli. Et il continue pour suivre son cours ordinaire. C'est alors comme s'il avait été établi sans condition. Car à défaut du terme assigné par le titre constitutif à la durée de l'usufruit, on ne peut s'en tenir qu'a la durée ordinaire. C'est par application de ces principes que Justinien décide dans l'espèce indiquée n. 269, que si le tiers en démence meurt sans être revenu à la raison, l'usufruitier conservera l'usufruit sa vie durant (1), à moins, bien entendu, qu'il ne survienne auparavant quelque cause d'extinction.

271. L'usufruit du mari sur les biens de sa femme, celui de la communauté sur les biens de chaque époux, finissent à la dissolution du mariage ou à la séparation de biens. — L'usufruit légal des père et mère finit également à des époques déterminées qu'on verra n. 333.

272. 4° Consolidation, ou réunion sur la même tête des deux qualités d'usufruitier et de propriétaire (617). — La consolidation, telle que le Code la définit, comprendrait à la rigueur tous les évènements qui mettent fin à l'usufruit (sauf la perte complète de la chose), parce que tous ont pour effet de réunir la jouissance et la propriété sur la même tête, celle du propriétaire. Mais le mot consolidation ne désigne que l'acquisition de la propriété par l'usufruitier, ou plutôt le résultat de cette acquisition. Si l'usufruitier acquiert la nue-propriété, son usufruit s'éteint ; car ce qu'il a désormais, ce n'est plus le droit de jouir d'une chose appartenant à autrui, à la charge d'en conserver la substance ; c'est le droit d'en jouir de la manière la plus absolue. Son droit de jouir, qui se serait nécessairement éteint s'il était resté usufruitier, lui est désormais irrévocablement assuré pour lui et ses ayants-cause ; il est par conséquent affermi, consolidé. Le mot consolidation exprime donc un effet, qui a pour cause l'acquisition de la propriété par l'usufruitier. Le droit romain dit encore en pareil cas, que l'usufruit s'éteint par confusion (2). Lors, en effet, que l'usufruitier acquiert la propriété,

---

(1) Dict. L. 12. Proudhon, n. 421, 2058, 2059. Duranton, n. 509. — Contr. Toullier, 3, p. 454. — (2) ff. 4, *usuf. quem. cav.*

la qualité d'usufruitier est absorbée; elle se fond dans celle de propriétaire.

273. Suivant des auteurs, le Code, en définissant la consolidation comme il l'a fait dans l'art. 617, aurait voulu comprendre sous cette dénomination, non seulement le cas où l'usufruitier acquiert la propriété, mais encore celui où le propriétaire acquiert l'usufruit par un titre tel que l'usufruit subsisterait, si l'acquéreur était un tiers, par exemple, une vente ou donation consentie par l'usufruitier. Grâce à cette acquisition, dit-on, le propriétaire jouit désormais de la chose en vertu d'un titre perpétuel et solide (1).— Mais dans cette hypothèse l'usufruit n'est pas éteint. Le propriétaire exerce simplement les droits de l'usufruitier pour un temps, savoir, pour la durée qu'aurait eue l'usufruit, si c'était l'usufruitier lui-même qui eût continué de jouir. Il ne jouit pas encore en vertu de son titre de propriétaire. Cela est si vrai, que si, par exemple, il jouit en vertu d'une donation que lui aurait faite l'usufruitier, la donation pourrait être révoquée pour ingratitude, pour survenance d'enfant, pour inexécution des conditions; si c'est une vente, elle pourrait être résolue pour défaut de paiement du prix. Dans ces cas et autres, où l'acquisition peut se trouver résolue, l'usufruitier reprendrait la jouissance de la chose. Donc l'usufruit n'est pas éteint, et par conséquent, le Code n'a pu voir là une consolidation.

274. 5° Non usage du droit pendant trente ans (617). — Ainsi, l'usufruit s'éteint par cela seul que pendant trente ans il n'a pas été exercé. Il n'est pas nécessaire que le propriétaire ait repris la jouissance de la chose, ou qu'un tiers ait eu une possession contraire à l'exercice de l'usufruit; ce qui ne permet pas de confondre l'extinction par non usage avec l'extinction résultant de la prescription acquisitive dont il sera parlé n. 298. — Le droit de propriété au contraire ne se perd qu'autant qu'un tiers a possédé à titre de propriétaire pendant le temps requis. Sans cette possession en effet, et si le non usage pouvait à lui seul dépouiller un propriétaire de sa propriété, à qui irait-elle ? Lors au contraire qu'un usufruit s'éteint, le propriétaire est toujours là pour recueillir le profit de cette extinction.

L'usufruit s'éteint par non usage, soit que l'usufruitier n'ait pas même commencé à jouir, soit qu'ayant déjà joui, il ait cessé sa jouissance; car dans l'un et l'autre cas, il y a non usage.

---

(1) Demolombe, n. 683.

L'extinction a d'ailleurs lieu alors même que le non usage est indépendant de la volonté de l'usufruitier, qu'il résulte, par exemple, soit d'un cas de force majeure, telle qu'une dépossession violente, soit de l'ignorance où, par suite d'une erreur de fait, l'usufruitier était de son droit (1). La loi, en effet, ne distingue pas. Cette raison suffirait à elle seule. On peut en outre argumenter de ce que la loi décide expressément ainsi pour les servitudes (703, 704); car il y a même raison.

275. Ces principes étaient déjà ceux du droit romain. Et le non usage, pour éteindre l'usufruit et les servitudes, devait durer autant que la possession pour faire acquérir la propriété par usucapion. Ce délai, qui primitivement était d'un an pour les meubles et deux ans pour les immeubles, fut porté par Justinien à trois ans pour les meubles, dix ans entre présents et vingt ans entre absents pour les immeubles. Nous avons suivi les mêmes idées, puisque chez nous le délai de trente ans est le terme de la plus longue prescription. Aussi l'extinction de l'usufruit et des servitudes par non usage est-elle une véritable prescription; le Code lui-même l'appelle ainsi (709-710). Elle se justifie en effet par les considérations qui ont fait introduire les prescriptions. Par les prescriptions, les législateurs veulent maintenir un état de choses prolongé. Ils trouvent qu'il y a souvent plus d'utilité à conserver le *statu quo* qu'à innover. Si donc une servitude réelle ou personnelle, qui grevait ma propriété, n'a point été exercée, et cela pendant assez longtemps, le fait est converti en droit.

Suivant des auteurs, le non usage indiquerait de la part de l'usufruitier, soit un abandon de son droit, soit une reconnaissance tacite que ce droit ne lui appartient pas : double fondement, disent-ils, sur lequel reposent les prescriptions. Cette explication est insuffisante, puisque l'extinction du droit a lieu alors même que le non usage serait indépendant de la volonté de l'usufruitier (n. 274), ou que l'usufruitier serait une personne incapable d'abandonner son droit, mais soumise néanmoins à la prescription, comme l'Etat, une commune, un établissement d'utilité publique (n. 2227).

L'extinction de l'usufruit par non usage constituant une prescription, est soumise aux règles générales de la prescription. Par conséquent, elle n'a pas lieu si l'usufruit est imprescriptible,

---

(1) ff. 10, *de vi arm*.

si, par exemple, c'est un usufruit immobilier constitué en dot, sous le régime dotal (1). Elle n'a pas lieu non plus, si l'usufruitier est à l'abri de la prescription, si, par exemple, c'est un mineur ou interdit (2251). L'art. 710 applique cette règle aux servitudes réelles. Elle doit donc s'appliquer également à l'usufruit. Seulement, la disposition de l'art. 710, en tant que fondée sur l'indivisibilité des servitudes, et celle de l'art. 709 sont inapplicables à l'usufruit, qui est divisible. Si donc plusieurs ont un usufruit indivis, la jouissance de l'un ou la circonstance qu'il est à l'abri de la prescription ne conserve le droit qu'à son égard.

276. On entend par usage du droit l'exercice, et par non usage le non exercice de l'usufruit. Or l'exercice de l'usufruit constitue une possession, possession d'ailleurs soumise aux mêmes règles qu'une possession à titre de propriétaire (n. 16). Il y a donc usage, d'abord lorsque l'usufruitier jouit par lui-même (2228), et ce, comme usufruitier ; car s'il jouissait en une autre qualité, il ne ferait pas acte de possession de son usufruit (2). — L'usufruitier qui cède ou loue son usufruit, l'exerce par lui-même ; car cette cession ou location étant faite par lui en vertu de son droit, constitue un acte d'exercice de ce droit. Cet acte interromprait donc le non usage s'il avait commencé à courir (3).

Il y a également exercice de l'usufruit si un tiers exploite ou loue au nom de l'usufruitier, soit en vertu d'un mandat de ce dernier, soit en son absence et à son insu, par conséquent, comme gérant d'affaires (4). C'est la conséquence du principe qu'on peut posséder par autrui. Dans ce cas en effet le tiers ayant agi au nom et pour le compte de l'usufruitier, le bénéfice de l'affaire est acquis à ce dernier. Le droit a donc été exercé à son profit.

277. Il y a également usage lorsque c'est un ayant-cause de l'usufruitier qui jouit, c'est-à-dire un cessionnaire ou adjudicataire de l'usufruit, ou bien un preneur à bail ou à loyer. Et il en est ainsi, alors même que l'ayant-cause est le nu-propriétaire lui-même, parce qu'en pareil cas le nu-propriétaire jouit, non en vertu de son droit de propriété, mais comme ayant-cause de l'usufruitier (n. 273). Peu importe d'ailleurs que la jouissance passe successivement en plusieurs mains, comme si, par exemple, un premier cessionnaire cède lui-même à un autre.

---

(1) Arg. ff. 5, 6, *de fund. dot.* — (2) ff. 20, *quib. mod. ususf.* — (3) ff. 12 § 2, *de usuf.* — (4) Ibid.

278. Mais y a-t-il encore usage, si l'ayant-cause de l'usufruitier ne jouit pas? Un jurisconsulte romain distingue : si l'usufruitier a vendu, il jouit du prix ; c'est comme s'il jouissait de la chose même. Peu importe dès-lors que l'acheteur ne jouisse pas. Lorsqu'il a donné, comme il ne jouit pas d'une valeur représentant son usufruit, si de son côté le donataire ne jouit pas de la chose, il y a non usage (1). — Cette distinction ne me paraît pas fondée. A mon avis, la dernière décision est seule exacte. Aussi la généraliserai-je chez nous, où la loi ne s'est pas expliquée, et l'appliquerai-je par conséquent même au cas de vente ou de toute autre aliénation à titre onéreux. Au cas de vente en effet, si l'acheteur ne jouit pas, l'usufruit n'est pas exercé. Il ne l'est pas par l'acheteur, on en convient. Mais il ne l'est pas non plus par l'usufruitier. L'usufruitier qui jouit du prix n'a pas moins, dites-vous, que s'il jouissait de la chose même. Cela peut être vrai sous le point de vue économique, mais ne l'est pas sous le point de vue juridique. Le principe de droit n'est nullement que l'usufruitier conserve son usufruit par cela seul qu'il y a dans son patrimoine une valeur équivalant à la jouissance de la chose, mais bien que le droit d'usufruit s'éteint s'il n'est pas exercé. Or l'usufruitier exerce-t-il son droit par cela seul que, l'ayant vendu, il en a le prix dans son patrimoine? Non évidemment ; car le prix lui étant acquis, c'est un droit de propriété qu'il exerce et non un droit d'usufruit. Au fond, l'exercice de l'usufruit, consistant dans la jouissance de la chose, est un fait qui frappe les yeux. Le propriétaire dès-lors en a ou du moins peut en avoir connaissance, tandis qu'il ne peut savoir que l'usufruitier a reçu un prix. C'est donc le fait d'usage ou l'absence de ce fait qui seul, en raison, doit avoir de l'influence sur les droits du propriétaire. Le système contraire amènerait un résultat singulier. Comme le droit de propriété ne se perd point par non usage et que l'usufruitier qui a vendu a la propriété du prix, s'il était vrai qu'entre ses mains le prix de l'usufruit représente légalement l'usufruit même, l'usufruit vendu ne pourrait plus se perdre par non usage.

279. D'après les principes de la possession, la jouissance de l'usufruitier ne constitue usage ou exercice de l'usufruit, qu'autant qu'il jouit en qualité d'usufruitier (n. 276). Il en est de même de la jouissance d'un fermier ou acquéreur ; elle ne constitue un exer-

----

(1) ff. 58, 39, 40, *de usuf.*

cice de l'usufruit que si le fermier ou acquéreur jouit comme étant
aux droits de l'usufruitier. De même, en effet, que la possession à
titre de propriétaire peut bien se conserver par un tiers, mais à la
condition que ce tiers, non seulement détienne, mais encore détienne au nom du possesseur ; ainsi, la possession de l'usufruit,
qui est soumise aux mêmes règles (n. 16 et 276), ne se conserve
par un ayant-cause qu'à la double condition, d'abord que cet
ayant-cause jouisse, ensuite qu'il jouisse comme étant aux droits
de l'usufruitier. Si donc, par suite d'une interversion de titre, il
cesse de jouir comme tenant de l'usufruitier, l'usufruit n'est plus
exercé. Ainsi, il vend la chose à un tiers, en dissimulant l'existence
de l'usufruit. L'acheteur ne jouit pas comme exerçant les droits
de l'usufruitier. Ce dernier dès lors perd la possession, sauf son
recours contre son fermier ou acquéreur, s'il résulte de là un
préjudice pour lui (v. à cet égard n. 314). — *Quid* si le fermier
ou acquéreur a simplement loué la chose, toujours en dissimulant
l'usufruit? Un jurisconsulte romain distingue : si le fermier ou
acquéreur qui a loué ainsi, est le nu-propriétaire même, le droit
d'usufruit ne s'exerce plus, sauf recours de l'usufruitier contre
lui, si par là l'usufruit se perd. Si c'est un tiers, l'usufruit s'exerce
toujours (1). — Le jurisconsulte motive la première décision sur
ce que le nouveau fermier ne jouit pas comme étant aux droits de
l'usufruitier. Mais si cette raison était fondée, elle serait également applicable au second cas, où le jurisconsulte ne donne pas
sa raison de décider. Les deux hypothèses doivent, ce me semble,
être résolues de la même manière. Celui qui a fait la location,
fût-ce le nu-propriétaire, possédait précairement et comme étant
aux droits de l'usufruitier, dont il tenait sa jouissance. Or il n'a
pu, en donnant la chose en location, se changer à lui-même la
cause et le principe de sa possession, ni intervertir son titre. Un
preneur à bail ou à loyer, qui continue de jouir par lui-même,
ne peut par un simple changement de volonté, c'est-à-dire en en-
tendant jouir désormais en vertu d'un droit propre, se changer à
lui-même la cause et le principe de sa possession. Or il ne le peut
pas davantage en donnant à son tour à bail ou à loyer, parce que,
comme son preneur n'a pas de possession propre, il conserve
toujours, lui, en fait de possession, la même position que s'il avait
continué de jouir en personne ; de sorte que dans l'espèce, il continue de jouir pour l'usufruitier.

______

(1) ff. 29, *quib. mod. ususf.*

280. Du reste, il n'est pas indispensable, pour qu'il y ait usage de l'usufruit, que l'usufruitier ou son ayant-cause tire effectivement de la chose des services ou des fruits. Il suffit qu'il la possède. Par cela seul en effet qu'il l'a en sa possession, il fait acte d'usufruitier, puisque c'est en vertu du droit d'usufruit qu'il la détient (1). C'est ainsi que la possession à titre de propriétaire se conserve alors même qu'on ne l'utilise pas.

281. Le non usage, pour éteindre l'usufruit, doit durer 30 ans. Le Code ne distingue pas à cet égard entre l'usufruit des meubles et celui des immeubles.

Si l'usufruit porte sur un bois taillis qui ne se coupe qu'à de longs intervalles, 25 ou 30 ans, par exemple, et qu'après avoir fait une coupe, l'usufruitier attende 30 ans pleins avant d'en faire une autre, son droit sera-t-il éteint par non usage? — Oui, s'il n'a fait dans l'intervalle aucun acte de possession ou de jouissance. Il ne serait pas fondé à dire qu'il y a eu un long espace de temps pendant lequel il n'a pu faire de coupe. Une coupe n'était pas le seul acte de jouissance qu'il pût faire. Il pouvait à toute époque faire acte de possession, garder le bois, y recueillir certains menus profits. Il ne saurait donc invoquer la règle que la prescription ne court point contre qui ne peut agir.

282. Le droit romain admet que l'usufruit *répété* (constitué de nouveau) pour telle ou telle hypothèse, pour le cas, par exemple, où il s'éteindrait du vivant de l'usufruitier, ou bien pour tous les jours, tous les mois, tous les ans, se renouvelle lorsque l'hypothèse prévue se réalise, ou à chacune des périodes indiquées dans le titre. En d'autres termes, le titre donne alors lieu, non à un usufruit unique, mais à plusieurs usufruits, de sorte que le droit de l'usufruitier ne s'éteint point par non usage, attendu que le non usage, s'il a lieu, ne porte pas sur l'usufruit à venir (2). Cette règle, dont on comprend l'utilité sous une législation où il suffisait d'un ou deux ans de non usage pour éteindre l'usufruit (n. 275), n'a jamais été admise chez nous, où le délai de non usage est assez étendu pour que l'usufruitier ait un temps plus que suffisant pour interrompre la prescription. Dans nos principes, la constitution d'usufruit, fût-elle conçue dans les termes sus indiqués, ne donnerait toujours lieu qu'à un droit unique, qui s'ouvrirait une fois pour toutes, et par conséquent à une seule époque, et s'éteindrait dès lors définitivement par 30 ans de non usage.

---

(1) ff. 12 § 3, *de usuf.* — (2) V. mon Traité (n. 378, 379.)

283. 6° Perte totale de la chose (617). — Tout droit réel s'éteint nécessairement, lorsque la chose sur laquelle il porte vient à périr ; car il ne saurait y avoir de droit réel sans une chose qui en soit l'objet. L'usufruit s'éteint donc lorsque la chose qui en est grevée périt totalement, si, par exemple, il porte sur des meubles ou du linge, et que ces meubles, ce linge soient complètement dévorés par un incendie. En cela, l'usufruit ne fait que subir la loi commune. Mais il présente à cet égard une particularité qui le distingue de la propriété et d'autres droits réels, et, par suite, donne à la règle de l'art. 617 une portée plus grande que ses termes ne le feraient croire à première vue. C'est une vérité physique, que les parties sont contenues dans le tout. Partant de là, on admet en droit que ce qui est établi pour le tout l'est également pour les parties, et que, par exemple, quand un droit porte sur une chose, il porte par là même sur ses diverses parties. Ce principe s'applique bien à l'usufruit (n. 64 et s.). Toutefois, pour l'usufruit, on n'en pousse pas les conséquences aussi loin que pour la propriété et d'autres droits réels. Ainsi, s'agit-il de propriété ? On admet que si une chose périt ou se dénature, le droit de propriété subsiste sur ce qui en reste. Ce droit n'est détruit d'une manière absolue qu'autant que la chose sur laquelle il portait, est elle-même détruite d'une manière absolue. L'usufruit, au contraire, s'éteint complètement par la destruction de la chose, sans subsister sur ce qui en resterait. Et c'est ce qu'entend dire l'art. 617. — Cette différence entre l'usufruit et la propriété tient sans doute au principe dirigeant de la matière : favoriser le retour de l'usufruit à la propriété, afin de ne pas laisser cette dernière trop longtemps inutile (n. 258). En effet, la règle en question a pour résultat de hâter quelquefois l'extinction de l'usufruit. On ne saurait l'admettre pour la propriété ; car si le propriétaire perdait son droit sur ce qui reste de sa chose, à qui ce droit reviendrait-il ?

284. « Si une partie seulement de la chose soumise à l'usufruit est détruite, l'usufruit se conserve sur ce qui reste » (623). Ainsi, la perte totale éteint l'usufruit, la perte partielle ne l'éteint pas. La loi applique elle-même cette double règle : 1° à l'usufruit portant, soit sur un bâtiment, soit sur un domaine dont le bâtiment faisait partie ; 2° à l'usufruit portant sur un troupeau.

285. 1° « Si l'usufruit n'est établi que sur un bâtiment, et que ce bâtiment soit détruit par un incendie ou autre accident, ou qu'il s'écroule de vétusté, l'usufruitier n'aura le droit de jouir ni du sol ni des matériaux » (624, 1ᵉʳ al.). — En effet, l'usufruit portait sur un bâtiment. Or ce bâtiment est détruit, et, on le suppose, totalement détruit. L'usufruit est donc éteint (1). Si la destruction du bâtiment n'est que partielle, tant qu'il subsiste une portion du bâtiment, cette portion fût-elle moins considérable que la portion détruite, l'usufruit subsiste également, pourvu, bien entendu, qu'il soit encore possible d'en user (2). Cette solution, consacrée par le droit romain (3), résulte chez nous de la règle générale de l'art. 623. L'usufruit en ce cas, dit le droit romain, se conserve, non seulement sur la portion du bâtiment qui reste debout, mais encore sur le sol entier. En effet, dès qu'il ne s'éteint pas, il continue de porter sur tout ce qui compose la propriété. Or le sol entier fait partie de la propriété. L'usufruit subsiste même sur les matériaux de la portion détruite, comme le décide le Code lui-même dans l'hypothèse suivante.

« Si l'usufruit était établi sur un domaine dont le bâtiment (détruit) faisait partie, l'usufruitier jouirait du sol et des matériaux » (624 2ᵉ al.). — Ici encore, il n'y a qu'une perte partielle. L'usufruit en pareil cas, dit le droit romain, n'est pas plus éteint que si c'étaient des arbres du domaine qui fussent tombés (4). C'est qu'en effet, il était établi, non sur le bâtiment qui est détruit, mais sur le domaine, lequel subsiste toujours et continue dès lors d'être grevé d'usufruit dans toutes ses parties. Or le sol où était élevé le bâtiment fait partie du domaine, ainsi que les matériaux qui en restent, lesquels sont du nombre des choses qui composaient la propriété dans son ensemble.

286. 2° Si l'usufruit porte sur un troupeau, il ne s'éteint que par la perte totale du troupeau. Si le troupeau ne périt pas entièrement, l'usufruit continue de subsister, sauf à l'usufruitier à remplacer, jusqu'à concurrence du croît, les animaux qui ont péri (616 2ᵉ al. v. n. 229). Le droit romain exigeait en ce cas, pour que l'usufruit ne fût pas éteint, qu'il restât un assez grand nombre de têtes pour mériter le nom de troupeau (5). Le Code ne reproduit pas cette restriction. Il la repousse donc. C'est qu'en effet, tant qu'il subsiste une tête du troupeau, ce qui était grevé d'usufruit n'a pas entièrement péri. Si le troupeau périt entièrement, l'usufruit se trouvant éteint, l'usufruitier n'a pas même le droit de

---

(1) ff. 5 § 2, *quib. mod. ususf.* — ff. 20 § 2, *de serv. urban.* — (2) Besançon, 26 fév. 1826. — (3) ff. 53, *de usuf.* — (4) ff. 8, 9, *quib. mod. ususf.* — (5) ff. ult. *quib. mod. ususf.*

jouir de ce qu'on pourrait retirer des bêtes mortes (cuirs, chairs, cornes, os). Aussi la loi dit-elle qu'en ce cas, il est tenu de rendre compte au propriétaire des cuirs ou de leur valeur (616).

287. On doit, par application des mêmes principes, décider en thèse générale avec le droit romain que dans l'usufruit d'une collection ou universalité, par exemple, dans l'usufruit de tous les biens, la perte de l'une ou de plusieurs des choses comprises dans l'universalité, laissant subsister l'usufruit, puisque l'universalité même sur laquelle il porte n'est pas détruite, l'usufruitier peut jouir de ce qui reste des choses qui ont péri, parce que ces restes faisant partie de l'universalité se trouvent par là compris dans l'usufruit (1). D'où il suit que si la partie détruite vient à être rétablie, comme elle fait partie de ce qui est grevé d'usufruit, l'usufruitier a le droit d'en jouir. Il a même le droit de la rétablir nonobstant l'opposition du propriétaire (n. 227).

Si l'usufruit n'est établi que sur un animal, et que cet animal vienne à périr, l'usufruit s'éteint ; d'où il suit que l'usufruitier ne peut jouir de ce qui resterait de l'animal, chair, os, peau, cornes, toutes choses qu'il est dès lors tenu de restituer au propriétaire. Cette conséquence, écrite dans le droit romain (2), résulte chez nous des principes précédemment posés. Il est vrai que l'art. 615 ne dit point qu'en ce cas, l'usufruitier doive tenir compte de la peau, tandis que l'art. 616 le dit pour le cas de perte totale d'un troupeau. Mais le silence de l'art. 615 sur ce point provient de ce que cet article ne traite pas de l'extinction de l'usufruit par la perte de la chose, ni dès-lors des conséquences de cette extinction sur les restes de l'objet qui a péri. Il s'occupe seulement de l'obligation qui incombe à l'usufruitier de remplacer la chose même ou d'en payer la valeur quand la perte provient de sa faute, obligation qui n'existe pas quand il n'est point en faute. L'obligation de restituer en ce dernier cas les restes de la chose étant la conséquence de l'extinction de l'usufruit, n'avait pas besoin d'être écrite dans la loi ; elle existe par cela seul que la loi ne l'a pas expressément rejetée (3).

Toujours par application du principe que l'usufruit s'éteint par la perte totale de la chose, l'usufruit d'un navire s'éteint en cas d'incendie, bris ou tout autre mode de destruction du navire ; de

____

(1) ff. 34 § 2, de usuf. — (2) ff. 30, quib. mod. ususf. — (3) Marcadé, art. 616. Demolombe, n. 312. Zachariæ, Annot. p. 137.

sorte que l'usufruitier n'a pas même le droit de se servir des débris, lesquels reviennent au propriétaire (1). — L'usufruit d'une créance s'éteint, si la créance elle-même s'éteint par déchéance, prescription, résolution, rescision ou révocation. — L'usufruit d'une rente viagère s'éteint au décès de la personne sur la tête de qui elle était établie, parce qu'alors elle cesse d'exister. — De même, l'usufruit établi sur un autre usufruit s'éteint par tout événement qui éteint cet autre usufruit (2). — Si un sol grevé d'usufruit est envahi d'une manière permanente par la mer ou par un cours d'eau qui y forme son lit, l'usufruit s'éteint ; car le sol, devenant une dépendance du domaine public (538), périt pour les particuliers (3). — L'usufruitier peut-il, en ce cas, prétendre au bénéfice de l'art. 563, c'est-à-dire au droit de jouir de l'ancien lit abandonné ? L'affirmative paraît dans l'esprit de cet article. En effet, puisque c'est à titre d'indemnité que la loi attribue ce lit aux propriétaires des fonds envahis, son intention est d'indemniser ceux qui dans l'hypothèse souffrent de l'action des eaux. Or, pour que cette intention soit remplie, il faut que l'usufruitier qui participe au dommage, participe à la réparation. Si l'art. 563 ne parle que du propriétaire, c'est qu'il ne s'occupe pas de l'usufruit. D'ailleurs, l'usufruit étant une partie de la propriété (n. 3), et l'art. 563, dans l'espèce, transférant le droit de propriété du sol envahi sur le sol abandonné, les divers éléments de ce droit, qui portaient sur le premier, portent désormais sur le second (4). Une simple inondation, alors même que l'eau séjournerait quelque temps sur le sol, n'est toujours qu'un état de choses passager, qui ne détruit pas le fonds inondé et laisse dès-lors subsister l'usufruit (5).

288. En droit, les choses s'apprécient moins par les éléments matériels dont elles se composent que par le genre d'usage et d'utilité qu'on peut en retirer d'après leur conformation (n. 10). Cela étant, leur existence au point de vue légal, tient moins à la conservation des éléments physiques qu'à celle de la forme qui les rend propres à tel usage. Aussi ces éléments pourraient-ils cesser tous d'en faire partie, sans que la chose même pérît. Par exemple,

____

(1) ff. 10 § 7, *quib. mod. ususf.* — (2) Pothier, Douaire, n. 96. Proudhon, n. 2513. — (3) ff. 23, 24, *quib. mod. ususf.* Duranton, n. 685 s. Marcadé, art. 617. — (4) Proudhon, n. 530. — (5) ff. *ibid.* Duranton, n. 685 et s.

il se peut que, par suite de réparations successives qui l'ont entièrement renouvelée, elle ne conserve plus rien des éléments qui
la composaient primitivement. Ce n'est pas moins la même chose,
puisqu'elle a toujours conservé sa forme et sa destination. Le renouvellement complet de ses éléments matériels ne l'a donc pas
détruite, et par conséquent n'a point éteint l'usufruit dont elle
pouvait être grevée (1). A l'inverse, une chose peut périr au point
de vue juridique, alors même que les éléments matériels qui la
composent subsisteraient toujours. Elle périt, si ses éléments
constitutifs prennent un état tel qu'il ne soit plus possible d'en
tirer le même genre de service, la même utilité. Ainsi, un bâtiment
s'est écroulé ou a été abattu. Ses éléments physiques subsistent
toujours ; mais ils ne forment plus un bâtiment. Le bâtiment est
donc détruit, et l'usufruit qui le grevait se trouve éteint par l'effet
de cette destruction.

289. C'est par suite de ces idées qu'en droit romain l'usufruit
s'éteint, non seulement par la perte de la chose, mais encore
par un changement qui lui donnerait une forme nouvelle et la
rendrait apte à un genre d'utilité différent. — Le changement
éteignant l'usufruit, il en résultait que l'usufruitier n'avait pas
le droit de jouir de la chose sous sa nouvelle forme, comme en
cas de perte, il n'a pas droit de jouir de ce qui en reste. Ainsi,
d'après le droit romain, l'usufruit d'un lingot s'éteint, si de ce
lingot on fait des vases ; et réciproquement, l'usufruit d'un vase
s'éteint, si on le fond et qu'on en fasse un lingot. — L'usufruit
d'un ornement, d'une parure de diamants, par exemple, s'éteint,
si on démonte l'ornement, ou si des pièces qui le composaient, on
en fait un autre. — L'usufruit d'un marais ou étang s'éteint par
un desséchement complet qui en ferait un sol cultivable. A l'inverse, l'usufruit d'un sol cultivable s'éteint, si l'eau vient à le
couvrir de manière à former désormais un marais ou étang. —
L'usufruit d'un bois s'éteint par le défrichement du bois. — L'u-
sufruit d'un terrain nu s'éteint si on y élève des constructions (2).

Le Code admet-il ces principes ? Il ne dit rien du changement de
la chose. Il existait à cet égard entre Domat et Pothier, les deux
guides ordinaires de notre législateur, une divergence d'opinion qui
me parait jeter un grand jour sur la difficulté. — « En droit fran-

---

(1) ff. 10 § 7, *quib. mod. ususf.* ff. 76, *de jud.* — (2) ff. 10 § 2 et s.
quib. mod. ususf. ff. 9. pr. *si serv.*

çais, disait Pothier, lorsque la chose chargée d'usufruit a changé de forme et a été convertie en une autre chose, on doit décider que l'usufruit n'est pas éteint, et qu'il doit porter sur la chose en laquelle a été convertie celle qui a été chargée de l'usufruit. C'est pourquoi si l'usufruit grève une maison. qui vient à être incendiée par le feu du ciel, et que le propriétaire ne juge pas à propos de la rebâtir, l'usufruitier doit jouir de la place et du prix que seront vendus les matériaux (1). » — Domat disait au contraire : « L'usufruit particulier d'une maison finit tellement lorsqu'elle périt, que l'usufruitier n'a plus d'usufruit sur la place qui reste... S'il arrive quelque changement de la chose sujette à usufruit, comme si un étang est mis à sec, si une terre labourable devient un marais, si d'un bois on fait des prés ou des terres labourables ; dans tous ces cas et autres semblables, l'usufruit finit ou ne finit point, selon la qualité du titre de l'usufruitier, l'intention de ceux qui l'ont établi, le temps où arrivent ces changements.., la cause des changements et les autres circonstances (2). »

Ainsi, ni Pothier ni Domat n'admettaient la règle romaine sur le changement de la chose. Seulement, Pothier la repoussait complètement, tandis que Domat voyait là une simple question de fait et d'intention. Il me semble dès lors difficile de croire que le Code ait voulu suivre le droit romain et décider que tout changement qui ôte à la chose sa forme et sa destination actuelles, éteint l'usufruit. On dit : en perdant la forme qu'elle avait lors de la constitution d'usufruit, la chose perd son existence par rapport à l'usufruitier, parce que celui-ci ne peut plus en jouir d'après le mode que l'on a eu en vue ; de sorte qu'en cette matière le mot changement est compris sous l'expression perte, et n'avait pas besoin d'être exprimé dans la loi. — C'est là une explication bien subtile et que n'avouent pas les précédents. Le droit romain et nos anciens auteurs ont toujours distingué dans leur langage, comme ils sont distincts par le sens, le mot perte et le mot changement. Au point de vue juridique, et abstraction faite du point de vue chimique, le fait appelé perte suppose que la valeur même de la chose a péri en totalité ou à très-peu de chose près, tandis que le fait appelé changement, loin de supposer nécessairement la perte ou une diminution de la valeur de la chose, peut très-bien coïncider avec une augmentation de cette valeur.

____

(1) Douaire, n. 255. — (2) Lois civ. liv. I, tit. xi, sect. 6.

C'est ce dont on peut s'assurer par les divers cas, soit de perte, soit de changement, que j'ai cités. Le changement se distingue aussi d'une perte partielle, en ce qu'il affecte la chose entière, et l'empêche de pouvoir remplir désormais la même destination, tandis que la perte partielle n'atteint qu'une portion de la chose, de sorte qu'elle est simplement amoindrie, mais peut toujours servir au même usage. Tels sont les caractères, au moins ordinaires, du changement et de la perte totale ou partielle. Cela étant, il n'est pas croyable que le législateur ait employé à cet égard un langage nouveau, d'ailleurs contraire au langage usuel, c'est-à-dire compris le changement sous l'expression perte. De plus, s'il avait entendu revenir ainsi à la règle romaine, règle qu'avaient rejetée Domat et Pothier, il s'en serait expliqué et aurait mentionné expressément le changement de la chose parmi les modes d'extinction de l'usufruit. Or, il ne l'a pas fait.

Ce silence du législateur semblerait au premier abord indiquer de sa part l'intention de conserver l'opinion de Pothier ; et telle est en effet l'interprétation de certains auteurs, qui pensent que, sous le Code, l'usufruit ne s'éteint que par la perte réelle et physique, et jamais par le seul changement de la chose. Cette solution résulterait, à leurs yeux, des expressions de l'art. 617 (« par la perte totale »). — Toutefois, la doctrine de Pothier n'est certainement pas celle du Code, puisque l'art. 624 décide expressément, à l'inverse de Pothier, que si une maison grevée d'usufruit s'écroule ou est incendiée, l'usufruit s'éteint de telle sorte que l'usufruitier n'a le droit de jouir ni du sol ni des matériaux. Le principe ne saurait être le même, puisque les conséquences sont opposées. Quant aux expressions « perte totale » de l'art. 617, elles n'y ont été mises que par opposition à la perte partielle dont s'occupe l'art. 623. Elles n'ont donc pas pour but, à elles seules, d'exclure implicitement le changement de la chose des modes d'extinction de l'usufruit.

La théorie du droit romain et celle de Pothier étant ainsi exclues l'une et l'autre comme trop absolues, reste une doctrine intermédiaire, que je formule ainsi : La loi ne dit pas que le simple changement de la chose éteint l'usufruit. Donc, en thèse générale, il n'a pas cet effet. Mais il est loisible aux parties de resserrer l'usufruit dans telles limites que bon leur semble. Si donc, en le constituant, on a eu en vue de procurer à l'usufruitier, non pas tous les usages dont la chose est susceptible, mais seulement tel usage déterminé, comme l'usufruit ne saurait avoir plus d'étendue que les parties n'ont entendu lui en donner, s'il survient à la chose un changement qui mette obstacle pour l'avenir à ce qu'elle puisse procurer le genre d'utilité que l'on a eu en vue, l'usufruit doit s'éteindre, car il ne peut plus s'exercer. C'est en ce cas, et en ce cas seulement, que le changement doit constituer un évènement analogue, dans ses résultats, à la perte même de la chose. En effet, si, dans les cas ordinaires, alors qu'il s'agit d'un usufruitier auquel on a entendu laisser le droit de retirer tous les usages de la chose, la perte de cette chose éteint l'usufruit, c'est uniquement parce que la chose qui a péri, n'est plus susceptible de procurer à l'usufruitier aucun des usages qu'il en pouvait retirer alors qu'elle existait. De même donc, lorsqu'il s'agit d'un usufruitier dont on a entendu borner la jouissance à tel genre d'émolument, lorsque, par suite d'un changement, la chose ne peut plus lui procurer ce genre d'émolument, il est dans la même position que l'autre usufruitier en cas de perte. Pour lui, le simple changement rend l'exercice de son droit impossible, comme le fait la perte totale pour le droit d'un usufruitier ordinaire. La chose ayant été envisagée par le constituant dans tel état spécial et assujettie à l'usufruit sous cette forme seulement, c'est cette forme qui, au regard de l'usufruitier, lui donne l'existence ; *forma dat esse rei*. Si donc elle perd cette forme, elle perd par là même son existence. En pareil cas, le changement de forme constitue une perte de la chose. — Ainsi et en résumé, le changement de la chose n'éteint pas l'usufruit, sauf intention contraire de la part du constituant. — Donc, dans le doute sur l'intention, l'usufruit continuera. J'adopte ainsi la règle de Pothier comme principe, en la subordonnant dans son application, comme le veut Domat, à l'intention contraire des parties. Du reste, Pothier se trompe en qualifiant changement l'incendie d'une maison, lequel constitue une perte véritable. Ainsi interprété, le Code est plus favorable à l'usufruitier que le droit romain ; et c'est avec raison. L'extinction de l'usufruit par le changement de la chose ne serait rationnelle que si le constituant avait généralement en vue de limiter la jouissance de l'usufruitier au genre même d'émolument qu'elle procurait lors de l'acte constitutif d'usufruit, tandis que l'intention contraire est tout aussi probable. En effet, l'usufruit est d'ordinaire établi à titre gratuit. Or celui qui fait une libéralité, entend traiter largement celui à qui il la fait. Croira-t-on que s'il donne, par exemple, l'usufruit d'un étang, d'un bois, il entend que l'usufruitier perde son droit, parce que l'étang viendrait à se dessécher, ou le bois à être détruit ? — Le droit romain lui-même admet que l'usufruit d'une terre labourable ne s'éteint pas par la plantation d'une vigne, ni l'usufruit d'une vigne par l'arrachement des plants et l'ensemencement du sol (1). Cette décision est en effet rationnelle : l'usufruitier doit jouir de la chose, tant qu'elle subsiste en réalité. Cette extinction du droit par le changement de forme était rejetée par le droit romain lui-même en matière d'hypothèque (2). On s'était aperçu qu'elle eût été contraire au but de toute constitution d'hypothèque. Ce but étant de pourvoir aussi efficacement que possible au paiement de la dette hypothécaire, il faut que, si la chose hypothéquée vient à subir quelque changement, le créancier conserve son gage nonobstant la modification. Eh bien ! il en doit être de même en matière d'usufruit, parce qu'en définitive, le constituant entend d'ordinaire que l'usufruitier jouisse de la chose sa vie durant, si elle subsiste jusque-là. Tous les droits légitimement établis doivent avoir la durée et l'étendue qu'on leur a données, le droit d'usufruit aussi bien que le droit de propriété ou d'hypothèque. Je n'admets donc pas que si une vigne grevée d'usufruit périt en entier par accident, gelée, inondation, etc., l'usufruit s'éteint par perte de la chose. La chose ici, c'est le sol, lequel subsiste toujours. L'usufruitier, par conséquent, peut continuer d'en jouir, soit en replantant la vigne, soit en ensemençant le sol (3).

290. 7° Renonciation. — En principe, il est loisible à chacun de renoncer à son droit. L'usufruitier peut donc, s'il a d'ailleurs capacité pour aliéner, renoncer à son usufruit, lequel, comme de juste, s'éteindrait par cette renonciation.

La renonciation à l'usufruit constitue un acte de la volonté, acte qui, dans le silence de la loi, reste soumis aux règles qui régissent ces sortes d'actes, soit au fond, soit en la forme. — Ainsi, en la forme, elle peut se faire, conformément au droit commun, par toute manifestation de la volonté. On admettait même en droit romain qu'elle pouvait être tacite et s'induire des circonstances. Si, par exemple, l'usufruitier consentait à la vente de la chose faite par le propriétaire, il était réputé renoncer par là à son usufruit. D'un côté en effet, pensait-on, ce consentement n'a pu

---

(1) ff. 10 § 4, *quib. mod. ususf.* — (2) ff. 29 § 2, *de pignor.* — (3) Contr. Delaporte, Pand. fr., art. 394.

avoir d'autre but de sa part. D'un autre côté, le nu-propriétaire ne se l'est procuré que pour pouvoir vendre la chose dégrevée de l'usufruit. L'acheteur, en traitant dans ces conditions, a dû compter sur une acquisition libre (1). Le Code rejette cette décision. « La vente de la chose sujette à usufruit ne fait aucun changement dans le droit de l'usufruitier ; il continue de jouir de son usufruit s'il n'y a pas formellement renoncé » (621). Sa renonciation, a-t-on dit devant le Corps législatif, ne peut s'induire d'aucune circonstance ; il faut qu'elle soit expresse (2). La loi a craint qu'on ne dépouillât un usufruitier par surprise en le faisant intervenir dans une aliénation sous un prétexte ou sous un autre. Son intervention dans l'acte peut en effet avoir un tout autre but qu'une renonciation à l'usufruit. Il peut entendre simplement, par exemple, reconnaître un nu-propriétaire nouveau et se mettre en rapport avec lui. Si réellement sa volonté est de renoncer à son usufruit, qu'il le déclare ; cela est si simple. Personne ne doit être facilement présumé renoncer à son droit ; voilà une règle sage dont le Code fait ici l'application. — Ainsi, l'usufruitier qui signe comme témoin l'acte de vente de la chose, ne doit pas par cela seul être réputé renoncer à son usufruit (3). — Cette règle doit, par parité de motif, s'appliquer même à un usufruit conditionnel avant l'événement de la condition. Ainsi, un mari à qui son contrat de mariage attribue en cas de survie l'usufruit des biens dotaux de sa femme, ne doit pas être présumé renoncer à cet usufruit par cela seul que, du vivant de celle-ci, il assiste au contrat de mariage d'un enfant commun qui, de son consentement, se constitue tous ses droits maternels (4). — Si toutefois l'usufruitier figure dans l'aliénation comme aliénant lui-même ou comme garantissant l'aliénation, il se rend par là non recevable à exercer son usufruit, en vertu de la règle qu'on ne peut évincer celui qu'on doit garantir de l'éviction (5). — Je parle d'aliénation malgré la lettre de l'art. 621, parce qu'il faut évidemment généraliser ce que cet article dit de la vente.

La renonciation à l'usufruit doit être formelle. Ce serait toutefois exagérer la portée de l'art. 621 que d'en conclure qu'une renon-

---

(1) ff. 4 § 12, *de doli except.* — (2) Fenet, p. 241. — (3) Contr. Agen, 17 juillet 1813. Cet arrêt viole manifestement l'art. 621. — (4) Agen, 25 janv. 1812. — (5) Tel est peut-être le cas de l'arrêt de cass. du 2 fév. 1852.

ciation verbale serait nulle. Cet article veut simplement poser en règle que la renonciation doit être faite en termes exprès, de telle sorte que la véritable intention de l'usufruitier ne puisse rester douteuse. Or, comme de droit commun, la volonté peut se manifester verbalement, toutes les fois que la loi n'exige pas qu'elle soit écrite, et qu'elle ne l'exige pas dans l'espèce, la seule induction à tirer de l'art. 621 à propos d'une renonciation verbale, c'est qu'elle doit être faite en termes assez précis pour ne laisser aucun doute. Du reste, il va de soi qu'une renonciation verbale ne peut être prouvée par témoins que conformément aux art. 1341 et s.

La renonciation à l'usufruit, fût-elle faite à titre gratuit, n'est point assujettie aux formalités des donations entre-vifs, pas plus que la renonciation à une servitude, à une créance, à un droit quelconque. Toutes les fois que l'effet premier et immédiat d'un acte est l'affranchissement d'une personne ou d'une chose, un retour à la liberté, à l'état normal, il n'est pas nécessaire d'observer les formalités prescrites par les art. 931 et s., formalités contraires au droit commun. Il suffit du consentement, parce que telle est la règle ordinaire pour les actes de la volonté. Par conséquent, si le nu-propriétaire n'est pas présent à l'acte de renonciation, il n'est pas besoin qu'il l'accepte formellement et par acte authentique. L'acceptation peut être tacite et résulter, par exemple, d'actes d'exécution (1).

La renonciation à l'usufruit peut avoir lieu sans le consentement, et, qui plus est, contre le gré du propriétaire. Il est permis en effet à chacun de renoncer à son droit. Seulement, tant que la renonciation n'a pas été acceptée par le propriétaire, celui-ci n'y a pas un droit acquis. L'usufruitier peut donc reprendre la jouissance. Mais jusqu'à ce que cette reprise ait lieu, la renonciation conserve ses effets. — La reprise d'ailleurs n'anéantirait pas les effets de la renonciation pour le passé. Si, par exemple, un tiers a perçu les fruits, l'usufruitier serait mal fondé à lui en demander compte (2).

291. « Les créanciers de l'usufruitier peuvent faire annuler la renonciation qu'il aurait faite à leur préjudice (622) ». — La loi entend-elle donc se contenter ici du simple préjudice, tandis que l'intention frauduleuse est une des conditions ordinaires de l'action

---

(1) Rouen, 22 janv. 1846. Bordeaux, 23 déc. 1847. Proudhon, n. 2206 et s. — (2) Proudhon, n. 2207. Bordeaux, même arrêt.

révocatoire des créanciers (1167). — La même question s'élève à propos de la renonciation à succession et de l'abandon anticipé qu'un grevé ferait de sa jouissance, parce que la loi se sert également dans ces deux cas du mot préjudice (788 et 1053).

Il en est qui pensent qu'en effet, le simple préjudice suffit dans ces trois cas pour autoriser l'action révocatoire. La lettre de la loi est pour ces auteurs la seule raison de décider. Aussi, malgré l'analogie qui existe entre la renonciation d'un héritier à succession et la renonciation d'une femme à la communauté, ils n'admettent l'action révocatoire contre cette dernière renonciation qu'autant qu'elle est frauduleuse, parce que l'art. 1464 emploie le mot fraude.

D'autres, s'appuyant sur les termes des art. 622, 788 et 1053, prétendent que, dans le système du Code, quand il s'agit de la renonciation à un droit, le simple préjudice suffit pour autoriser l'action révocatoire, solution qu'ils appliquent non seulement aux cas des articles précités, mais encore à la renonciation à une communauté. Cette règle serait fondée, d'abord sur le danger particulier que présenteraient pour les créanciers les renonciations à un droit, ensuite sur la difficulté pour eux de prouver alors l'intention frauduleuse.

Les art. 622, 788 et 1053 doivent plutôt s'interpréter dans le sens de la règle posée par l'art. 1167, c'est-à-dire comme supposant une renonciation frauduleuse. Pour déroger à une règle générale, il faut une disposition claire, précise. Or, on ne peut voir dans la rédaction des articles précités, une dérogation manifeste à la condition ordinaire de l'intention frauduleuse; car dans le langage usuel, la locution « agir au préjudice de quelqu'un », loin d'écarter l'idée d'une intention de cette sorte, la suppose plutôt. — Au fond, il n'y a aucune raison sérieuse pour adopter une règle spéciale à l'égard des renonciations. La condition fondamentale de l'action des créanciers, c'est le préjudice que leur a causé leur débiteur. Qu'importe qu'il le leur ait causé par tel acte ou par tel autre; la seule chose à considérer, c'est le résultat. Pour eux, il suffit que le débiteur ait fait sortir de son patrimoine une valeur qui pouvait servir à les désintéresser. A ce point de vue, qui est le seul conforme à la matière, il n'y a aucune différence entre une renonciation à un droit et un autre acte, une donation, par exemple. Ainsi, tel usufruitier donne son usufruit; tel autre y renonce. N'est-ce pas exactement la même chose pour les créanciers? Il est d'ailleurs évident que le danger pour les créanciers et la difficulté de prouver l'intention frauduleuse, ne sont pas plus grands dans les renonciations que dans les autres cas. Aussi le droit romain se borne-t-il à mentionner purement et simplement la renonciation à l'usufruit parmi les actes sujets à l'action révocatoire, sans dire un seul mot qui puisse donner à penser qu'on ait jamais eu l'idée de s'écarter en ce cas des règles ordinaires et de se contenter du simple préjudice (1). Or, il a été formellement dit devant le corps législatif que l'art. 622 ne contenait point une disposition nouvelle (2).

Pour aplanir la difficulté prétendue de prouver la fraude dans les renonciations, Marcadé veut qu'alors l'intention frauduleuse se présume nécessairement par le seul fait du préjudice, sauf aux adversaires des créanciers à détruire cette présomption. Mais on ne peut admettre une présomption que la loi n'a point établie. Or les art. 622, 788 et 1053 ne sont point rédigés dans le sens d'une présomption. D'ailleurs, si l'intention frauduleuse devait s'induire du seul fait du préjudice, cette induction devrait être admise en règle générale, puisqu'au fond peu importe par quelle espèce d'acte un débiteur fait sortir une valeur de son patrimoine.

Quant aux autres règles de l'action révocatoire, elles sont sans nul doute applicables. Ainsi, la renonciation est-elle à titre gratuit? Il n'est pas nécessaire que le propriétaire qui profite de la renonciation ait participé à la fraude. Cette participation est nécessaire, si la renonciation est à titre onéreux. De même, la renonciation ne pourra être révoquée qu'au profit des créanciers, et jusqu'à concurrence seulement de leurs créances (Arg. art. 788). Une fois donc les créanciers désintéressés par les fruits de la chose, le propriétaire seul serait fondé à reprendre la jouissance.

292. 8° Abus de jouissance. « L'usufruit peut aussi cesser par l'abus que l'usufruitier fait de sa jouissance, soit en commettant des dégradations sur le fonds, soit en le laissant dépérir faute d'entretien » (618).

L'usufruitier dégrade le fonds, lors, par exemple, qu'il démolit des bâtiments utiles, devance l'époque ou dépasse la quotité des coupes de taillis ou de futaies, introduit du bétail dans les bois ou parties de bois non défensables, arrache des vignes productives, dégarnit les vergers en abattant les arbres fruitiers, cultive de

---

(1) ff. 3 § 1, *quæ in fraud. cred.* — (2) Fenet, p. 240. Delvincourt. Demolombe, n. 723.

manière à épuiser visiblement le fonds, exploite une mine sans observer les règles de l'art et en l'exposant à sa ruine ou en compromettant la sûreté de l'extraction, emploie la chose à des usages auxquels le propriétaire ne l'a pas destinée et qui préjudicient davantage à ce dernier (1). Du reste il y a là, on le sent, une question de fait. — Il en est de même du dépérissement dû au défaut d'entretien.

L'usufruitier qui abuse mérite d'être privé de sa jouissance, puisqu'elle ne lui appartient qu'à la condition de jouir en bon père de famille. On ne peut se prévaloir d'un droit qu'en remplissant les obligations qui y sont attachées. — Du reste, l'abus de jouissance n'éteint pas par lui-même l'usufruit. Il autorise seulement les tribunaux à prononcer cette extinction, ainsi qu'il résulte de l'ensemble de l'art. 618.

L'art. 618 est applicable dans le cas même où l'usufruitier a donné caution; car la loi ne distingue pas, et au fond il n'y a pas lieu de distinguer. Mieux vaut en effet pour le nu-propriétaire conserver sa chose intacte que d'être réduit à une action en dommages-intérêts.

La loi suppose que c'est l'usufruitier lui-même qui abuse. Mais il en doit être de même si les faits d'abus émanent d'une personne à qui il aurait confié l'exploitation ou cédé la jouissance; car il répond du fait des personnes à qui il livre la chose, ce fait n'étant que la suite et la conséquence directe du sien, sauf à lui son recours contre l'auteur des abus.

C'est au nu-propriétaire ou à ses représentants qu'il appartient d'agir contre l'usufruitier. Comme c'est une action de pur intérêt pécuniaire, elle peut être exercée par les créanciers du nu-propriétaire, de même que les créanciers de l'usufruitier peuvent, la la loi elle-même le dit, intervenir dans l'instance. — Un nu-propriétaire conditionnel est recevable à agir; car le droit conditionnel autorise les mesures conservatoires. Or l'action autorisée par l'art. 618 est une action conservatoire de la nue-propriété.

La caution de l'usufruitier, quoiqu'intéressée à arrêter l'abus de jouissance, puisqu'elle en répond, est sans qualité pour agir de ce chef contre l'usufruitier. La loi détermine les cas où une caution peut agir contre le débiteur avant d'avoir payé pour lui; et parmi ces cas ne se trouve pas celui qui nous occupe.

---

(1) Proudhon, n. 2420. Duranton, n. 696.

293. « Les créanciers de l'usufruitier peuvent intervenir dans les contestations pour la conservation de leurs droits » (618). Ils ont intérêt en effet au maintien de l'usufruit, afin de pouvoir pendant toute sa durée ordinaire se faire payer sur les revenus de la chose, lesquels sont le gage de leurs créances comme tous les autres biens de leur débiteur.

Les créanciers ont d'abord le droit de combattre au fond la demande du nu-propriétaire ; cela n'a pas eu besoin d'être dit ; car leur intervention, si elle se bornait là, ne serait que l'application de ce qui peut avoir lieu dans tous les procès possibles. Mais ils peuvent de plus, et c'est en cela que l'art. 618 ajoute à leur droit ordinaire, « offrir la réparation des dégradations commises, et des garanties pour l'avenir » (618). Ainsi, ils peuvent offrir une hypothèque, un nantissement, une caution, garanties qui s'ajouteraient à la caution donnée primitivement par l'usufruitier, s'il en a donné.

294. Les tribunaux ont dans l'espèce un pouvoir discrétionnaire, dont l'exercice échappe à la censure de la Cour de cassation.

Ainsi, ils peuvent d'abord, sur l'offre faite par les créanciers de réparer les dégradations commises et de fournir des garanties pour l'avenir, ne pas prononcer l'extinction de l'usufruit quoiqu'il y ait eu abus de la part de l'usufruitier. La loi sans doute ne le dit pas expressément ; mais cela résulte implicitement de la faculté qu'elle donne aux créanciers de faire cette offre , offre qui ne servirait à rien si elle n'autorisait pas les tribunaux à maintenir l'usufruitier dans sa jouissance. Des auteurs prétendent même que dans ce cas les tribunaux ne peuvent prononcer l'extinction de l'usufruit, qu'ils doivent se borner à ordonner des mesures conservatoires. Mais si cette solution était exacte, elle devrait également avoir lieu dans le cas où l'offre en question émanerait de l'usufruitier lui-même, puisque ses créanciers ne font ici qu'exercer ses droits. Or rien dans l'art. 618 ne permet d'admettre que l'offre de l'usufruitier lie ainsi les mains aux tribunaux et leur interdise de prononcer sa déchéance.

En second lieu, les tribunaux pourraient d'office obliger l'usufruitier à fournir une garantie, une caution par exemple, alors même qu'il en est dispensé. V. n. 188 (1).

____

(1) Cass. 21 janv. 1845. Demolombe, n. 722. Proudhon, n. 867.

« Les tribunaux peuvent, suivant la gravité des circonstances, prononcer l'extinction absolue de l'usufruit », c'est-à-dire l'extinction sans compensation aucune (c'est une 3e mesure), « ou n'ordonner la rentrée du propriétaire dans la jouissance de l'objet grevé d'usufruit, que sous la charge de payer annuellement à l'usufruitier, ou à ses ayants-cause, une somme déterminée jusqu'à l'époque où l'usufruit aurait dû cesser » (c'est une 4e mesure). Art. 618. — Les ayants-cause de l'usufruitier, ce sont ici ses créanciers ou son cessionnaire. Il ne saurait être question de ses héritiers, puisqu'il s'agit d'une somme qui ne sera payée qu'après son décès. — L'extinction moyennant cette redevance parait plus équitable que l'extinction absolue, surtout dans un usufruit constitué à titre onéreux ; car l'équité semble demander qu'une fois le nu-propriétaire indemnisé du préjudice déjà souffert et garanti du préjudice à venir, l'usufruitier conserve l'émolument de la jouissance, puisqu'elle lui appartient.

Si l'extinction de l'usufruit est prononcée, c'est, comme de juste, sans préjudice des dommages-intérêts dus au propriétaire pour abus de jouissance ; car les dommages-intérêts sont de droit, toutes les fois que l'usufruitier jouit d'une manière dommageable. L'art. 618 doit s'ajouter aux autres dispositions de loi ; il ne les exclut pas.

Les tribunaux pourraient encore (c'est une 5e mesure) séquestrer la chose, à charge par le séquestre de tenir compte des revenus à l'usufruitier. Cette mesure sans doute n'est pas mentionnée dans l'art. 618. Mais elle n'avait pas besoin de l'être, parce qu'elle rentre dans les pouvoirs ordinaires des tribunaux. Elle satisfait d'ailleurs à tous les intérêts ; car d'un côté elle garantit la conservation de la nue-propriété, ce qui est le but de l'art. 618 ; d'un autre côté, elle ne dépouille pas l'usufruitier de son droit ; double résultat auquel l'art. 618 veut lui-même arriver par l'une des mesures qu'il indique. — La mise en séquestre me parait même la seule solution possible de la demande, quand c'est un propriétaire conditionnel qui l'intente sans le concours du propriétaire actuel. D'un côté, en effet, le propriétaire conditionnel ne saurait être autorisé à se mettre immédiatement en jouissance ; d'un autre côté, son action ne peut profiter au propriétaire actuel.

295. L'art. 618, par sa lettre, suppose l'usufruit d'un fonds. Mais l'esprit de la loi demande que la disposition en soit généralisée ; car quelle que soit la chose grevée d'usufruit, il y a même

raison de protéger la nue-propriété lorsqu'elle est compromise par le fait de l'usufruitier. Si, par exemple, l'usufruit porte sur des sommes d'argent, l'usufruitier sans doute peut en disposer ; mais il doit le faire comme un administrateur soigneux et diligent. S'il les dissipe follement, et à plus forte raison, s'il les détourne au préjudice du nu-propriétaire, et que sa position donne lieu de craindre qu'il ne soit hors d'état de les rendre un jour, le nu-propriétaire peut recourir à la disposition de l'art. 618. — Si l'usufruit porte sur des créances, les tribunaux pourront, soit autoriser le nu-propriétaire à rentrer en jouissance, soit prescrire les mesures de précaution et de garantie appropriées à la circonstance, par exemple, condamner l'usufruitier à représenter les capitaux qui lui ont déjà été remboursés, pour que ces capitaux soient placés avec le concours du nu-propriétaire, et lui enlever le droit d'en recevoir seul le remboursement à l'avenir (1).

296. Il est encore d'autres modes d'extinction qui sont l'application des principes généraux et que, pour cette raison, la loi n'a pas eu besoin d'énoncer.

1° Résolution du droit du constituant. — Lorsque l'usufruit a été détaché d'un droit de propriété résoluble, la cause de résolution à laquelle il était assujetti en tant que formant une partie du droit de propriété, l'accompagne nécessairement dans la main de l'usufruitier, ce dernier ne pouvant acquérir un droit plus fort que ne l'avait le propriétaire. En pareil cas donc, si le droit de propriété vient à se résoudre, l'usufruit se résoudra en même temps, comme se résolvent en général tous les droits existants du chef d'un propriétaire résoluble. (V. 2125, et comme exemples, 883, 952, 954, 963, 1673.) Suivant des auteurs, l'usufruit établi par le donataire sur l'immeuble à lui donné en avancement d'hoirie ne serait point résolu par le rapport. Il faudrait appliquer, non l'art. 865, mais l'art. 860, parce que la constitution d'usufruit constitue une aliénation. — Mais l'art. 860 statue pour le cas où l'immeuble a été aliéné par le donataire. Or, la constitution d'usufruit n'entraîne pas aliénation de l'immeuble, puisque celui qui grève un immeuble d'usufruit en reste propriétaire ; et comme d'ailleurs l'art. 860 déroge aux principes en ce qu'il admet que celui qui n'a qu'un droit résoluble peut aliéner irrévocablement, on ne devrait pas l'étendre hors de ses termes, y eût-

---

(1) Cass. 21 janv. 1841. Douai, 11 janv. 1848.

il identité de motif. Mais cette identité n'existe même pas ; car le maintien de l'aliénation a l'avantage d'encourager l'acquéreur à améliorer, tandis qu'un usufruitier, qui ne doit toujours jouir qu'un temps, n'améliore guère.

297. 2° Résolution du titre constitutif d'usufruit. — Le titre qui établit un usufruit peut, comme celui qui établirait tout autre droit, être sujet à quelque cause de résolution, révocation ou res-cision. Si, par exemple, ce titre est une donation entre-vifs, la donation serait révoquée pour survenance d'enfant (960). Si un débiteur établit un usufruit en fraude de ses créanciers, ceux-ci peuvent faire révoquer la constitution (1167).

De même encore, l'usufruit donné en avancement d'hoirie doit être rapporté ; et le rapport le fait naturellement cesser pour l'a-venir. Des auteurs obligent même l'héritier à rapporter les fruits qu'a pu lui procurer la jouissance. Ces fruits, disent-ils, sont l'objet de la donation ; ils doivent donc être rapportés. — C'est confondre le droit même d'usufruit avec les fruits que produit la chose, confusion que la loi elle-même a voulu prévenir au sujet de la rente viagère. Qu'un don ait pour objet le droit de propriété ou bien un droit d'usufruit, une rente viagère, le donataire suc-cessible doit toujours être traité de la même manière, c'est-à-dire rapporter le droit, en d'autres termes, ne plus l'avoir, mais conser-ver les bénéfices qu'il a pu en retirer (1). Rodière n'admet cette solution qu'autant que le revenu annuel de l'usufruit devait, dans la pensée du constituant, former pour le successible comme une pension alimentaire. Suivant lui, si le revenu dépasse notablement le chiffre présumable des dépenses du donataire, l'excédant de-vrait être rapporté (2). Autrement, dit-il, il serait facile à un père dont la fortune consisterait uniquement en un usufruit, de trans-mettre la totalité de sa fortune à l'un de ses enfants. D'abord, on ne doit pas s'arrêter à une objection basée sur une hypothèse qui ne se rencontrera presque jamais. Ensuite et au fond, le principe dirigeant en matière de rapport et même de réduction est qu'un propriétaire peut disposer comme bon lui semble de la totalité de ses revenus, soit qu'il les dépense, soit qu'il en fasse profiter un tiers, puisqu'un donataire ne restitue jamais les fruits qu'à partir

____

(1) Basnage sur Normandie, art. 337, p. 237. Sirey, 1818. 2, 213. Duranton, 7, n. 372. Chabot, sur l'art. 856. Bastia, 24 nov. 1832. — (2) V. note au J. du Pal. 1856. 1, p. 505.

du décès du donateur (856, 928). Donc, même dans l'hypothèse citée par Rodière, le père est libre de ne rien laisser à ses enfants ; car, puisqu'il n'est pas obligé d'économiser sur ses revenus et que son capital doit s'éteindre avec lui, en donnant son usufruit à l'un de ses enfants, il ne porte aucune atteinte aux droits des autres.

Les règles sur la réserve peuvent aussi entraîner l'annulation d'une disposition en usufruit comme de toute autre. — L'abandon de la quotité disponible en propriété, permis par l'art. 917, sans résoudre le titre, n'en éteint pas moins l'usufruit (n. 34 et s.).

298. 3° Prescription acquisitive de 10 ou 20 ans. — Ce mode d'extinction, bien distinct de l'extinction par non usage (n. 274), a lieu lorsque l'usufruit portant sur un immeuble, un tiers a possédé cet immeuble et en a joui pendant 10 ou 20 ans en vertu d'un juste titre, et sans savoir qu'il fût grevé d'usufruit (2265 et s.). Il n'est pas question du cas où il a joui 30 ans, même sans titre ou de mauvaise foi, parce qu'alors l'extinction de l'usufruit résulte déjà du seul fait que l'usufruitier n'a pas usé. Le fait de posséder un immeuble à titre de propriétaire dépouille au profit du possesseur celui qui a véritablement le droit de propriété. Le fait de posséder un immeuble comme libre de tel autre droit réel, doit pareillement dépouiller au profit du possesseur celui qui a vraiment ce droit. C'est ce que décide l'art. 2180 pour les droits de privilége et d'hypothèque. Si donc je possède une chose comme libre d'usufruit (dans les conditions des art. 2265 et s.), je dois finir par l'acquérir effectivement libre de ce droit, lequel se trouve ainsi éteint. — Ces décisions se résument dans cet adage que la prescription fait acquérir autant que l'on a possédé : *quantum possessum, tantum prescriptum*. On a nié qu'il fût applicable aux droits d'usufruit et de servitude. Mais d'abord, il n'y a au fond aucune raison pour que les droits de propriété, de privilége et d'hypothèque soient moins solides à l'encontre d'un possesseur que les droits d'usufruit et de servitude, que même d'habitude on prétend moins favorables. Tout doute d'ailleurs disparait devant l'art. 1665 qui porte que l'acheteur à réméré peut prescrire « tant contre le véritable maître que contre ceux qui ont des droits ou hypothèques sur la chose. » Les droits dont veut parler cet article n'étant ni le droit de propriété, ni le droit d'hypothèque, lesquels sont énoncés à part, ne peuvent être que les droits d'usufruit et de servitude. D'un autre côté, l'acheteur à réméré, qui n'a qu'un titre résoluble, ne saurait être plus favorisé que ceux

qui ont un titre irrévocable (1). Sans doute, les art. 616 et s. n'énoncent pas l'extinction de l'usufruit par la prescription acquisitive. Mais ils n'énoncent pas non plus les autres modes d'extinction qui ne sont que l'application du droit commun. Voilà pourquoi ils déterminent les conséquences du seul fait de non usage, sans s'occuper de ceux que peut produire la jouissance d'un tiers, effets réglés au titre de la Prescription. — L'usufruit peut s'acquérir par prescription (n. 22). Il s'éteindrait donc par prescription, même au profit d'un tiers possesseur qui aurait possédé comme simple usufruitier. Il suffit en effet, pour l'extinction par prescription, que le tiers qui possède puisse acquérir par la possession le droit de jouir.

L'usufruit peut, comme les priviléges et hypothèques, s'éteindre par prescription, même au profit du véritable propriétaire, sauf, bien entendu, le cas où ce dernier serait le successeur à titre universel du constituant, parce qu'alors il ne pourrait pas plus prescrire contre l'usufruitier que ne le pouvait son auteur.

Les règles générales de la prescription, celles, par exemple, qui concernent la suspension et l'interruption, sont applicables au cas particulier de prescription qui nous occupe, la loi, par son silence, le laissant sous l'empire du droit commun.

Si donc l'usufruit porte sur un meuble corporel, il peut se perdre, comme le droit de propriété, par une sorte de prescription instantanée résultant de la règle en fait de meubles possession vaut titre ; c'est-à-dire que si un tiers reçoit de bonne foi le meuble corporel pour en avoir la pleine propriété ou l'usufruit, bien qu'il le tienne d'une personne qui était sans droit pour aliéner, il pourra repousser l'usufruitier, comme on repousse un propriétaire, sauf les cas de perte ou de vol. (2279 et 2280.)

299. L'usufruit, comme tout autre droit quel qu'il soit, ne s'éteint que par les modes spécialement consacrés par la loi, ou résultant des principes généraux. — Ainsi, le nu-propriétaire ne pourrait contraindre l'usufruitier à recevoir le rachat de son usufruit, parce que le rachat forcé déroge au droit commun et n'est admis par la loi que pour les rentes foncières (2). Ainsi encore, si un mari a donné ou légué un usufruit à sa femme, l'inconduite de celle-ci avant ou après le décès du mari, n'en-

---

(1) Duranton, n. 673. Proudhon, n. 2123 et s. Marcadé, art. 617. Troplong, Prescription, t. 2, p. 854. Zachariæ, Annot. p. 147. — (2) Proudhon, n. 6.

traînerait pas la révocation de la disposition en usufruit, pas plus qu'elle n'entraînerait la révocation de toute autre disposition, parce qu'elle n'est point rangée parmi les causes de révocation (1). V. art. 955, 1046, 1047.

300. En principe, l'usufruit une fois éteint ne saurait revivre qu'en vertu d'une nouvelle constitution. Il ne suffirait pas, pour lui rendre l'existence, que la situation redevînt telle que si elle eût toujours été ainsi, l'usufruit ne se serait pas éteint.

Ainsi, l'usufruit éteint par la destruction de la chose ne renaîtrait pas par cela seul que cette chose serait rétablie, même dans sa forme primitive ; car ce serait toujours, nonobstant le rétablissement, une chose autre que celle qui a été grevée d'usufruit. Par exemple, c'est un bâtiment, un navire qui a péri. On a beau le rebâtir ; employât-on les mêmes matériaux, l'usufruit n'en resterait pas moins éteint (2). — Suivant des auteurs, si l'usufruitier rétablit la chose sans opposition de la part du propriétaire, son usufruit revivra sur le nouvel objet. Mais ce rétablissement n'empêche pas qu'il n'y ait eu extinction de l'usufruit. Or, l'absence d'opposition de la part du propriétaire, pourrait d'autant moins constituer l'usufruit à nouveau, que cette constitution serait gratuite et exigerait par conséquent l'emploi des formalités requises pour les donations. L'usufruitier dans l'espèce, doit être assimilé à un constructeur étranger, et on lui appliquera l'art. 555, parce qu'une fois l'usufruit éteint, il n'est plus qu'un tiers (3).

De même, l'usufruit éteint par la mort civile avant la loi du 31 mai 1854, abolitive de la mort civile, n'a pas repris naissance depuis la promulgation de cette loi, et cela, tant à raison des principes ci-dessus posés que par suite de l'art. 5 de cette loi, qui, appliquant en cela le principe de non rétroactivité, maintient expressément les effets produits par la mort civile précédemment encourue (4).

Ainsi encore, une chose étant soumise à un usufruit conditionnel, le propriétaire la grève d'un usufruit pur et simple, qui s'ouvre, mais s'éteint ensuite par l'arrivée de la condition apposée au premier usufruit. Ce premier usufruit s'éteint ensuite lui-même du vivant de la personne qui avait eu l'usufruit pur et simple.

---

(1) Merlin, Rep. vo Deuil, § 2. Delvincourt, 2 p. 387, Besançon. 1er août 1844. — (2) ff. 10 § 7, *quib. mod. ususf.* — (3) Colmar, 13 janv. 1831. Contr. Proudhon, n. 1573 et s. — (4) Zachariæ, Annot. p. 145.

Cette personne ne recouvre pas son usufruit (1). — De même, un usufruitier est devenu propriétaire. La consolidation n'en subsistera pas moins alors même que la propriété sortirait de ses mains.

301. Si toutefois l'événement qui a éteint l'usufruit, vient à être révoqué et considéré comme non avenu, l'extinction de l'usufruit le sera également. Tel serait 1° le cas où la renonciation faite par l'usufruitier à son droit, serait annulée pour incapacité, dol ou violence ; 2° le cas où l'usufruitier ayant acquis la nue-propriété en vertu d'une libéralité, les héritiers du disposant font annuler cette libéralité comme portant sur la réserve (2) ; 3° celui encore où la nue-propriété acquise par l'usufruitier étant hypothéquée, l'usufruitier délaisse ou est exproprié (2177). Dans ces deux derniers cas et autres semblables, les choses sont ce qu'elles seraient si l'usufruitier n'eût pas acquis la nue-propriété. Or, dans cette supposition, l'usufruit subsisterait toujours (3).

On m'a légué purement l'usufruit et à vous sous condition la nue-propriété d'un fonds. Avant l'arrivée de la condition apposée à votre legs, l'héritier me vend la nue-propriété ; ce qui consolide mon usufruit. Si la condition de votre legs arrive, vous acquerrez, d'après le droit romain, la pleine propriété. La consolidation n'est pas effacée (4). On décide unanimement le contraire en droit français, et avec raison, parce que la condition ayant un effet rétroactif, l'acquisition faite par moi, usufruitier, est censée non avenue, comme dans les deux cas cités plus haut.

302. L'usufruit, en prenant naissance, s'était séparé de la propriété. Il s'y réunit lorsqu'il s'éteint, et s'y réunit pour la totalité s'il s'éteint en totalité, pour la partie seulement qui s'éteint, en cas d'extinction partielle. — Toutefois, s'il y a plusieurs usufruitiers qui aient droit à l'accroissement, l'usufruit éteint en totalité ou en partie pour l'un, accroît à ceux qui restent (n. 47, 48). En ce cas donc, il ne se réunit à la propriété qu'autant qu'il ne reste aucun usufruitier. Mais si les divers usufruitiers d'une même chose n'ont pas droit à l'accroissement, dès que l'un perd son usufruit, cet usufruit se réunit à la propriété sans attendre la perte du surplus, comme dans le cas où l'usufruit, reposant sur une seule tête, s'éteint pour partie.

Le nu-propriétaire recouvre à l'extinction de l'usufruit le libre

---

(1) ff. 16, *quib. mod. ususf.* Proudhon, n. 417. — (2) ff. 57, *de usuf.* — (3) Pothier, Douaire, n. 254. Proudhon, n. 2061 et s. Duranton, n. 666 et s. — (4) ff. 17, *quib. mod. ususf.*

exercice de son droit de propriété. De même, si l'usufruit éteint portait sur un usufruit, et que d'ailleurs l'événement qui l'a éteint, n'ait pas éteint en même temps celui sur lequel il était établi, l'usufruitier primitif recouvre le libre exercice de son droit de jouir.

303. La réunion de l'usufruit à la propriété ne constitue pas pour le nu-propriétaire une acquisition, mais un accroissement de la chose ; car elle ne fait pas entrer dans son patrimoine une chose nouvelle ; elle ne lui transmet pas le droit qu'avait l'usufruitier ; ce droit est éteint. Sans doute, elle lui rend l'exercice du droit de jouir. Mais ce droit était déjà compris dans son droit de propriété. L'existence de l'usufruit avait seulement eu pour effet d'en empêcher temporairement l'exercice. De là, il suit notamment que : 1° si un droit réel quelconque, un droit d'hypothèque, par exemple, a été établi sur la nue-propriété, il frappera la pleine propriété lors de l'extinction de l'usufruit (1). — 2° Si un époux, en se mariant, a la nue-propriété d'un bien et que l'usufruit s'y réunisse pendant le mariage, cette réunion constituant un simple accroissement de ce bien et non une acquisition nouvelle, le droit de jouir ne doit pas être considéré ni régi comme bien acquis pendant le mariage. Les règles applicables aux biens qu'avaient les époux en se mariant s'appliqueront donc à la pleine propriété, parce que l'époux, quoique paraissant n'avoir en se mariant que la nue-propriété, avait réellement le droit de jouir pour l'époque où l'usufruit serait éteint (2).

304. L'extinction de l'usufruit entraîne, par voie de conséquence, l'extinction des droits existants du chef de l'usufruitier sur cet usufruit (à l'exception des baux, v. n. 113) ; car la chose sur laquelle ils étaient établis, c'est-à-dire l'usufruit, venant à périr, ils ne sauraient subsister. Cette règle, toutefois, n'est pas applicable au cas de consolidation ni à celui de renonciation. Au cas de consolidation, l'usufruitier ne perd pas le droit de jouir ; il l'acquiert au contraire d'une manière stable et perpétuelle ; ce qui laisse subsister les droits existants de son chef. Si donc, par exemple, un créancier a hypothèque sur l'usufruit, il conserve alors le droit de le faire vendre pour sa durée normale. Quant à la renonciation faite par l'usufruitier, elle ne saurait, d'après le principe posé n. 11, nuire aux droits acquis antérieurement à des

---

(1) ff. 18 § 2, *de pign. act.* — (2) ff. 4, *de jur. dot.*

tiers. — D'ailleurs, la renonciation ne peut être opposée aux tiers qu'à partir de la transcription. Il en est de même du jugement qui prononcerait la déchéance de l'usufruitier (L. 23 mars 1855). Donc, tous les droits acquis avant la transcription, et les baux consentis par l'usufruitier subsisteraient.

305. Une fois l'usufruit éteint (autrement que par consolidation), l'usufruitier doit restituer au propriétaire la chose qui y était soumise (n. 257). — S'il a entre les mains les titres qui la concernent, il doit également les restituer. Si, par exemple, l'usufruit portait sur une créance, et que cette créance ne soit pas encore remboursée, il doit restituer le titre, s'il l'a en sa possession. L'art. 1567 applique cette règle aux titres de créances dotales non remboursées pendant le mariage.

L'usufruitier doit évidemment restituer avec la chose tout ce qui en dépendait et lui a été délivré à son entrée en jouissance, par exemple, les accessoires qui en faisaient alors partie, tels que les immeubles par destination. Si donc il a reçu en entrant des semences, pailles, engrais, etc., il doit à sa sortie en rendre autant ou la valeur (1). — Il doit également restituer les accroissements que la chose aurait reçus pendant sa jouissance, même par son fait ; car ces accroissements font partie de la chose.

306. Du reste, « il ne peut, à la cessation de l'usufruit, réclamer aucune indemnité pour les améliorations qu'il prétendrait avoir faites, encore que la valeur de la chose en fût augmentée. » (599, 2ᵉ al.). — C'est là une disposition sur laquelle on a fortement insisté lors de la discussion (2). « L'équité semble d'abord s'opposer, a-t-il été dit devant le Corps législatif, à ce que le propriétaire profite aux dépens de l'usufruitier de l'amélioration évidente de sa chose. Mais quand on considère que l'usufruitier en a lui-même recueilli le fruit, que cette amélioration n'est d'ailleurs aux yeux de la loi que le résultat naturel d'une jouissance éclairée et d'une administration sage et vigilante, quand on pense qu'il ne doit pas être au pouvoir de l'usufruitier de grever d'avance le propriétaire de répétitions qui pourraient souvent lui être onéreuses, quand on songe enfin aux contestations infinies qu'étouffe dans leur naissance la disposition qui vous est soumise, on ne peut lui refuser son assentiment (3). »

Cette disposition doit s'appliquer au cas même où les héritiers,

---

(1) Duranton, n. 529. — (2) Fenet, p. 195, 222. — (3) Id., p. 233.

usant de la faculté que leur accorde l'art. 917, abandonnent à un usufruitier qui a déja joui un certain temps, la propriété de la quotité disponible. Cet abandon en effet met fin à l'usufruit. Or l'art. 599 ne distingue pas par quelle cause l'usufruit a cessé (1).

Les améliorations faites par l'usufruitier ne lui donnant droit à aucune indemnité, ne sauraient se compenser avec les détériorations qui lui sont imputables. Elles le pourraient toutefois s'il s'agissait d'une même chose, par la raison qu'une chose ne peut être censée détériorée que sous la déduction de ce dont elle est améliorée (2).

307. « Il peut seulement, ou ses héritiers, enlever les glaces, tableaux et autres ornements qu'il aurait fait placer, mais à la charge de rétablir les lieux dans leur premier état. » (599). — Cette disposition et celle qui refuse à l'usufruitier toute indemnité pour améliorations sont reproduites de Pothier. D'après Pothier, en effet, le nu-propriétaire n'est pas tenu de rembourser à l'usufruitier ou à ses héritiers les impenses non nécessaires que celui-ci a faites de son autorité privée, comme s'il a construit des bâtiments, fait des plantations et autres améliorations sans l'assentiment du propriétaire.. Toutefois, le propriétaire doit souffrir que l'usufruitier ou ses héritiers emportent, non seulement les meubles qu'il a apportés pour meubler la maison dont il jouissait, mais encore les objets mobiliers qu'il y aurait apportés pour orner la maison, quand même il les y aurait attachés à fer et à clous, par exemple, des parquets, boiseries, alcôves, croisées à la mode à la place des anciennes ; mais à la charge par lui de rétablir les lieux dans leur ancien état (3).

Ainsi, ce que le Code, après Pothier, permet à l'usufruitier d'enlever, ce sont des objets mobiliers qui, s'ils avaient été placés à perpétuelle demeure par le propriétaire, seraient immeubles par destination, et par suite, feraient partie du fonds grevé d'usufruit, mais qui, ayant été placés par l'usufruitier pour le temps de sa jouissance, sont restés sa propriété ; ce qui fait qu'il a, lui ou ses héritiers, le droit de les enlever, au même titre que les meubles par lui apportés pour se meubler ou pour exploiter le fonds (4).

308. Quant aux objets qui, quoique placés par l'usufruitier, auraient perdu leur qualité de meubles, pour devenir des accessoires de l'immeuble, la loi ne les comprenant pas parmi ceux

---

(1) Colmar, 18 mars 1853. — (2) Pothier, Douaire, n. 277. Duranton, n. 622. — (3) Pothier, Douaire, n. 276, 278, 270. — (4) Id. n. 276.

qu'il a le droit d'enlever, il est obligé de les laisser. Cette solution, qui résulte implicitement de l'art. 599, est d'ailleurs commandée par les principes de l'accession. La propriété du sol emporte la propriété du dessus et du dessous. Conséquemment, toutes plantations, constructions et ouvrages faits sur un sol, fussent-ils faits par un autre que par le propriétaire, appartiennent à ce dernier par droit d'accession (552-553). Donc, lorsqu'ils ont été faits par un usufruitier ils appartiennent au nu-propriétaire. Or, dès qu'ils appartiennent au nu-propriétaire, l'usufruitier n'a pas le droit de les enlever, pas plus qu'il n'a le droit d'enlever aucune autre partie intégrante du fonds. — Et c'est bien ce qu'on a constamment admis avant le Code. D'après le droit romain en effet, si l'usufruitier a construit, il ne peut détacher et enlever la construction (1). Domat adopte cette décision (2). La doctrine de Pothier est la même, comme on l'a vu n. 307 (3).

Tenons donc pour certain que l'usufruitier ne peut enlever les objets qui, par suite des règles de l'accession, sont incorporés à l'immeuble. Et comme d'un autre côté, la loi lui refuse toute indemnité pour amélioration, il s'ensuit qu'à la cessation de l'usufruit, le nu-propriétaire peut garder les constructions, plantations et ouvrages, sans avoir à lui rien rembourser pour cela. — Des auteurs ont pourtant nié une conséquence aussi claire des principes du Code. Elle a pour unique base, a-t-on dit, la présomption admise autrefois, que celui qui construit sur un fonds qu'il sait être à autrui, est réputé donner ses matériaux au propriétaire. Or, cette présomption étant rejetée par le Code (555), la conséquence qu'on en tirait contre l'usufruitier doit être rejetée également. — Erreur! la solution portée en droit romain contre l'usufruitier est si peu fondée sur une donation qu'il serait présumé avoir faite de ses matériaux, qu'on lui reconnait le droit de les revendiquer s'ils viennent à être détachés (4). Pothier, sans doute, dit de l'usufruitier, pour lui refuser la répétition de ses impenses : *donasse videtur ;* mais c'est surabondamment et après avoir présenté en première ligne les raisons sur lesquelles je viens de m'appuyer. Quant aux rédacteurs du Code, en motivant l'art. 599, ils n'ont pas dit un mot de cette présomption de libéralité, qui en effet n'est pas naturelle. C'est d'après de tout autres considérations qu'ils se sont déterminés. (V. n. 306).

---

(1) ff. 15, pr. *de usuf.* — (2) Lois civiles, liv. I, tit. xi, sect. 1, n. 18. — (3) V. encore Douaire, n. 272. — (4) *Dict.* ff. 15.

309. On a, conformément à ces principes, décidé en première instance, en appel et en cassation, que le nu-propriétaire a le droit de garder, sans être tenu d'aucune indemnité, même des constructions d'une valeur considérable faites par un usufruitier. Les auteurs dont j'ai parlé n. 308, comme n'admettant pas cette solution, prétendent que ce n'est point l'art. 599 qui est applicable aux constructions, mais bien l'art. 555, 1er et 2e al., concernant le possesseur de mauvaise foi; qu'en conséquence, le propriétaire a bien le droit d'obliger l'usufruitier à enlever les constructions par lui élevées, mais que s'il les garde, il doit payer ce qu'elles ont coûté. Les contructions ne seraient pas comprises sous l'expression améliorations. Mais Domat et Pothier les y comprennent expressément, et cela, en statuant sur la question même qui nous occupe. Évidemment, en reproduisant leur doctrine, l'art. 599 donne aux termes dont ils se sont servis le sens qu'ils y attachaient eux-mêmes. D'ailleurs, divers autres articles du Code qui emploient le mot améliorations, comprennent incontestablement aussi les constructions sous cette expression (art. 861, 864, 1437, 1634, 2133 et 2175). L'art. 599 statue, comme l'a fait Pothier, sur toutes les dépenses qui ont augmenté la propriété. Or les dépenses de construction sont de ce nombre. On aurait beau jeu à faire ressortir l'arbitraire et l'incertitude des théories imaginées pour préciser le sens restreint et limité dans lequel l'art. 599 prendrait le mot améliorations. Au fond, interpréter cet article comme ne comprenant pas les constructions, c'est supposer le législateur bien peu conséquent. En effet, y a-t-il la moindre différence à faire entre une construction et toute autre amélioration? Ainsi, voilà un usufruitier qui a desséché un marais, défriché des landes, exhaussé une maison, planté dans des terrains impropres à la culture; et l'on n'hésite pas à lui appliquer l'art. 599, c'est-à-dire à reconnaître au propriétaire le droit de profiter sans indemnité de la plus-value qui en résulte pour sa propriété, tandis qu'on le lui refuse quand la plus value résulte d'une construction nouvelle, qui peut n'avoir pas à beaucoup près la même importance. Toute amélioration quelle qu'elle soit, faite par l'usufruitier, est soumise à la règle de l'art. 599, cet article étant conçu en termes absolus, et n'admettant dès lors ni distinction ni exception.

On a dit encore que ces expressions de la loi : « les améliorations qu'il prétendrait avoir faites, » indiquent qu'elle n'entend parler que d'ouvrages qui pourraient bien au fond ne pas constituer une véritable amélioration, mais non de constructions qui augmenteraient sensiblement la valeur de la propriété. Cette induction est détruite par ces mots précis : « encore que la valeur de la chose en fût augmentée, » mots qui expliqués d'ailleurs en ce sens par l'exposé de motifs, démontrent que la loi statue bien, comme l'avaient fait Domat et Pothier, en vue d'améliorations réelles, évidentes. Quant à l'objection tirée de ce que le propriétaire s'enrichit alors aux dépens de l'usufruitier, comme on est bien obligé de n'en tenir aucun compte en thèse générale, c'est une inconséquence de s'y arrêter au cas particulier de construction.

Les constructions sont donc bien régies par l'art. 599 ; et cela devient plus évident encore lorsqu'on voit les objections qui s'élèveraient contre l'application de l'art. 555. Si l'art. 555 régissait les rapports du propriétaire avec l'usufruitier, il s'appliquerait, comme le veut son texte, non seulement aux constructions, mais encore aux plantations et ouvrages faits par l'usufruitier, par conséquent, à toutes les améliorations ou peu s'en faut ; de sorte que l'art. 599 resterait à peu près sans application, contre la volonté formelle du législateur. L'art. 555 s'occupe des plantations, constructions et ouvrages faits par un tiers. Or un tiers, c'est une personne qui est sans titre particulier à l'égard du propriétaire. Cette qualification ne convient pas à ceux qui ont un rapport légal avec lui, tels qu'un usufruitier, un fermier, etc. Par cette raison déjà, l'art. 555 ne paraît concerner que le simple possesseur et être étranger à l'usufruitier. Au fond, d'ailleurs, la disposition de cet article concernant le possesseur de mauvaise foi ne saurait raisonnablement être appliquée à l'usufruitier. Serait-il équitable en effet que le propriétaire ne pût garder les constructions, plantations et ouvrages faits par l'usufruitier et dont ce dernier a joui longtemps peut-être, qu'à la charge, comme le veut l'art. 555, de payer tout ce qu'ils ont coûté, absolument comme s'ils étaient neufs, et que l'usufruitier n'eût pas été déjà indemnisé, au moins en partie, par sa jouissance ? Sans doute, le propriétaire qui évince un possesseur de mauvaise foi, est tenu à ce remboursement, s'il garde les ouvrages faits sur son fonds. Mais aussi, chose qu'on n'a pas assez remarquée, il se fait restituer les jouissances, lesquelles se sont accrues par suite et depuis l'existence de ces ouvrages. C'est donc comme si on les lui restituait neufs. — Des auteurs, sentant qu'effectivement l'art. 555 ne saurait s'appliquer textuellement entre l'usufruitier et le nu-propriétaire, n'astreignent ce dernier qu'au remboursement de la plus-value. Mais c'est là n'appliquer ni l'art. 555 ni l'art. 599, et par conséquent faire de l'arbitraire. Si l'art. 555 était appli-cable au nu-propriétaire, il faudrait le lui appliquer tel qu'il est (1).

310. Si l'usufruitier continuait de jouir après l'extinction de l'usufruit (arrivée autrement que par consolidation), il serait tenu de restituer les fruits ; car, comme il ne peut d'ordinaire ignorer le fait qui a mis fin à son droit, il possède de mauvaise foi. Voilà la solution que demandent les principes. Une loi romaine l'applique à une femme à qui son mari avait légué un usufruit pour jusqu'à la puberté de leurs enfants et qui avait continué de jouir après cette époque (2). On a décidé de même contre des père et mère qui, ayant continué de jouir des biens de leurs enfants après l'âge de 18 ans ou après l'émancipation, alléguaient avoir ignoré que l'âge de 18 ans et l'émancipation éteignent l'usu-fruit légal. On n'est pas admis à invoquer une erreur de droit pour s'approprier ce qui est à autrui (3). — Exceptionnellement, l'usufruitier peut ignorer l'extinction de son droit, par exemple, dans certains cas de condition résolutoire, comme si l'usufruit établi à titre gratuit entre-vifs est révoqué par survenance d'enfant (960 et s.), ou s'il se résout par la résolution du droit du cons-tituant, l'usufruitier ignorant d'ailleurs la cause de résolution. En ces cas et autres où il y aurait erreur de fait, l'usufruitier ferait les fruits siens tant que durerait sa bonne foi.

Si l'usufruit portait sur des choses qui ne produisent pas de fruits, l'usufruitier est simplement tenu de dommages-intérêts s'il tarde à les remettre au propriétaire. Seulement, d'après la règle générale, il n'encourt de dommages-intérêts qu'à partir de sa demeure. D'après cela, si l'usufruit portait sur une maison habitée par l'usufruitier ou ses héritiers, ils ne pourraient obtenir un délai pour vider les lieux qu'à charge de payer un loyer (4).

311. Si l'usufruitier doit restituer des sommes d'argent, ces sommes ne produisent intérêt que du jour de la demande, puis-que telle est la règle pour ces sortes d'obligations (1153) et que la loi n'y a pas fait exception pour le cas qui nous occupe. Par là sans doute, l'usufruitier continuera en réalité de jouir après

(1) Cass. 23 mars 1825. Bourges, 24 nov. 1837. Proudhon, n. 1441, 1445. Salviat, 1, p. 154. — Contr. Delvincourt. Duranton, n. 380. Mar-cadé. Demolombe. Zachariæ, Annot. p. 150. — (2) L. 5, C. *de usuf.* — (3) ff. 7, *de jur. ignor.* Cass. 18 nov. 1806, 5 août 1812. Proudhon, n. 232. — (4) Proudhon, n. 2383. Demolombe, n. 638.

l'extinction de l'usufruit. Mais cela tient à ce que l'art. 1153 est basé sur cette idée admise autrefois, mais rejetée aujourd'hui par la science économique, que l'argent ne produit pas de fruits. — Il en est qui, se fondant sur la règle que le nu-propriétaire a droit aux fruits civils du jour où l'usufruit est éteint (586), font courir de plein droit à son profit les intérêts des sommes que lui doit l'usufruitier. Mais la règle invoquée ne s'applique qu'aux capitaux qui produisent effectivement des intérêts par suite d'un placement, par exemple, au cas où une créance grevée d'usufruit et productive d'intérêts n'a pas été remboursée à l'usufruitier, au cas encore où des sommes ont été placées par application des art. 602 et 603. Lorsque l'usufruitier est débiteur d'une somme d'argent, ce n'est plus l'hypothèse de l'art. 586, mais celle de l'art. 1153. L'art. 1570 décide bien le contraire pour l'usufruit du mari sur la dot ; mais c'est là une exception au principe général, exception qu'on ne saurait étendre et qui d'ailleurs est motivée par la faveur due à la dot (1).

312. Si, après l'extinction de l'usufruit, l'usufruitier ou son héritier reste en possession, sans que d'ailleurs son titre ait été interverti, il ne peut prescrire par quelque laps de temps que ce soit ; car ce titre s'oppose à la prescription (2236 et s.). Sans doute, l'héritier de l'usufruitier ne succède pas à l'usufruit ; mais il succède au vice de sa possession, puisqu'il n'a pas une possession autre que celle de son auteur.

313. C'est au nu-propriétaire qui prétend avoir désormais droit à la jouissance de sa chose, à prouver que l'usufruit est éteint ; et ce, alors même qu'il ne serait pas le demandeur, comme par exemple, s'il s'était remis en possession, et que ce fût l'usufruitier ou son ayant-cause qui l'actionnât en délaissement. En effet, dès qu'il est établi, comme on le suppose, que la chose a été grevée d'usufruit, c'est à celui qui la prétend dégrevée, à justifier le fait qui a produit la libération (1315, 2ᵉ al.). Jusque-là, la présomption est que l'usufruit subsiste toujours. — Dans la rente viagère au contraire, c'est au rentier ou à son ayant-cause à prouver à chaque terme l'existence de la personne sur la tête de laquelle la rente est établie (1983). La différence tient à ce que l'usufruitier est une fois pour toutes mis en jouissance de la chose pour jusqu'à

---

(1) Cass. 30 nov. 1829. Demolombe, n. 637. Contr. Cass. 11 mars 1846. Zachariæ, Annot. p. 149.

l'extinction de son droit, ce qui établit la présomption en sa faveur ; tandis qu'un rentier n'est point nanti dès le principe des arrérages à venir, mais en est simplement créancier conditionnel, et tenu, à ce titre, de prouver à chaque prestation qu'il a un droit acquis à cette prestation (1). — Si toutefois le propriétaire allègue l'extinction par non usage et qu'au début du procès l'usufruitier ne soit pas en jouissance, c'est à lui à prouver qu'il a usé depuis moins de 30 ans, parce que l'usage est soumis aux principes de la possession et que la possession antérieure n'est présumée qu'en faveur du possesseur actuel (2234).

De ce que c'est au nu-propriétaire à prouver l'extinction de l'usufruit, il suit qu'il ne pourrait, l'usufruitier fût-il présumé absent, reprendre la jouissance de la chose, puisque l'absence simplement présumée ne permet pas l'exercice, même provisoire, des droits subordonnés à la condition du décès de l'absent. Mais il le pourrait, si l'absence venait à être déclarée, sauf le droit pour le conjoint de l'usufruitier de demander la continuation provisoire de la communauté, et de retarder par là jusqu'à l'envoi en possession définitif la rentrée en jouissance du nu-propriétaire. Bref, le nu-propriétaire, en cas d'absence de l'usufruitier, est dans la même position que tous autres qui auraient des droits subordonnés à la condition de son décès.

314. Si l'extinction de l'usufruit provient de la faute du nu-propriétaire ou d'un tiers, comme si c'est le nu-propriétaire ou un tiers qui **a** détruit la chose grevée d'usufruit, celui qui est cause de l'extinction doit, comme de juste, en vertu du principe général écrit dans l'art. 1382, indemniser l'usufruitier de la perte de son droit. Il en est de même si l'auteur de cette perte est un preneur à bail ou un cessionnaire de l'usufruitier ; car il est d'abord, comme toute autre personne, soumis envers l'usufruitier à l'application de l'art. 1382. Il est de plus, au moins en général, tenu par une convention entre lui et l'usufruitier. C'est ainsi qu'une loi romaine supposant l'usufruit éteint par la faute du nu-propriétaire qui avait pris à bail de l'usufruitier, donne à ce dernier contre lui l'action résultant du louage pour se faire indemniser (2), solution qui n'est qu'un cas particulier d'application de cette règle de droit commun qu'un preneur doit jouir de manière à ne causer aucun dommage au locateur. — Lorsque l'usufruit

---

(1) Duranton, n. 648. — (2) ff. 29, *quib. mod. ususf.*

avait été cédé, ce n'est d'ordinaire que le cessionnaire lui-même qui souffrira de l'extinction de l'usufruit, lui seul ayant droit à la jouissance. Toutefois, l'usufruitier en souffrira également et aura dès lors droit à une indemnité, s'il survient une cause de résolution ou révocation qui l'autorise à reprendre la jouissance, par exemple, en cas de vente de l'usufruit, si l'acheteur ne paie pas le prix, en cas de donation, si le donataire est ingrat.

L'indemnité due à l'usufruitier semblerait devoir se résoudre en une redevance annuelle représentant le revenu de la chose et devant durer jusqu'au terme naturel de l'usufruit. Il est plus juste pourtant de lui allouer une somme en argent équivalente à la valeur de la chose, afin que cette somme soit mise à sa disposition comme l'était la chose même qui a péri et qu'elle représente. De cette sorte, la réparation forme un équivalent plus exact, et l'usufruitier n'a pas à craindre l'insolvabilité à venir du débiteur. Il en est ainsi alors même que l'indemnité serait due par le propriétaire, parce qu'il y a même raison. Dans tous les cas, l'usufruitier, à la fin de l'usufruit, restituera ce capital au nu-propriétaire.

315. Si la chose qui a péri était assurée, l'usufruitier a-t-il quelque droit au prix d'assurance ? — En droit, le prix d'assurance ne représente pas la chose assurée ; il n'est que l'équivalent ou la compensation de la prime, et revient dès lors à celui qui paie la prime. D'ailleurs les contrats n'ont d'effet qu'entre les parties contractantes. Cela étant, l'assurance faite par le propriétaire seul reste étrangère à l'usufruitier. Celle faite par l'usufruitier seul reste étrangère au propriétaire. Celle faite par l'un et l'autre conjointement doit profiter à tous deux, au propriétaire pour la nue-propriété, à l'usufruitier pour la jouissance de la somme assurée jusqu'au terme ordinaire de l'usufruit, puisque telle est la mesure ordinaire de leurs droits respectifs ; et il en devrait être de même si l'assurance ayant été faite par le propriétaire seul, l'usufruitier se chargeait de la prime, parce qu'il y aurait là de la part du propriétaire au profit de l'usufruitier cession des effets de l'assurance pour la durée de l'usufruit (1).

---

(1) Grun et Joliat, ass. terr. n. 91. Zachariæ, Annot. p. 147. Besançon, 26 fév. 1856. — Contr. Cass. 29 déc. 1824. Colmar, 25 août, et Paris, 5 mai 1826. Proudhon, n. 1596, 1609, 1610.

CHAPITRE V.

DU QUASI-USUFRUIT.

SOMMAIRE.

316. J'ai déjà parlé (n. 51) de ce droit que la loi appelle simplement usufruit. Il s'applique 1° aux choses d'une nature physique telle que le premier usage en entraîne la perte ou consommation. Telles sont toutes les substances alimentaires solides ou
liquides, les combustibles, la parfumerie, les cosmétiques, les
drogueries, certaines matières premières, comme la laine ; 2° aux
choses qui, sans être d'ailleurs de nature à se consommer par le
premier usage, seraient, d'après les circonstances et l'intention
des parties, considérées comme quantité. Telle est notamment la
monnaie ayant cours. Une pièce de monnaie subsiste sans doute,
nonobstant l'usage qu'on en a fait. Mais elle est perdue pour celui
qui l'a employée. On ne peut donc la conserver tout en s'en
servant. Telles sont encore certaines matières premières, comme
du métal brut, un lingot livré au poids.

La pratique appelle *fongibles* ces deux classes de choses. La loi
les désigne avec justesse au point de vue de la matière sous l'expression générale de choses dont on ne peut faire usage sans les
consommer (587).

Je n'énoncerai au sujet du quasi-usufruit que les règles qui le
distinguent de l'usufruit.

317. Le quasi-usufruitier a le droit de se servir des choses soumises au quasi-usufruit (587). Il peut donc les consommer, puisque l'usage en emporte consommation ; d'où il suit qu'au lieu de
les consommer pour son propre usage, il peut les vendre, les
donner, comme si son titre lui attribuait la propriété. Le quasi-

usufruit est donc plus que l'usufruit : il confère la propriété même des choses, sauf pour l'usufruitier l'obligation d'en rendre l'équivalent en choses pareilles ou en argent.

De là il résulte qu'il n'est pas tenu des obligations qui incombent à un usufruitier véritable pendant sa jouissance ; car il n'est pas obligé de conserver les choses elles-mêmes.

Il en résulte également que ces choses sont à ses risques ; car ce qu'il doit au propriétaire, ce ne sont pas les choses mêmes qu'il a reçues, c'est l'équivalent en nature ou en argent. Si donc celles qu'il a reçues périssent entre ses mains, même par cas fortuit ou force majeure, c'est sur lui que tombe la perte, conformément aux principes généraux des obligations ; car il n'en est pas moins tenu de restituer l'équivalent à la fin de l'usufruit. Il est entendu que si la perte arrivait avant que les choses lui eussent été livrées, il n'aurait pas de restitution à faire au propriétaire, parce qu'on ne peut être tenu de restituer ce que l'on n'a pas reçu.

318. Souvent une chose non fongible comprend des accessoires fongibles. Tels sont : dans tout immeuble la plupart des accessoires réputés immeubles, dans un fonds de commerce les marchandises, dans une fabrique les matières premières et en général les approvisionnements, le combustible par exemple. Une collection forme aussi une propriété dans laquelle les objets individuels doivent être considérés comme fongibles, par exemple, dans un troupeau les têtes isolément prises. — En pareils cas, ce sont les règles distinctives de l'usufruit qui sont applicables à la chose principale ou à la collection. Ainsi, la chose principale ou la collection continue d'appartenir au nu propriétaire et d'être à ses risques (arg. art. 616 1er al.). Quant aux accessoires de la chose principale ou aux objets individuels composant la collection, ils sont, en fin de compte, régis par les principes du quasi-usufruit, parce que la seule obligation de l'usufruitier à leur égard est d'en représenter à l'extinction de son droit pour une valeur égale ; de sorte que ceux qui lui ont été délivrés sont à ses risques et qu'il peut en disposer, à charge, bien entendu, de remplacement. — Quant aux accessoires qui ne sont pas des choses fongibles, tels que machines, ustensiles, meubles meublants, ils restent en tous points soumis aux règles de l'usufruit véritable et sont dès lors régis par l'art. 589.

319. Le quasi-usufruit ne prend fin que par la mort du quasi-usufruitier, quand le quasi-usufruit appartient à un particulier, et par la durée de 30 ans dans le cas contraire, par l'expiration du

terme que le titre constitutif fixerait au quasi-usufruit, et par la renonciation du quasi-usufruitier. Les autres modes d'extinction de l'usufruit sont inapplicables au quasi-usufruit. En effet, le quasi-usufruit ne peut s'éteindre par consolidation. Car la consolidation est l'effet de l'acquisition de la propriété par celui qui n'a que l'usufruit. Or, le quasi-usufruitier est dès l'origine propriétaire. Il ne peut finir non plus par non usage, puisqu'il constitue un droit de propriété et que le droit de propriété ne se perd pas par non usage. Enfin il ne finit pas davantage par la perte des choses, puisque l'usufruitier n'est pas débiteur d'un corps certain.

320. Le quasi-usufruitier doit rendre « des choses de pareille quantité, qualité et valeur (1), ou leur estimation, à la fin de l'usufruit. » (587.) — Donc, disent des auteurs, il est tenu sous une alternative, et le choix dès lors lui appartient, telle étant la règle dans ces sortes d'obligations (2). — Mais alors à quelle époque s'attacher pour l'estimation, si c'est le montant de l'estimation que l'usufruitier préfère restituer? — Les uns disent : les mots « à la fin de l'usufruit » sont séparés par une virgule de ceux-ci : « ou leur estimation. » Ils se rapportent donc à la phrase entière et indiquent dès lors le terme de la restitution et non l'époque à considérer pour l'estimation. C'est à l'époque de la délivrance qu'il faut s'attacher pour l'estimation ; car, puisque c'est à cette époque que l'usufruitier acquiert les choses grevées d'usufruit, il a bien en réalité reçu la valeur qu'elles avaient alors. Or, il doit rendre la valeur même qu'il a reçue, s'il ne restitue pas une quantité semblable en nature (3). — Avec cette interprétation, les chances résultant de la différence du prix des choses au commencement et à la fin de l'usufruit seraient tout en faveur de l'usufruitier, qui ne manquerait pas de se libérer en restituant les choses en nature, si le prix en était alors moins élevé, et, dans le cas contraire, la valeur qu'elles avaient lors de la délivrance. Or l'équité veut que s'il y a des chances, elles soient égales. Si donc deux modes de restitution sont offerts à l'usufruitier, ils doivent présenter le même résultat économique pour lui et pour le nu-propriétaire. Par conséquent, si l'usufruitier, ayant l'alter-

---

1) Le mot *valeur* est de trop Il suffisait de dire « en même quantité et qualité », comme le disent le ff. 7, *de usuf. ear. rer.* pour le quasi-usufruit même, et l'art. 1902, C. N. pour un cas analogue. — (2) Proudhon, n. 1006. Massé, 3, n. 459. — (3) Proudhon, n. 2634. Zachariæ, p. 126.

native, restitue l'estimation, il faut prendre la valeur des choses à l'époque où l'usufruit s'éteint ; et tel est le sens que quelques-uns donnent à l'art. 587. De cette sorte en effet, peu importe pour les parties que la restitution ait lieu en nature ou en argent, puisque si l'usufruitier ne restitue pas en nature la quantité qu'il a reçue, il restitue la valeur même qui la représente au cours du jour (1). — Toutefois ce n'est pas encore là précisément, suivant moi, ce que veut dire l'art. 587.

D'après une loi romaine, l'usufruitier n'est pas tenu sous une alternative. Il doit toujours restituer en nature si les choses n'ont pas été estimées lors de la délivrance, et le montant de l'estimation si elles ont été estimées (2). — Domat, se fondant sur cette loi, oblige l'usufruitier à rendre « selon la condition de son titre, ou une pareille quantité de même nature que celle qu'il a reçue, ou la valeur des choses au temps qu'il les a prises. » C'est sans doute cette règle qu'entend consacrer le Code. En effet, il ne dit pas : « l'usufruitier rendra ou des choses en nature, ou leur valeur », expressions qui créeraient effectivement une obligation alternative. Il dit « ou leur estimation », expression qui n'a pas du tout le même sens et qui suppose qu'une évaluation a été faite; car le mot estimation désigne une opération, un fait. Le sens de la loi française est donc, comme celui de la loi romaine, que l'usufruitier rendra, tantôt les choses en nature, tantôt leur estimation (suivant qu'il y aura eu ou qu'il n'y aura pas eu estimation.) Et c'est ce que veulent les principes. Celui qui reçoit certaines choses à charge de restitution, devient débiteur des choses mêmes et non de leur valeur. Donc, lorsque l'usufruitier reçoit sans estimation les choses grevées d'usufruit, il est par là constitué débiteur des choses elles-mêmes, si elles ne sont pas fongibles, et de choses semblables si elles sont fongibles. Lors au contraire que des choses fongibles ont été estimées au moment de la délivrance, c'est, comme en tant d'autres cas analogues, le montant de l'estimation qui devient l'objet de l'obligation. L'art. 1532 le décide même expressément pour l'usufruit du mari sur les biens de sa femme dans le mariage sans communauté. L'estimation détermine la valeur qui a été délivrée à l'usufruitier et qui est dès lors celle qu'il doit restituer. (V. cas analogues, art. 950, 868, 453.) — Ainsi, l'art. 588 indique bien deux modes de restitution, mais applicables chacun

---

(1) Delvincourt. Massé, 3, n. 489. — (2) ff. 7, *de usuf. car. rer.*

à une hypothèse différente. L'objet de l'obligation est toujours un et il se trouve déterminé dès l'origine ; ce qui fait que les chances provenant de la différence des prix au commencement et à la fin de l'usufruit, sont partagées et indépendantes de la volonté de l'une ou l'autre des parties (1). — En pratique, il vaut mieux faire une estimation, dit le droit romain. C'est le moyen, en effet, de prévenir les difficultés qui pourraient, lors de la restitution, s'élever sur la qualité des choses (2). — Cette estimation est prescrite entre époux dans le régime exclusif de communauté (1532).

A défaut d'estimation, l'usufruitier doit restituer en nature. Faute par lui de le faire, il sera, conformément aux principes généraux, tenu de dommages intérêts pour inexécution de son obligation ; et ces dommages intérêts seront, comme de juste, basés sur la valeur des choses à l'époque de l'extinction de l'usufruit, parce que la quantité due doit être représentée par l'équivalent en argent. C'est ainsi qu'un emprunteur, tenu de rendre des choses de même espèce, qualité et quantité que celles qui lui ont été prêtées, doit, faute par lui de les rendre en nature, en payer la valeur au temps et au lieu où la chose devait être rendue d'après la convention (1903). Par là, en effet, le créancier (nu-propriétaire, prêteur, etc.), obtient toujours la même valeur au point de vue économique, et le débiteur de son côté, ayant à débourser autant dans un cas que dans l'autre, n'a aucun intérêt à restituer de telle façon plutôt que de telle autre. Ainsi, lorsque les choses n'ont pas été originairement estimées, j'arrive au même résultat que ceux qui, en admettant pour tous les cas une alternative en faveur de l'usufruitier, se réfèrent pour l'estimation à l'époque où l'usufruit s'éteint.

---

(1) Duranton, n. 577. Demolombe, n. 293. Marcadé. — (2) ff. 7, *de usuf. ear. rer.* C'est cette pratique que reproduisent les Institutes § 2, *de usuf.*

CHAPITRE VI.

USUFRUIT LÉGAL DES PÈRE ET MÈRE.

***

SOMMAIRE.

321. A qui il appartient.
322. Il ne suit pas nécessairement l'autorité paternelle.
323. Les père et mère naturels n'y ont pas droit.
324. Il est indépendant de la tutelle.
325. Il est universel, mais ne comprend pas :
326. 1° Les biens qu'acquièrent les enfants par un travail séparé ;
327. 2° Ceux donnés avec la clause qu'ils n'y seront pas soumis. Cette clause a-t-elle effet pour la réserve ?
328. 3° Ceux d'une succession dont les père et mère sont indignes.
329. Le père ou la mère qui a joui indûment doit compte des fruits.
330. L'usufruit paternel est soumis aux règles générales de l'usufruit.
331. Ainsi, il est cessible et saisissable.
332. Il entraîne les charges ordinaires et des charges spéciales.
333. Sa durée ordinaire.
334. Causes de déchéance ou privation de cet usufruit. *Quid* de la séparation de corps et de l'inconduite notoire ?
335. Du défaut d'inventaire prévu par l'art. 1442. — L'inventaire infidèle a le même effet.
336. L'usufruit paternel s'éteint aussi par les modes ordinaires.
337. Si la cause d'extinction est annulée, l'usufruit subsiste.

321. L'usufruit dont il s'agit ici est un attribut de la puissance paternelle, un émolument destiné à compenser parfois les soins et les dépenses qu'elle entraîne d'ordinaire. Il forme un droit utile, le seul, du reste, qui soit attaché à cette puissance, dont les autres effets sont plutôt onéreux, c'est-à-dire établis en faveur des enfants (1). On l'appelle souvent pour cela usufruit paternel.

***

(1) Fenet, X, p. 482, 521.

Il appartient « au père durant le mariage et après la dissolution du mariage, au survivant des père et mère. » (384.) La mère survivante jouit donc des mêmes droits que le père. Le législateur moderne, contrairement au droit écrit, mais à l'exemple de quelques coutumes, notamment de celle de Paris, établit un droit égal, une égale indemnité là où la nature établit égalité de peines, de soins et d'affections (1). Seulement, tant que le mariage dure, par conséquent, tant que le père vit, lui seul peut avoir l'usufruit, parce que c'est là un attribut de la puissance paternelle, puissance que le mari seul exerce durant le mariage (373). La mère n'y a droit qu'après la dissolution du mariage.

322. Il se peut que la mère exerce exceptionnellement l'autorité paternelle du vivant même du père, comme si ce dernier est absent, interdit, privé de la puissance paternelle pour attentats aux mœurs contre ses enfants. Il serait équitable qu'en pareil cas elle fût immédiatement admise à l'émolument attaché à la puissance paternelle, puisqu'elle en a la charge. Mais l'art. 384 est précis. D'un côté, il n'accorde pas l'usufruit à la mère durant le mariage, sans faire d'exception pour le cas où elle serait appelée à exercer l'autorité paternelle. D'un autre côté, il n'en prive pas le père absent ou interdit, qui n'exerce pas cette autorité. L'usufruit légal est donc quelquefois séparé de l'exercice de l'autorité paternelle. C'est une institution de droit positif ; elle n'a donc lieu que dans les cas où la loi l'a expressément établie. Or la loi n'a nullement admis que cet usufruit accompagnerait toujours l'autorité paternelle (2).

323. Des termes de l'art. 384 (« le père durant le mariage et après la dissolution du mariage, le survivant.. »), il résulte que les père et mère naturels, bien qu'ayant l'autorité paternelle, n'ont pas l'usufruit. Et cette décision est encore démontrée par l'art. 383, qui ne déclare communs aux père et mère naturels que les art. 376-379 relatifs au droit de correction. L'usufruit étant un bénéfice, il est moral de le refuser aux père et mère naturels (3).

324. L'usufruit paternel est d'ailleurs indépendant de la tutelle. Ainsi, le survivant qui n'aurait pas la tutelle, qui même en aurait été destitué, n'en conserverait pas moins son droit à l'usu-

----

(1) Fenet, X, p. 522, 532. — (2) Duranton, 3, n. 384. Demolombe, 6, n. 484. Proudhon et Valette, 2, p. 262. — Contr. Marcadé, art. 384. — (3) Tous les auteurs, sauf Favard, v° Enf. nat. Salviat, 2, n. 110.

fruit (1). — S'il a tout à la fois l'usufruit et la tutelle, ses obligations comme usufruitier entrent dans le compte de tutelle et emportent dès lors hypothèque, parce que, comme tuteur, *debet a semetipso exigere*. De même, il a seul qualité pour agir ou défendre en justice contre les tiers et pour la propriété et pour la jouissance, mais au nom et aux frais du mineur pour la propriété, en son propre nom et à ses propre frais pour la jouissance. — En ce cas, c'est au subrogé tuteur à provoquer contre lui les mesures que peuvent réclamer les intérêts des enfants comme nu-propriétaires, le tuteur ayant en cela des intérêts opposés à ceux du mineur (420). Par application de cette règle combinée avec celle qui résulte de l'art. 618, on a jugé qu'en cas de licitation de biens indivis entre un majeur et un mineur, si le père ou la mère ayant l'usufruit légal gère mal, le subrogé tuteur peut demander et le tribunal ordonner par une clause insérée au cahier des charges que la portion de prix revenant au mineur restera jusqu'à sa majorité ou son émancipation entre les mains de l'adjudicataire (2). Le pouvoir pour le subrogé tuteur de nommer l'expert chargé d'estimer les biens au cas de l'art. 453, est l'application du même principe.

325. L'usufruit établi par l'art. 384 est universel ; car il porte sur tous les biens des enfants. Il s'étend donc à tous ceux qui n'en sont pas expressément exceptés (n. 63). Il porterait donc même, par exemple, sur une rente viagère ou un usufruit constitués au profit des enfants, puisque cette rente viagère et cet usufruit sont des biens qui leur appartiennent (3). — Peu importe d'ailleurs, pour qu'un bien soit soumis à cet usufruit, l'époque où il est advenu aux enfants.

L'acquisition d'un trésor est un don de la fortune. Par conséquent, les père et mère auraient l'usufruit de la moitié revenant à l'enfant, soit comme inventeur, soit comme propriétaire du fonds sur lequel le trésor aurait été trouvé, et ce, alors même, au dernier cas, que le fonds ne serait pas grevé de leur usufruit, parce que le trésor n'est pas un fruit du fonds (4).

La loi ne soumet pas à l'usufruit paternel :

326. 1° « Les biens que les enfants acquerraient par un travail et une industrie séparés » (387). C'est là un encouragement

---

(1) Paris, 23 déc. 1810. Aix, 30 juillet 1813. — (2) Cass. 20 juin 1843. — (3) Proudhon, n. 154. — (4) Id. n. 150. Demolombe, 6, n. 503 et s. Duranton, 5, n. 373.

donné au travail et à l'industrie (1). — Le travail séparé est celui qui s'exerce en dehors des intérêts ou de la profession du père, comme si l'enfant travaille pour autrui, s'il exerce un métier qui lui soit propre. Peu importe du reste à cet égard que l'enfant demeure avec ses père et mère, puisque la loi ne fait pas cette distinction (2).

327. 2° « Ceux qui seraient donnés ou légués aux enfants sous la condition expresse que les père et mère n'en jouiront pas » (387). — Régulièrement, celui qui fait une libéralité est maître de la faire comme bon lui semble. — La condition dont il s'agit doit être *expresse*. Le Code sans doute ne la soumet pas à des termes sacramentels; mais elle doit résulter des termes mêmes de l'acte. On ne pourrait l'induire de l'intention tacite du disposant. Par exemple, de ce qu'un testateur aurait institué le père conjointement avec son enfant mineur, il ne faudrait pas conclure qu'il a entendu refuser au père l'usufruit de la portion revenant à l'enfant. Le doute doit s'interpréter en faveur des père et mère, parce que l'usufruit légal forme la règle (3).

La Nov. 117, qui autorisait aussi la même condition, la déclarait sans effet pour la légitime des enfants. Cette décision, admise par nos anciens auteurs, doit-elle encore être suivie? — Les biens réservés, peut-on dire, sont transmis aux réservataires par la loi même. Or la loi les leur transmet avec les effets résultant du droit commun, par conséquent avec la charge de l'usufruit légal, qui forme la règle. D'un autre côté, la transmission légale rend inutile et sans objet une transmission ou disposition de l'homme. Si donc une disposition de cette sorte a été faite, il n'y a pas à en tenir compte (4). — Toutefois la disposition de l'homme, inutile en tant qu'elle transmettrait simplement la réserve aux réservataires, devient inutile, et, partant, doit avoir effet pour ce qu'elle contient de plus avantageux que la transmission légale. Or dans l'espèce, elle donne aux enfants l'usufruit, que la transmisson légale ne leur donne pas. Elle doit donc avoir effet à cet égard. C'est ainsi qu'en droit romain, le legs fait à un créancier de ce qui lui est dû, produit effet, s'il est sous quelque point de vue plus avantageux

---

(1) Fenet, p. 542. — (2) Proudhon, n. 148, 149. Demolombe, n. 499. — (3) Demolombe, n. 508. Proudhon, n. 151, 153. Marcadé. — (4) V. mon Traité, n. 52. Catellan, liv 4, cap. 80. Chabrol, sur Auvergne, chap. 11, art. 2, sect. 1, etc.

que le droit de créance (1). D'un autre côté, les règles sur la réserve ne sont établies qu'en faveur des réservataires. Aussi leur seul et unique effet est-il d'autoriser les réservataires à faire annuler les dispositions portant atteinte à leur droit. Or les père et mère, en tant qu'ayant l'usufruit légal, ne sont pas des réservataires. Ils n'ont donc pas le droit de faire annuler les dispositions qui les en priveraient. Décider autrement, c'est juste tourner contre les réservataires des règles introduites en leur faveur (2). — Si même il s'agit d'une donation entre-vifs, on conviendra que, tant que vit le donateur, la condition qui exclurait l'usufruit légal, doit recevoir effet, parce que la réserve ne pouvant être établie et connue qu'au décès du donateur, celui-ci reste libre de disposer pour toute sa vie comme bon lui semble. On ne saurait prétendre, de son vivant, qu'il a disposé de biens réservés. Ce n'est qu'à son décès que s'ouvrirait le droit des père et mère de demander la nullité de la clause qui exclurait l'usufruit légal, si ce droit existait.

Parmi les auteurs qui considèrent cette exclusion comme nulle, quelques-uns ajoutent que si le père ou la mère accep'e pour le mineur sans protestation ni réserve, une disposition où elle se trouverait, il renonce tacitement par là à son usufruit (3). Toutefois, en se plaçant même sur le terrain de ces auteurs, pareille acceptation ne serait opposable aux père et mère au sujet d'une disposition entre-vifs, que du vivant du donateur. Elle cesserait toujours de l'être après son décès, parce qu'on ne peut valablement renoncer d'avance aux droits dépendant d'une succession.

328. 3° Lorsque des enfants recueillent une succession dont leur père ou mère est exclu pour indignité, l'indigne n'est pas admis à l'usufruit légal des biens qui en proviennent (730). La loi ne veut pas qu'il retrouve dans l'usufruit une partie du profit dont il a été jugé indigne. — Du reste, cette exclusion ne frappe que l'indigne. Ainsi, le père a le droit de jouir d'une succession dont la mère est indigne, et réciproquement. Si toutefois l'époux non héritier a participé au fait d'où résulte l'indignité, il doit participer également à l'exclusion de l'usufruit légal, exclusion qui en est la peine (4).

---

(1) Inst. *de leg.* § 14. — (2) Delvincourt. Maleville. Valette, sur Proudhon, 2, p. 264. Contr. Proudhon, n. 152. Duranton, n. 376. Marcadé, art. 387. Demolombe, 6, n. 513. Zacharie, 1, n. 570. — (3) Toullier, 2, p. 348. Proudhon, n. 152. — (4) Proudhon, n. 155, 156. Duranton, 3, n. 377. Demolombe, n. 518, 519. Contr. Chardon, n. 121.

Lorsque des enfants recueillent une succession par suite de la renonciation du père ou de la mère, il y a lieu à l'usufruit paternel. Car la loi n'a pas fait pour ce cas exception à la règle ordinaire; et comme la qualité d'héritier est tout-à-fait distincte de celle d'usufruitier légal, celui qui renonce à la première ne saurait pour cela seul être présumé renoncer à la seconde (1).

329. Le père ou la mère qui aurait joui indûment d'un bien de son enfant, doit restituer les fruits, conformément au principe général (n. 310). — Si toutefois, il n'avait pas l'usufruit légal et qu'il ait nourri et entretenu son enfant, il pourra déduire du montant de cette restitution la nourriture et l'entretien qu'il aura fournis, lesquels, dans l'hypothèse, n'étaient point à sa charge, puisque l'enfant avait des revenus (385, 2°). Cette déduction pourtant ne devrait pas avoir lieu, si l'enfant avait travaillé pour son père, parce que celui qui profite du travail d'un autre lui doit au moins en échange la nourriture et l'entretien (2).

330. Le droit établi par l'art. 384 est un usufruit (n. 19). Il doit donc en principe produire les effets généraux du droit d'usufruit, donner les mêmes droits et entraîner les mêmes charges, sauf les dérogations établies par la loi (n. 70).

Lorsque le survivant des père et mère a l'usufruit légal, ce qui est la règle, il a en sa qualité d'usufruitier le droit de jouir des biens tels qu'ils sont. La loi modifiant pour cela la disposition qui prescrit la vente des meubles appartenant au mineur en tutelle, décide que « les père et mère, tant qu'ils ont la jouissance propre et légale des biens du mineur, sont dispensés de vendre les meubles, s'ils préfèrent de les garder pour les remettre en nature » (453). Dans ce cas, ils doivent les faire estimer par un expert que nomme le subrogé tuteur (453). Il y en a qui veulent que l'expertise soit faite par le commissaire-priseur, s'il y en a sur les lieux. Mais la loi ne limite pas le choix du subrogé tuteur; et ce choix doit être entièrement libre, dans l'intérêt même du mineur (3). Sur l'obligation pour les père et mère de restituer la valeur estimative de ceux qu'ils ne pourraient représenter en nature, v. n. 209.

331. Les droits que la puissance paternelle donne sur la per-

---

(1) Proudhon, n. 158. — (2) Id. n. 237, 238. — (3) Duranton, n. 402. Delvincourt. Contr. Marcadé, sur 385. Zachariæ, 1, p. 573. Orléans, 24 nov. 1819. Caen, 20 déc. 1840.

sonne des enfants sont inaliénables. Les père et mère ne pourraient y renoncer. Il en est autrement de l'usufruit légal, qui est
un droit sur les biens, et qui, à ce titre, est de sa nature susceptible, comme tout autre droit pécuniaire, d'être cédé, hypothéqué et exproprié. On l'a toutefois prétendu incessible. Ce serait
une dérogation à la règle générale de l'art. 595. Or, cette dérogation n'est écrite nulle part. Il ne faut donc pas l'admettre (n. 99).
L'intérêt des enfants est sauf, puisque le cessionnaire ou adjudicataire serait tenu des charges attachées à la jouissance des père
et mère, notamment de celle de la nourriture, de l'entretien et de
l'éducation des enfants, sans que le père ou la mère en fût dégagé
pour cela. V. n. 102 (1). — Cela étant, les créanciers de celui des
père ou mère qui a l'usufruit légal, peuvent saisir les fruits des
biens qui y sont soumis. Seulement, si l'usufruitier légal n'a pas
de biens personnels suffisants pour acquitter les charges de l'usufruit, l'enfant peut demander que la saisie soit annulée, jusqu'à
concurrence de la portion de fruits nécessaire à cet effet, et par
conséquent en totalité, si les charges absorbent la valeur entière
des fruits (2). En effet, l'usufruitier légal n'ayant droit aux revenus
des biens de ses enfants que sous certaines charges, ses créanciers
ou autres ayants-cause ne sauraient avoir de son chef un droit
plus étendu. — Si l'usufruitier légal a des biens personnels suffisants, les enfants sont sans intérêt pour attaquer la saisie. Mais
dans le doute sur ce point, comme leur demande est fondée
en droit, ce serait au saisissant à prouver qu'ils n'ont pas
d'intérêt (3).

La demande d'un enfant doit, comme de juste, être formée par
son représentant légal. Or ce représentant est d'ordinaire l'usufruitier légal lui-même, lequel est en même temps partie saisie à
raison de sa qualité d'usufruitier. Mais peu importe ; car ses intérêts comme saisi ne sont pas opposés à ceux de son enfant.
Le mineur ne doit donc pas être représenté, soit par le subrogé
tuteur, soit par un tuteur *ad hoc* (4).

332. « Les charges de cette jouissance sont :
1° Celles auxquelles sont tenus les usufruitiers ;

---

(1) Proudhon, n. 221, 222. — (2) Id. n. 219, 223. Zachariæ, 1, p. 372.
Demolombe, 6, n. 242. Marcadé, art. 385. Roger, Saisie-arrêt, n. 206.
Colmar. 27 janv. 1835. — (3) Proudhon, ibid. — (4) Id. n. 223. Contr.
Roll. de Villargues, n. 66.

2º La nourriture, l'entretien et l'éducation des enfants, selon leur fortune ;

3º Le paiement des arrérages ou intérêts des capitaux ;

4º Les frais funéraires et ceux de dernière maladie » (385).

Ces charges étant imposées par la loi à l'usufruitier légal, évidemment le conseil de famille des enfants mineurs n'a pas le pouvoir de les mettre à leur compte (1).

L'usufruitier légal en est d'ailleurs tenu alors même qu'elles dépasseraient le revenu des biens (n. 255).

D'après l'économie de la rédaction de l'art. 385, les trois dernières charges indiquées dans cet article sont étrangères à l'usufruitier ordinaire et spéciales aux père et mère (2).

Les père et mère sont d'abord tenus des charges ordinaires de l'usufruit (385 1º), parce qu'en effet leur droit est un usufruit (n. 330). La loi toutefois les dispense de donner caution (601. n. 186). Ce n'est qu'au cas d'abus et par application de l'art. 618, qu'on pourrait les soumettre à un cautionnement. Leur insolvabilité à elle seule ne suffirait pas pour cela. V. n. 189 (3).

Celui qui donne ou lègue aux enfants pouvant disposer sous telles conditions que bon lui semble, peut imposer aux père et mère des obligations que la loi ne leur impose pas, notamment l'obligation de fournir caution. Et cette condition aurait effet même pour les biens réservés, si l'on adopte l'opinion que j'admets n. 327, mais non dans l'opinion contraire (4).

C'est principalement d'après les principes du droit coutumier sur la garde noble et bourgeoise, que le législateur a réglé les charges spéciales de l'usufruit paternel. Les nᵒˢ 2, 3 et 4 de l'art. 385 sont même la reproduction textuelle de l'art. 267 de la Coutume de Paris. L'interprétation que nos anciens auteurs donnaient de cet article doit donc être encore suivie sous le Code.

L'usufruit paternel oblige à nourrir, entretenir et élever les enfants selon leur fortune (385 2º). Les père et mère sont bien tenus en cette qualité de nourrir, entretenir et élever leurs enfants. Mais cette obligation n'existe qu'autant que les enfants sont dans le besoin. L'étendue en est d'ailleurs réglée d'après la fortune des père et mère (203 et s.). Au contraire, l'obligation résultant de l'usufruit légal existe alors même que les enfants auraient des re-

---

(1) Lyon, 16 fév. 1825. — (2) Proudhon, n. 178. — (3) Toulouse, 2 juillet 1821, 26 août 1818. — (4) Cass. 30 avril 1833.

venus personnels provenant soit d'une profession, soit de biens non soumis à l'usufruit ; de sorte que les père et mère ne seraient pas fondés à exiger que ces revenus fussent employés, même en partie, à l'acquittement de cette charge. De plus, l'étendue de l'obligation se règle d'après la fortune des enfants. Enfin, la charge dont est spécialement grevé l'époux usufruitier a pour effet de libérer en totalité ou en partie son conjoint et tous autres ascendants de l'obligation naturelle de fournir des aliments (1).

De l'art. 385 2° il résulte que celui des père et mère qui a l'usufruit légal, est personnellement et directement tenu à raison de cet usufruit envers ceux qui auraient fourni à l'enfant mineur la nourriture, l'entretien ou l'éducation, par exemple, envers l'instituteur de cet enfant, et ce, dans le cas même où ce n'est pas lui, mais le tuteur, par exemple, qui a traité avec l'instituteur (2).

Le père ou la mère usufruitier légal est tenu de payer les arrérages ou intérêts des capitaux (385 3°). Les arrérages ou intérêts à échoir à partir de l'ouverture de l'usufruit constituent une charge de l'usufruit ordinaire, lorsque, comme dans l'espèce, l'usufruit est universel (n. 239, 240, 244). Par conséquent, ils sont déjà mis par le 1° de l'art. 385 au compte des père et mère. Ce n'est donc pas de ceux-là que veut parler le 3°, mais de ceux échus avant l'ouverture de l'usufruit et non encore payés. Ils ne seraient pas à la charge d'un usufruitier ordinaire. Mais le droit coutumier les mettait à la charge du gardien ; c'est la règle que reproduit ici le Code (3).

Il en est qui, en appliquant cette interprétation aux intérêts des sommes exigibles et aux arrérages des rentes constituées, ne l'appliquent pas aux arrérages des rentes foncières ou viagères. Ces arrérages, disent-ils, ne sont pas des arrérages de capitaux, les seuls que comprenne la disposition de la loi ; et comme cette disposition déroge aux règles ordinaires de l'usufruit, elle doit être restreinte dans ses termes. Mais le mot capitaux de l'art. 385 3° ne se réfère qu'aux intérêts ; car on ne dit jamais : arrérages de capitaux. Si l'on veut compléter le mot arrérages, on dit : arrérages de rentes. Le Code a entendu reproduire la règle coutumière. Or cette règle comprenait les arrérages de toute rente

---

(1) Ferrière, 2, p. 998. Proudhon, n. 183 à 188. Marcadé. Duranton, n. 374. — (2) Toulouse, 26 juin 1841. — (3) J. Pal. 1857, p. 132, où sont citées toutes les autorités pour et contre.

sans exception. Et puis, au fond, que veut la loi? Empêcher que des arrérages ou intérêts ne se capitalisent à la charge de l'enfant, parce que dans toute bonne gestion on doit prendre sur les revenus pour les acquitter, devoir qu'on impose ici aux père et mère parce qu'ils recueillent les revenus. Quelle raison y aurait-il pour soustraire à cette règle précisément les arrérages des rentes les plus usitées, presque les seules usitées ; car les rentes constituées sont devenues rares, depuis que le prêt à intérêt est permis. Enfin, tous les arrérages sans distinction, sont assimilés aux intérêts en matière d'usufruit (1).

L'usufruit paternel oblige à supporter les frais funéraires et ceux de dernière maladie (385 4°). S'agit-il des frais funéraires et de dernière maladie des enfants eux-mêmes? Non, car ce serait grever les père et mère à la décharge des héritiers des enfants. Or qui dit charges d'un usufruit, dit charges qui régulièrement incomberaient au nu-propriétaire, mais que l'on impose à l'usufruitier. Donc l'art. 385 tout entier ne peut vouloir qu'une chose, grever les père et mère à la décharge des enfants. Les frais funéraires et de dernière maladie dont veut parler le 4° sont donc ceux des personnes dont les enfants recueilleraient les biens, et notamment de celui de leurs père et mère qui prédécède. — Telle était effectivement la règle suivie dans la garde coutumière, règle qui a passé dans le Code (2).

333. L'usufruit paternel cesse :

1° Lorsque l'enfant a 18 ans accomplis (384). D'après le projet de Code, il durait jusqu'à la majorité des enfants non émancipés. Mais on a craint que pour se maintenir dans leur jouissance, les père et mère ne se refusassent à émanciper leur enfant ou à consentir à son mariage. On a donc décidé qu'elle cesserait en tout cas à 18 ans. Il a d'ailleurs paru répugner à la raison et à la justice d'obliger un jeune homme de 19 ans à mendier sur ses propres revenus la somme même la plus modique, d'un père ou d'une mère qui peut la lui refuser pour augmenter ses propres jouissances (3).

2° Par l'émancipation qui aurait lieu avant l'âge de 18 ans (384).

---

(1) Demolombe, n. 545. Zachariæ, Annot. p. 372. — Contr. Proudhon, n. 207. — (2) Ferrière, 1, n. 1005. Renusson, *Garde*, chap. 7, n. 49, 59, 61. V. J. Pal. 1856. 1, 300, où sont citées nombre d'autorités. — (5) Fenet, X, p. 480, 497, 510, 522, 552.

L'émancipation donne au mineur le pouvoir d'administrer ses biens et de toucher ses revenus. Or elle ne lui servirait guère s'il n'avait pas la jouissance de sa fortune.

3o Le décès de l'enfant avant ses 18 ans ou son émancipation éteindrait aussi l'usufruit paternel, parce qu'il mettrait fin à la propriété des enfants, propriété dont cet usufruit n'est qu'une conséquence. L'art. 620 n'est donc point applicable ici.

334. D'après l'art. 334, l'usufruit paternel ne devait pas avoir lieu au profit de celui des père et mère contre lequel le divorce aurait été prononcé. Le divorce étant aboli, cette disposition est sans application. Sans doute, les causes de la séparation de corps sont les mêmes que celles du divorce (306); d'où il semble qu'elles devraient produire les mêmes effets. Mais l'art. 386 prononce une déchéance; et à ce titre, il ne doit pas être étendu au-delà de ses termes (1).

4o « Et elle (cette jouissance) cessera à l'égard de la mère dans le cas d'un second mariage » (386). La veuve qui se remarie perd l'usufruit, parce qu'autrement elle porterait dans une autre famille les revenus des biens de ses enfants d'un précédent lit et enrichirait ainsi son nouvel époux à leur préjudice (2). Le père survivant qui se remarie conserve l'usufruit, parce que c'est toujours lui qui reste le maître de disposer des revenus.

5° Le père ou la mère coupable envers ses enfants du délit mentionné dans l'art. 334, C. Pén., est privé des droits et avantages que lui donnait la puissance paternelle sur leur personne et leurs biens (335, C. Pén.). Il perd donc l'usufruit paternel. La privation en ce cas portant sur les biens des enfants victimes, et les peines ne devant pas être étendues au-delà de leurs termes, l'usufruit paternel subsiste sur les biens des autres enfants (3).

La veuve peut-elle être déclarée déchue de son usufruit pour inconduite notoire? — On l'admettait autrefois et des arrêts l'ont également admis depuis le Code. Mais il n'est pas permis de prononcer une déchéance qui n'est pas dans la loi. Si on pouvait le faire contre la mère, on devrait le pouvoir également contre le père, puisque le père peut, comme la mère, être destitué de la tutelle pour inconduite notoire (444). Sans doute, la puissance

____

(1) Duranton, n. 383. Proudhon, n. 142. — (2) Fenet, p. 498, 523. — (3) Demolombe, n. 361. Zachariæ, Annot. p. 373. — Contr. Marcadé, art. 387. Duranton, n. 384.

paternelle n'est point absolue et sans contrôle, et les tribunaux peuvent pour des causes très-graves ordonner des mesures qui y portent atteinte, mais lors seulement que les père et mère exerceraient contre l'intérêt d'un enfant des droits établis en sa faveur. Ce n'est point le cas ici. L'usufruit est établi dans l'intérêt exclusif des père et mère (n. 320), et leur inconduite n'a aucun rapport avec l'exercice de leur usufruit (1).

335. 6° Si, après le décès de l'un des époux, le survivant ne fait pas inventaire des effets de la communauté et qu'il y ait des enfants mineurs, « le défaut d'inventaire lui fait perdre la jouissance de leurs revenus. » (1442.) C'est là une peine dont la loi le frappe pour avoir ainsi exposé ses enfants à une perte.

D'après les termes de la loi, la peine consiste, non pas seulement dans la privation de l'usufruit de la part revenant aux enfants mineurs dans la communauté, mais dans la perte du droit entier d'usufruit. (« La jouissance de leurs revenus. ») Elle s'applique donc à tous les biens, soit actuels, soit futurs des enfants (2).

Du reste, la disposition de l'art. 1442 étant pénale, doit être restreinte à l'espèce qu'elle prévoit, c'est-à-dire, au régime de communauté et au défaut d'inventaire des biens communs. On ne pourrait l'appliquer sous prétexte d'analogie à toute autre hypothèse, par exemple, lorsque des biens sont donnés ou légués à des enfants mineurs, ou leur proviennent de la succession de frères, sœurs ou autres parents (3). Mais dès qu'il y a communauté légale ou conventionnelle, quelle qu'en soit la composition, l'art. 1442 est applicable ; car on est dans l'espèce même de cet article (4).

L'art. 1442 autorise les parties intéressées, à défaut d'inventaire, à prouver même par commune renommée la consistance de la communauté. Mais alors même que les enfants ne recourraient pas à cette preuve, la perte de l'usufruit n'en serait pas moins

---

(1) Duranton, n. 388. Zachariæ, Annot. p. 374. Demolombe, n. 565. Marcadé, art. 386. Cass., 19 avril 1843. — Contr. Proudhon, n. 146. Lyon, 22 déc. 1827. Limoges, 23 juillet 1824. — (2) Duranton, n. 389. Marcadé, art. 1442. Demolombe, n. 580. — Contr. Toullier, 13, n. 8. Chardon, n. 146. — (3) Proudhon, n. 793. Zachariæ, Annot. p. 375. Marcadé, art. 387. Duranton, n. 590. Cass. 23 fév. 1836. Toulouse, 19 déc. 1839. Dijon, 17 janvier 1856. — Contr. Toullier, 13, n. 10. Rodière et Pont, 1, n. 763 et s. Chardon, n. 141. — (4) Zachariæ, Annot. p. 375. Contr. Caen, 7 juillet 1843.

encourue. Car l'art. 1442 fait résulter cette perte du seul défaut d'inventaire. Il n'exige pas que les enfants fassent en outre la preuve qu'ils ont, comme tous autres intéressés, la faculté de faire (1).

L'art. 1442 ne fixe pas un délai dans lequel doive être fait l'inventaire pour empêcher la déchéance. Il en est qui appliquent le terme de trois mois accordé aux héritiers et à la femme commune en biens pour accepter ou répudier. Passé ce terme, l'époux survivant aurait encouru déchéance, et cela, sans pouvoir s'en faire relever même pour l'avenir par un inventaire fait postérieurement. — Mais d'abord les dispositions relatives au délai en question ont bien pour but d'obliger les héritiers ou la femme commune à accepter ou à répudier lorsque des créanciers les poursuivent ; mais elles ne prononcent aucune déchéance contre eux si personne ne les poursuit. C'est donc en exagérer la portée que d'y puiser le principe d'une déchéance qui serait encourue par le seul fait de l'expiration du terme de trois mois. D'ailleurs, et à part même cette raison, étendre à une hypothèse un délai établi pour une autre, c'est faire de l'arbitraire ; car c'est l'appliquer à un cas pour lequel la loi ne l'a pas établi. Les délais déterminés sont choses de droit positif, et, à ce titre, ne sauraient être suppléés. Donc, dans l'espèce, en l'absence d'un délai quelconque fixé par la loi, il faut s'en tenir aux principes seuls. Or la déchéance prononcée par l'art. 1442 est une peine. On suppose donc l'usufruitier en faute. Il n'encourt dès lors la perte de son usufruit qu'autant qu'en fait le défaut d'inventaire constitue de sa part dol ou négligence. S'il est de bonne foi, et à plus forte raison si quelque circonstance justifie son retard, il ne doit pas perdre sa jouissance, bien qu'il n'ait fait inventaire qu'après les trois mois (2). — Il en est qui l'obligent toutefois dans cette hypothèse à restituer les fruits par lui perçus avant l'inventaire. C'est là une inconséquence, puisqu'il n'a pas, on l'admet, encouru la déchéance, et que si la déchéance était une fois encourue, elle le serait pour toujours (n. 300, 337).

L'usufruitier qui a fait un inventaire infidèle est tout aussi coupable, plus coupable peut-être que celui qui n'en a pas fait.

---

(1) Contr. Mourlon, sur 1442. — (2) Demolombe, n. 573. Bellot, 4, p. 345. Caen, 18 août 1842. Contr. Duranton, n. 389. Proudhon, n. 172. Toullier, 13, n. 17. Chardon, n. 143. Douai, 15 nov. 1833.

Cet inventaire ne doit donc pas lui profiter et empêcher sa déchéance ; car il ne constitue pas un accomplissement suffisant de l'obligation qui lui était imposée. Quant aux simples omissions ou inexactitudes faites sans fraude, elles ne constituent pas l'usufruitier en faute et dès lors n'emportent pas déchéance. Il suffira, pour les réparer, de faire un inventaire complémentaire ou rectificatif(1).

336. L'usufruit paternel s'éteint d'ailleurs par les causes ou la plupart des causes qui éteignent tout usufruit ; ainsi :

1° Par la mort des père et mère ;

2° Par consolidation ;

3° Par renonciation. Les père et mère ne peuvent toutefois par contrat de mariage renoncer aux effets de la puissance paternelle (1388), par conséquent à l'usufruit légal (2). — Du reste, les actes n'ayant d'effet qu'à l'égard des parties qui les consentent, la renonciation faite par le père ne saurait avoir effet contre la mère, laquelle n'en recueillerait pas moins l'usufruit au décès de son mari, si elle lui survit (3).

Les créanciers des père et mère peuvent, comme dans tout autre usufruit, faire annuler la renonciation faite à leur préjudice ; car la loi n'a point pour ce cas dérogé au droit commun. V. n. 330 (4). — Suivant Proudhon n. 2397, l'action des créanciers doit être accueillie difficilement, parce que la fraude se présume moins dans l'abandon de l'usufruit paternel que dans celui de l'usufruit ordinaire. Elle me semble au contraire plus présumable ; car un débiteur renoncera d'autant plus facilement à son usufruit pour faire tort à ses créanciers que c'est son propre enfant et non un étranger qui profitera de la renonciation. Au reste, il n'y a là qu'une question d'appréciation.

Les créanciers ne peuvent faire révoquer la cessation de l'usufruit résultant de l'émancipation de l'enfant. Dans ce cas, en effet, la cessation de l'usufruit ne résulte pas d'une renonciation ; elle est la conséquence légale de l'acte d'émancipation. Or cet acte, les créanciers n'ont pas le droit de l'attaquer. Il subsiste donc avec toutes ses conséquences (5).

---

(2) Merlin, Rep. v° Bénéf. d'inv., n. 8. Rennes, 20 mars 1850. — (2) Demolombe, n. 489. Rodière et Pont, n. 68. — (5) Demolombe, n. 595. Marcadé, sur 386. — (4) Cass. 11 mai 1819. Proudhon, n. 2398. Merlin, Quest. v° Usuf. Pat. Contr. Duranton, n. 394. Toullier, 6, n. 368. — (5) Proudhon, n. 2399. Duranton, n. 394. Zachariæ, Annot. p. 375. Marcadé, art. 387. Contr. Merlin, ibid. Cass. 25 brum. an ix.

4° L'abus de jouissance entraînerait aussi contre les père et mère ses conséquences ordinaires, puisque la loi n'a pas à cet égard fait d'exception en leur faveur (n. 330).

Le père ou la mère qui ne remplirait pas les obligations que lui impose l'usufruit, qui, par exemple, laisserait ses enfants dans le dénûment, alors qu'il a les moyens de pourvoir à leurs besoins, pourrait aussi être privé de son droit. En effet, la privation de l'usufruit autorisée par l'art. 618 a pour cause en fin de compte l'inexécution par l'usufruitier de ses obligations, et cet article lui-même est fondé sur un principe général consacré par les art. 954, 1046 et 1184, à savoir qu'un droit accordé sous certaines charges peut être retiré à celui qui ne satisfait pas aux charges, principe fondé sur la raison et la justice naturelle, et que l'on aurait tort de vouloir restreindre aux contrats, puisque les art. 1046 et 618 en font l'application à des droits qui ne résultent pas d'une convention (1).

On est allé plus loin dans cet ordre d'idées. On a jugé que le père qui a totalement négligé l'éducation de son enfant ayant une fortune considérable, doit être tenu de lui restituer tout ce qu'il a perçu en vertu de l'usufruit légal (2). En effet, il était de plein droit en demeure de remplir son obligation à cet égard, puisqu'en sa qualité de représentant de son enfant, il n'avait pas à se mettre en demeure par un acte quelconque. Il doit donc des dommages intérêts pour inexécution de son obligation, dommages intérêts qui pourraient même à la rigueur dépasser le revenu qu'il a tiré des biens de l'enfant. La même décision est applicable à la mère survivante et tutrice. Mais elle ne le serait pas si l'usufruitier légal n'était pas le représentant du mineur, parce qu'alors c'est au tuteur à contraindre le père ou la mère à exécuter ses obligations et par conséquent à le mettre en demeure.

L'usufruit légal ne saurait s'éteindre par non usage, parce qu'il ne peut jamais durer 30 ans.

Quant à la perte des choses grevées d'usufruit, comme elle ne peut porter que sur des objets particuliers, elle ferait sans doute cesser le droit des père et mère sur ces objets, mais n'éteindrait pas le droit d'usufruit en lui-même, lequel est universel. — Il en

---

(1) Proudhon, n. 190, 2426. Maguin, 1, n. 285. Paris, 14 fév. 1832. Contr. Demolombe, n. 599. Zachariæ, Annot. p. 576. Besançon, 1er août 1844. — (2) Cass. 23 août 1817. Marcadé, art. 385.

est de même de la résolution du droit de propriété des enfants, et de la prescription de 10 ou 20 ans qui s'accomplirait au profit d'un tiers.

337. La règle que l'usufruit une fois éteint, l'est pour toujours (n. 300), s'applique comme de raison à l'usufruit paternel. Ainsi, éteint par le convol de la mère, il ne renaît pas à la dissolution du mariage (1).

Mais ici, comme dans tout autre usufruit, si la cause d'extinction vient à être révoquée de manière à être réputée non avenue, l'usufruit doit lui-même être réputé non éteint. Si donc, par exemple, le mariage contracté par la mère est déclaré nul, elle a conservé son usufruit. Des auteurs restreignent cette solution au cas où la nullité provient de violence grave exercée contre la mère. Hors de là, la mère aurait par le fait même de son mariage volontaire-ment renoncé à son usufruit. Mais cela n'est pas exact. La mère qui se remarie, n'a pas la volonté de renoncer à son usufruit. Sa volonté est de se marier ; voilà tout. Quant à la perte de son usu-fruit, elle provient de la loi et non de la volonté qu'aurait la mère de renoncer à l'usufruit. Ne lui appliquons donc pas les règles de la renonciation, acte qui suppose cette volonté. Sans doute, elle a sacrifié son usufruit, mais pour avoir en compensation la position de femme mariée. Or cette position lui manquant, le sacrifice ne doit pas être consommé. On a dit encore : la veuve qui se remarie est en faute à l'égard de ses enfants, faute que la loi punit de l'extinction de son usufruit ; et cette peine une fois encourue, il ne saurait en être fait remise, parce que la nullité du mariage n'efface pas la faute. Mais ce n'est pas commettre une faute que de se remarier ; c'est user d'une faculté naturelle et légale, et cela, qu'il s'agisse de la femme ou de l'homme. Si la veuve perd l'usufruit en cas de convol, c'est parce que sans cela, comme on l'a dit lors de la discussion (v. n. 334), son nouveau mariage aurait généralement pour résultat de faire profiter une famille étrangère des revenus de ses enfants d'un premier lit. Or ce ré-sultat n'est plus à craindre dès que le nouveau mariage est annulé. D'un autre côté, ce qui est nul ne produit aucun effet. Donc, dans l'espèce, l'usufruit n'a pas cessé (2). — Lors même que le ma-

---

(1) Proudhon, n. 144. Duranton, n. 388. Zachariæ, p. 373, etc. Contr. Taulier, 1, p. 496. — (2) Vazeille, 2, n. 470. Chardon, n. 160. Duranton, n. 387. Contr. Proudhon, n. 144. Marcadé. Zachariæ, Annot. p. 374. Demolombe, n. 565.

riage déclaré nul produirait les effets civils à l'égard de la mère à raison de sa bonne foi, l'usufruit n'en subsisterait pas moins, parce que le mariage putatif produit effet en faveur de l'époux de bonne foi et non contre lui (202). Comment d'ailleurs admettre que la mère, en cas de bonne foi, fût moins bien traitée que si elle était de mauvaise foi (1)?

De même, si l'émancipation vient à être révoquée, comme en ce cas le mineur est privé du bénéfice qu'elle lui avait procuré (485), l'usufruit, dont la cessation est un bénéfice de l'émancipation, doit reprendre son existence. Les choses en effet sont remises au même état que s'il n'y avait pas eu émancipation. Or la loi n'excepte pas de ce principe l'usufruit des père et mère. On dit : la révocation est admise dans l'intérêt de l'enfant; elle ne doit pas lui préjudicier. Mais c'est admettre une distinction qui n'est pas dans la loi. On ne doit pas d'ailleurs interpréter l'acte d'émancipation comme étant une renonciation à l'usufruit, et cela, par le motif indiqué pour le cas d'annulation du mariage de la veuve.

____

(1) Contr. Duranton, ibid.

DEUXIÈME PARTIE.

DE L'USAGE ET DE L'HABITATION.

CHAPITRE UNIQUE.

SOMMAIRE.

338. Comment ces droits s'établissent.
339. Comment ils s'éteignent.
340. En quoi ils consistent. Règle.
341. Etendue de l'usage des fruits d'un fonds.
342. Le droit d'habitation n'est qu'un droit d'usage.
343. Conséquences de la limitation de ces droits.
344. Ils sont incessibles.
345. Obligations ou charges qu'ils entraînent.

338. « Les droits d'usage et d'habitation s'établissent de la même manière que l'usufruit » (625). — D'après cette disposition, ils s'établiraient par la loi ou par la volonté de l'homme (579). Toutefois, aucune disposition de loi n'a jusqu'ici établi des droits d'usage et d'habitation. Sans doute, l'art. 1465 donne à la veuve commune en biens le droit, pendant les délais qui lui sont accordés pour faire inventaire et délibérer, de prendre son logement et sa nourriture sur les biens de la communauté ; et, d'après l'art. 1570, l'habitation lui est également due sous le régime dotal par la succession de son mari pendant l'an du deuil. Mais ces droits ne sont point des droits d'usage et d'habitation ; car ils ne constituent pas des droits réels, et n'entraînent pas pour la femme les obligations établies par l'art. 635. Ils constituent plutôt un droit personnel, une créance à son profit contre la communauté ou contre la succession du mari (1).

______

(1) Marcadé, Contr. Zachariæ.

339. Les droits d'usage et d'habitation s'éteignent de la même manière que l'usufruit (625). On objecte qu'il y a des usages perpétuels. Mais ces droits d'usage perpétuels participent du caractère des services fonciers. Tels sont, par exemple, sans parler des droits d'usage dans les bois et forêts dont le Code ne s'occupe pas (636), les droits établis au profit d'une commune ; car c'est moins en faveur des personnes qu'ils ont été établis qu'en faveur de quiconque habiterait le territoire communal. C'est donc pour l'utilité de ce territoire, afin d'y attirer ou d'y retenir les habitants, qu'ils ont été constitués, ce qui est le propre des services fonciers (1).

340. « Les droits d'usage et d'habitation se règlent par le titre qui les a établis, et reçoivent, d'après ses dispositions ; plus ou moins d'étendue » (628). « Si le titre ne s'explique pas sur l'étendue de ces droits, ils sont réglés ainsi qu'il suit (629). — Ces deux dispositions prouvent qu'il n'est pas exact de définir l'usage : un usufruit restreint aux besoins de la personne. L'usage est le droit de jouir d'une chose dans les limites établies par le titre constitutif, et si le titre ne s'explique pas à cet égard, jusqu'à concurrence des besoins de l'usager et de sa famille (628, 629, 630 combinés). Le mot jouir, on le sait (n. 6), signifie se servir aussi bien que percevoir les fruits. — Le titre constitutif peut attribuer à l'usager au-delà du nécessaire, ou à l'inverse, ne pas lui accorder tout le nécessaire, ou enfin limiter son droit à certains usages de la chose, par exemple, à la faculté de prendre de l'eau, de traverser la propriété, de s'y promener; car pareille faculté constitue un droit d'usage si elle est établie en faveur de la personne et non pour l'utilité d'un autre fonds (2). Il est même des cas où, toujours dans le silence du titre, l'usage donne, eu égard à la nature de la chose, le même droit que l'usufruit (sauf le pouvoir de céder ou louer). Tel serait l'usage d'un mobilier. Il faut d'ailleurs, en cette matière, se défier des textes du droit romain, textes que les modernes interprètent tout autrement que les anciens (3).

341. Lors donc que le titre ne s'explique pas (629, « celui qui a l'usage des fruits d'un fonds ne peut en exiger qu'autant qu'il lui en faut pour ses besoins et ceux de sa famille. — Il peut en exiger pour les besoins même des enfants qui lui sont survenus depuis la concession de l'usage » (630).

---

(1) Marcadé. — (2) ff. 6, *de serv. leg.* ff. 21, *de usu et hab.* — (3) V. mon Traité, n. 421 et s., où je combats les deux interprétations.

Les besoins d'un usager se règlent sur sa fortune, sur ses habitudes, sur sa position sociale (1). C'est, comme de juste, aux tribunaux qu'il appartient, en cas de contestation, d'en déterminer l'étendue (2).

La famille de l'usager s'entend ici de l'ensemble des personnes qui vivent avec lui (3). Ce mot comprend donc ses enfants, son conjoint, ses serviteurs. On ne saurait en effet séparer des besoins d'une personne ceux de son conjoint, de ses enfants, de ses serviteurs. Aussi autorise-t-on l'usager à prendre tout ce qui est nécessaire à la subsistance de sa famille, lors même qu'il n'aurait été ni époux ni père à l'époque où le droit a été établi en sa faveur (4). Le sens de la loi est donc qu'à défaut de limites établies par le titre, l'usager peut exiger des fruits ou produits jusqu'à concurrence de ce qui est nécessaire à sa maison, à son ménage. D'après cela, il peut en exiger même pour ses ascendants, s'il les a recueillis et qu'il les nourrisse à sa table ; car alors ils font partie de sa maison, de sa famille, en prenant ce dernier mot dans le sens de l'art. 630. A l'inverse, ses enfants, une fois qu'ils ont un établissement séparé, ne font plus partie de sa famille (5).

Du reste, l'usager ne peut, lors de chaque récolte, exiger des vivres et provisions que pour l'année. Les produits d'une année n'ont à satisfaire qu'aux besoins de cette même année (6).

342. Celui qui a un droit d'habitation dans une maison, peut y demeurer avec sa famille, quand même il n'aurait pas été marié à l'époque où ce droit lui a été donné (632). — Si le titre constitutif ne s'explique pas sur l'étendue du droit d'habitation (629), ce droit se restreint à ce qui est nécessaire pour l'habitation de celui à qui ce droit est concédé et de sa famille » (629-630).

Dans notre droit, l'habitation n'est réellement que l'usage d'une maison. Toutes les règles relatives à l'usage sont donc applicables à l'habitation (7). — En droit romain, le droit d'habitation pouvait être loué (8). C'est pour cela qu'on le distinguait du droit d'usage.

343. De ce que les droits d'usage et d'habitation sont, dans le silence du titre constitutif, limités aux besoins de la personne et

---

(1) ff. 12 § 1, *de usu et habit.* Fenet, p. 241. Proudhon, n. 2274. — (2) ff. 22 § ult. *cod.* — (3) Proudhon, n. 2275. — (4) Fenet, p. 241. — (5) Proudhon, n. 2778. — (6) ff. 5, pr. *de usu et habit.* — (7) Fenet, XI, p. 242. Proudhon, n. 4, 5, 11, — (8) Inst. § 5, *de usu et hab.*

de sa famille, il résulte qu'en ce cas, 1° l'étendue en est essentiellement variable, augmentant ou diminuant avec les besoins de l'ayant-droit; 2° l'accroissement n'a pas lieu entre co-légataires de ces droits (1).

344. « Les droits d'usage et d'habitation ne peuvent être ni cédés ni loués » (631-634). Étant incessibles, ils sont par voie de conséquence insaisissables, et dès lors non susceptibles d'être purgés, puisque les créanciers ne pourraient surenchérir (2). — C'est là une différence importante entre ces droits et celui d'usufruit. Cette inaliénabilité s'explique. L'étendue des droits d'usage et d'habitation se réglant, dans le silence du titre, sur les besoins et les convenances de la personne, ils se modifieraient nécessairement et seraient sujets à d'autres règles en passant d'un individu à un autre (3).

Si toutefois le titre constitutif attribue à l'usager dans les produits une quotité déterminée et invariable, le propriétaire serait sans intérêt, et partant, sans qualité pour critiquer la cession que l'usager ferait de son droit. La règle du Code, en effet, n'est faite que pour le cas où le titre constitutif n'autorise pas expressément ou virtuellement l'usager à céder son droit; et il paraît en être de même si l'usager doit, d'après le titre, avoir la totalité des fruits produits par la chose.

345. « On ne peut en jouir, comme dans le cas de l'usufruit, sans donner préalablement caution et sans faire des états et inventaires » (626). — La loi assimilant ici les droits d'usage au droit d'usufruit, entend par là même admettre les dispenses établies par l'art. 601.

« L'usager et celui qui a un droit d'habitation doivent jouir en bons pères de famille » (627).

Les art. 626 et 627 présupposent que l'usager et celui qui a un droit d'habitation doivent être en possession de la chose, puisque si elle devait rester entre les mains du propriétaire, celui-ci n'aurait pas besoin de garanties contre l'abus de jouissance, cet abus étant impossible de la part de celui qui ne jouirait pas par lui-même. Le droit d'habitation, sans doute, donne nécessairement droit à la possession. Mais il en est autrement du droit d'usage. Lors en effet que l'usager n'a droit qu'à une portion des fruits du

---

(1) ff. 57, *de usuf.* Proudhon, n. 2740. — (2) Pont, sur 2181, 2182. — (3) Fenet, p. 242.

fonds, il ne paraît pas rationnel qu'il puisse se mettre en possession. Son droit doit plutôt se borner à réclamer du propriétaire ce à quoi il peut prétendre. C'est même ce que paraissent admettre les termes de l'art. 630. Et en pareil cas il ne serait point tenu de donner caution ni de faire dresser un état (1).

« Si l'usager absorbe tous les fruits du fonds, ou s'il occupe la totalité de la maison, il est assujetti aux frais de culture, aux réparations d'entretien et au paiement des contributions, comme l'usufruitier. — S'il ne prend qu'une partie des fruits, ou s'il n'occupe qu'une partie de la maison, il contribue au prorata de ce dont il jouit » (635). — Au premier cas, le droit d'usage ou d'habitation a la même étendue que le droit d'usufruit. Il est donc juste qu'il entraîne les mêmes charges. — Au deuxième cas, il ne donne droit qu'à une jouissance partielle. Il ne doit donc supporter les charges qu'au prorata de cette jouissance. Cette dernière disposition toutefois dérange l'économie de l'art. 630. Car puisque l'usager doit contribuer aux charges au prorata de la portion de fruits qui lui revient, il en résulte qu'il n'aura pas réellement tout ce qui lui est nécessaire, ce qu'il recevra étant virtuellement diminué de sa part contributoire dans les frais.

---

(1) Marcadé, art. 630.

FIN.

TABLE

DES MATIÈRES.

FIN DE LA TABLE.